哲学新思论丛

中国人民大学哲学院　编
臧峰宇　主编

寂静主义实在论研究

魏犇群　著

中国人民大学出版社
·北京·

总序

哲学这门有2 600多年历史的学问总是在古老的根脉上绽放面向时代的思想芳华，体现传承基础上的创新。轴心时代的很多哲学问题至今令人深思，并未作为古典的认知遗存被淹没在历史的烟尘中，伴随着新问题的涌现而产生的新思不断生成。这使哲学作为思想的事业总是体现为时代精神的精华，她不仅厘清和丰富了思想的发生与演化的图景，而且着眼于解析时代的重大问题。哲学概念只有当指向明确的问题时才是有效的，哲学命题亦应经过体现问题意识的论证并得到明确表达才有被认可的价值。作为思想的思想，哲学的性质和机制具有彻底的特征，这样的思想以面向思的事情把握事物的根本，赋予生命新的意义。

哲学研究具有明确的时代性。哲学家在书写其新思时总要面对所处的时代，马克思自青年时代起就论证其所处时代的问题的谜底，在揭示资本逻辑的过程中从科学和价值两重维度回答时代的问题，力求体现用彻底的方式展现哲学实践能力的明证。其实，哲学在任何时代的重要性都是不言自明的，但对这种重要性的把握基于走向历史深处且从历史深处走来的内在理解。哲学思考以对历史规律的深刻认知为前提，总是与古为新，围绕新时代的新技术和新问题而展开新思，从中探究未来发展的大趋势，在不确定性中把握好可能性。这样的新思给人以深深的激励，因为真正的思想触及时代的根本问题，将人的生命处境理解得深邃而透彻。

正是因为哲学具有这样的思想力量，我们在面对很多复杂难题时，总能保持一定的乐观和自信，或者周遭总有某种声音提示我们，哲学可以被用来解决困扰我们的难题，原因大概在于其意为"爱智慧"，总是让我们思考生命的价值以及人与世界的关系。概因于此，我们在走出物质匮乏的年代后，不愿陷入某种浮泛无根的生活或浅薄无聊的兴趣，而要在精神生活中寻求实体性内容的必要性，通过掌握生活世界中的理念而确认实存，并使之青春化而促进哲学的发展。在这个意义上，哲学研究所运用的知识有助于理解生命本质以及生活世界的前沿问题，她内蕴着思想和爱智慧的规定，基于常识而超越常识。哲学知识体系的生成因而基于严格的学术训练，基于面对时代问题的严肃思考，固然体现为深奥而抽象的思想图式，但它始终植根于生活世界，否则就会遭遇失语甚至自我放逐的境遇。

哲学研究是基于现实而面向未来的。哲学所具有的乐观和自信不仅仅在于其历史久远，更在于其植根于生活世界表达爱智慧之思；哲学思考的价值不仅仅在于"想明白"，更在于运用其解决问题的精准有效，根本目的在于解决问题。关于哲学无用的诘问大多与其能否解决问题的认识有关。一名学生曾在课堂作业中这样写：我们读了那么多年的哲学书，懂得那么多哲学道理，为什么在面对很多实际问题时经常感到困惑和迷茫？这个问题当然与其对哲学理解的程度有关，重要的还在于能否将哲学道理运用自如。很多朋友听了一节哲学课，感受到哲学思维的深邃和曼妙，便寄望于尽快掌握哲学的精华，甚至获得一劳永逸的能力，恐怕绝非易事。这里涉及掌握哲学思维方式的程度，运用不自如尚属于对哲学不深知，深知之后应有运用的自觉，知行合一，方能在处理实际问题时保持思想的定力。

仰望哲学的星空，或置身于哲学的殿堂，从事哲学基础理论与经典著作研究往往会有新的发现，进而阐发哲学史上很多概念、范畴和命题的新义，在面向时代问题的探索中获得哲学观念的发展。哲学是常为新的，这样的新思体现为明确表达和辩护，具有一定的自我规定性。它要通过区分和澄清内在结构的诸部分来理解某种概念，也要将不同的概念聚合为统一的思路，因而分别运用分析和综合的方法。哲学研究往往开始于"我注六经"式的解读和阐释，而后渐至"六经注我"式的思想创造，在某种概念框架和知识图式中展现意义世界，确认我们时代的本质性的事实，进而呈现某种生活方式和精神气度。这种重塑自我信念的过程在人生的不同阶段都会出现。很多大学新生在哲学课堂上会更新一些原有的认识，而这样的认识往往经过怀疑、反思而形成自我意识。笛卡尔在《第一哲学沉思录》中说："我从早年以来，曾经把大量错误的意见当成真的加以接受。从那时起，我就已经断定，要想在科学上建立一些牢固的、永久的东西作为我的信念，我就必须在我的一生中有一次严肃地把我从前接受到心中的所有意见一并去除，重新开始从根本做起。"一名严肃的哲学研究者所做的工作往往会经历这样的过程，我们之所以能够坦然更新旧思，"重新开始从根本做起"，正是出于对真理、正义的认同，以及对智慧恒久的爱。

哲学研究源自主体的内在之思。这样的思考必然具有某种风格，带有很强的个性化特征。一位前辈学人曾与我说过，哲学研究大体可以同农业生产相类比，她不同于某种团队作业，我们所熟知的很多大哲学家与同时代人有很多交谈，但他们的研究是独立完成的，这往往不需要数据采集或共同实验，而是一种独立的思想创造。这样的思想创造具有很强的启发性，对每个行业的从业者几乎都是有益的，所以很多行业的精英在谈到自己的经历时都喜欢从哲学角度表达一些感喟或做出深刻的经验归纳乃至形成规律性认识。今天，面对很多实际的思想领域的问题，哲学研究的方式发生了一定的变化，但个体的思想创造仍然是一种主要的方式。我们希望从对话的角度促进思想的交融，为此开设了一些哲学对话课，得到很多学生的认可，也希望以笔谈和论丛的形式增进学术共同体的交流，这未必是一种机器化生产，但或许可被视为现代农业生产的一种探索，其目的在于缔结现代思想的果实，滋养现代人的精神生活。

面向未来的反思的哲学必然具有某种想象力，也会形成某种风格，在演绎与归纳中表达哲学研究者所关注的事情的意义。哲学研究固然要专注于微观的具体领域，但应从大问题和真问题出发，做出有效论证。我们总要思考为什么做出某个决定，生活对自己是否公平，为什么至爱亲朋与死亡不期而遇。我们面对诸如此类的哲学问题时，总会涌现一些内在的思考，希望从中有所深省。不同天资禀赋和不同成长环境的人们对很多问题的理解差别是很大的，这就需要论辩和进一步反思，从中确认什么是我们在生命中不可失去的，我们执着地相信的东西是否真实，我们所经历的生活是否如同一场梦境，善恶的选择与命运有何关系，如果生命留给我们的时间不多，我们应当怎样度过。

行文至此，读到我的同事朱锐教授在微信朋友圈表达的感喟："学哲学带给我的最大收获之一，就是我不再恐惧死亡"，"哲学告诉我们，唯一应该恐惧的是恐惧本身"。每次见到他，都能为他的达观和热情所感染。他身患重病，多次住院化疗，遭受的痛苦是可想而知的，但他认真备好每一堂课，始终保持对哲学前沿问题的关注，在讲台上展现思想的生命力。面对同事和学生，他始终微笑着，没有悲伤和畏惧。在对他深表感佩的同时，我深感思想通达生命的本质。哲学让人了然生死，在向死而生的途中超越自我，因而学哲学就是练习死亡，这是来自生命深处的豁达，深切表明哲学家对这个世界的深爱和勇气，表明对教育家精神的自觉践行，表明对自我和世界的信念，而未经审视的生活终究是不值得过的。

哲学研究表明一种主体性的尊严不是可有可无的。哲学之所以被视为众学之根本，是因为她塑造了精神的尊严。这让我们追问生命的意义或做某件事情的时代价值，在哲学研究中表明捍卫尊严、追求正义的明德之道。我们要确认生命的有限和存在的真实，明确我们在追问生命的意义时，到底指向什么。我们所做的决定是否遵从自己的内心，这涉及自由意志和自由选择问题，我们所熟知的很多道德原则在面对同一个需要做出选择的事实时可能会出现矛盾，从中可见当代哲学问题的复杂性。为此，必须以来自新的时代环境的思考来解析这些问题，而我们所做的研究在这个意义上就成为一项思想的事业。

窗外绿意盎然，到处都是生长的讯息。我们策划的这套"哲学新思论丛"即将付梓，其中每部著作的作者都是我的年轻同事，他们对很多哲学前沿问题的理解颇具深度，从马克思主义哲学、中国哲学、外国哲学、伦理学、宗教学、科学技术哲学、逻辑学、美学、政治哲学、管理哲学等领域所做的思考反映了"哲学新思"的发展，读之仿佛听到思想拔节的声音，清新而悠长。因而，这套论丛将定格一些哲学思想发展的印记，也将反映中国人民大学哲学学科发展史的新进展。同时，我们也希望这套体现哲学前沿问题"新思"的论丛能使热爱哲学的读者朋友感到开卷有益。

臧峰宇

2024 年 4 月

于中国人民大学人文楼

目录

第一章　导论 ·· 001
　一、什么是元伦理学？ ··· 001
　二、本书的主题、目标与结构 ······································· 009

第二章　什么是道德非自然主义？ ·· 012
　一、定位道德非自然主义 ··· 012
　二、道德非自然主义的吸引力 ······································· 017
　三、道德非自然主义的问题 ·· 028

第三章　什么是寂静主义实在论？ ·· 035
　一、对道德实在论的外部挑战与寂静主义实在论 ·············· 035
　二、定位寂静主义实在论 ··· 040
　三、寂静主义实在论的论证思路 ···································· 049
　四、寂静主义实在论者的基本动机 ································· 053

第四章　理性反思可以保证客观性吗？ ·································· 058
　一、内格尔论客观性 ··· 060
　二、内格尔式的反思与道德客观性 ································· 064
　三、道德辩护的客观性 ·· 071
　四、道德辩护的历史性与客观性 ···································· 074

第五章　元伦理学是基于一个错误吗？ ·································· 083
　一、"日常观点"与道德怀疑论的不同类型 ······················ 085

二、错误怀疑论 ·· 088
　　三、地位怀疑论 ·· 092
　　四、休谟原则 ·· 097

第六章　规范陈述如何可以为真？ ·· 103
　　一、帕菲特的本体论 ·· 104
　　二、规范领域的真理概念 ··· 110
　　三、非本体论意义上的存在 ·· 119

第七章　理由就不需要本体论承诺吗？ ·· 124
　　一、斯坎伦论关于理由的事实 ·· 125
　　二、对称性问题 ··· 133
　　三、非自然主义和随附性问题 ·· 137
　　四、斯坎伦论规范随附性 ··· 141
　　五、形而上学必然性与规范必然性 ··· 144

第八章　为什么不强硬一点？ ··· 154
　　一、简要的回顾 ··· 157
　　二、强硬的规范性与客观性 ··· 160
　　三、克服内部挑战：规范概念与规范属性 ································ 166

第九章　道德非自然主义如何可能？ ·· 180
　　一、再探形而上学挑战 ·· 180
　　二、伊诺克的"慎思不可或缺论证" ·· 183
　　三、谢弗-兰道论道德随附性 ·· 196
　　四、迈向一种"现实世界的强硬实在论" ···································· 204

第一章 导论

一、什么是元伦理学？

本书的研究主题属于元伦理学（metaethics）领域。虽然涉及元伦理学问题的哲学讨论可以追溯到古希腊时期（比如柏拉图的《高尔吉亚》和《游叙弗伦》），但一般认为，元伦理学的现代形态开始于摩尔（G. E. Moore），尤其是开始于他在1903年出版的著作《伦理学原理》（*Principia Ethica*）。也就是说，作为独立的哲学领域，元伦理学只有一百多年的历史①，但在这一百多年当中，元伦理学研究的发展异彩纷呈，涌现出了各种各样新颖有趣的问题、立场、观点和论证。时至今日，元伦理学仍然是伦理学或者道德哲学中极富活力的分支，并且，元伦理学研究早已超出了摩尔所设定甚至所设想的范围。当代的元伦理学讨论早已不再只关注道德概念或者与道德概念相关的语言哲学问题，而深入道德形而上学、道德认识论、道德心理学以及行动哲学等议题的探

---

① 事实上，"metaethics"（或者"meta-ethics"）这个词是在20世纪上半叶才有的。

究，讨论的对象也从道德领域扩展到整个规范领域。总的来说，当今的元伦理学研究呈现出跨学科尤其是跨哲学内部学科的特征。鉴于元伦理学目前在我国较少被关注，并且我国的元伦理学研究整体仍处于起步或者引介阶段，在本书的开头提供一个极简的元伦理学导论也许是有必要的。

"这个政策很不公平。""无论如何你都不应该伤害他人。""他没有理由撒谎，因为撒谎是错的。""我没有义务冲进火场救人。""我们都觉得她这么做很不道德。"类似的道德话语（moral discourse）是我们日常语言的组成部分，或者说，我们生活在道德话语之中。元伦理学的主要研究对象[①]正是这些道德话语。不同于应用伦理学（或者实践伦理学）与规范伦理学，元伦理学研究既不想要解决生活实践中所遭遇的道德难题（比如，应该废除死刑吗？医生可以辅助绝症病人自杀吗？言论自由的边界在哪里？），也不试图发现规范着人类行为的一般考虑或者普遍原则（比如功利原则或者可普遍化原则）。元伦理学家想要做的是：站在我们的道德话语之外，通过揭示道德话语的基本预设来理解我们的道德实践，尤其是探究我们的道德实践与这个世界的关系。如果说日常道德判断的对象是诸如行为、做法、政策、品格这样真实存在的事物的话，那么元伦理学判断的对象则是日常的道德判断以及与之相关的经验和思想本身。在这个意义上，相对于日常的一阶（first-order）道德判断，元伦理学主张的是二阶（second-order）道德判断。

既然元伦理学以我们的道德话语为研究对象，那么，元伦理学家首先需要把握道德话语事实上所拥有的特征，尤其重要的是，一套合格的

[①] 应该承认，当代元伦理学家所关注的对象已经超出了道德话语或者伦理话语的范围，而扩展到几乎所有的规范话语领域。一个典型的标志便是，不少元伦理学家都把研究的重点转向了"理由"以及关于理由的判断。参见（比如）Cuneo T. The normative web: an argument for moral realism. Oxford: Oxford University Press, 2007; Parfit D. On what matters: vol. 2. Oxford: Oxford University Press, 2011; Scanlon T M. Being realistic about reasons. Oxford: Oxford University Press, 2014; Schroeder M. Reasons first. Oxford: Oxford University Press, 2021. 原因在于，理由被他们视为规范领域的最基本元素，就好像原子是物理世界的基本元素一样。尽管如此，在所有的规范领域中，道德话语仍然是元伦理学家的主要关注对象。

元伦理学理论需要通过阐明道德语句的意义，来尽可能融贯地解释道德话语的诸多特征。其中的一个困难是，根据我们对道德话语的日常理解或者"直觉"，我们的道德语句拥有一些似乎难以相容的特征。比如，根据我们的日常理解，道德判断似乎自带动机效力，也就是说，一个真诚地做出道德判断的人会自动地拥有相应的动机，甚至道德判断的内容本身就能激发他去行动。但由于道德语句（比如"撒谎是错的"）看起来和其他描述事实的语句（比如"草是绿的"）共享一样的语法结构，我们很自然地会认为，道德陈述是要描述独立于我们的看法和态度的道德事实。然而，假如道德判断仅仅是在描述客观事实（就像"草是绿的"这样的判断一样），它们如何能够自带动机效力呢？因此，道德陈述所具有的描述事实的特征似乎很难和动机效力相容，而好的元伦理学理论则需要尽量同时解释或者容纳道德话语的这两个特征（以及其他特征）。但现实结果常常是，元伦理学家有所取舍，会为了保住某些特征而弱化甚至放弃另一些特征。这样的做法未必是不妥当的。因为我们对于道德话语的直觉可能是错的，经不起理性的检验，或者说，我们的道德经验中可能蕴含着欺骗。

　　元伦理学研究的另一个困难在于，揭示道德话语背后的诸多预设不可避免地会涉及其他领域的问题，尤其是其他哲学领域的问题。因此，一个好的元伦理学理论不仅要解释道德话语的诸多特征，这些解释还要与语言哲学、形而上学、认识论、行动哲学、心灵哲学，乃至自然科学中最好的或者被广泛接受的理论相容。假如根据某个元伦理学理论 T 对于道德判断的语义解释，道德判断的对象是某种在世界之中真实存在的特殊实体。然而，根据我们都接受的用来判定世界上存在什么的标准，那种道德实体（因其所拥有的特征）不太可能真的存在，那么，这一点便对 T 构成了形而上学上的挑战。T 的支持者需要为那种特殊实体的真实存在提供辩护。进一步，假如根据 T，我们之所以能够知晓正确的道德判断，是因为我们拥有一种奇特的认知能力，这种能力与客观道德实体之间不需要产生任何因果关联就可以让我们拥有道德知识，并且，没有哪种认知理论可以解释那种奇特的认知能力是如何运作的。这时，为了平息认识论方面的忧虑，T 的支持者还需要为那种认知能力提供一个说明，使其没有那么神秘或者特设（ad hoc）。

很明显，元伦理学研究的这两个困难是相互联系、相互渗透的。一方面，对道德诸多特征的解释一定会涉及其他领域的问题；另一方面，其他领域的研究也可能影响我们对道德诸多特征的理解。简而言之，虽然元伦理学理论需要尽可能地解释我们关于道德话语的所有直觉，但其合理性也会受到来自道德话语外部的诸多考虑的限制；虽然以道德话语或者道德现象为研究对象，但元伦理学家所要提供的是关于道德话语之地位及其与其他人类话语（比如科学话语）之间关系的解释，而不是任何一阶的道德辩护；虽然元伦理学隶属于伦理学或者道德哲学，但它实际上是一项跨学科尤其是横跨哲学诸多领域的研究。

接下来，我试着列出一些道德话语表面上所拥有的特征，并借此粗略地区分出不同的元伦理学立场。

（1）道德陈述意在描述事实，并因其是否准确反映了事实而既可以为真也可以为假。（比如，"自主堕胎在道德上是错的"这句话意在把"错"这样一个道德属性归赋到"自主堕胎"这类行为之上，如果"自主堕胎"事实上真的拥有"错"这个属性，那么这句话便为真，否则便为假。）

（2）道德陈述可以作为前提或者结论参与到符合逻辑的推理之中，或者说，道德推理也要符合逻辑。（比如，"故意杀人是错的，自主堕胎等于故意杀人，所以自主堕胎也是错的"是有效的演绎推理。）

（3）道德陈述表达了关于道德属性或者道德事实①的信念，我们可以为道德信念提供理由，并可能持有或者纠正错误的道德信念。（比如，很多反对自主堕胎的人认为，自主堕胎等同于故意剥夺一个无辜人的生

---

① 假设 M 代表一个道德属性，比如，M 是"道德上错误的"，那么，与 M 相应的道德事实就是"X 是道德上错误的"，X 代表道德评价的对象。

命,但他们可能是错的,因为胎儿也许不能算是真正的人或者女性对身体的自主权可以高于胎儿的生命权。)

(4)存在道德分歧,不同的人对于同一对象会有不相容的道德意见,不同的社会也会有不同的道德观念。(比如,当一个美国天主教徒说"自主堕胎应该被禁止",而一个英国人说"自主堕胎应该被允许"时,两人对于同一个道德议题持有相反的意见。)

(5)道德判断会提供相应的行动理由,这些理由独立于行动者的偶然欲望,甚至具有压倒性的规范力量。(比如,如果一个女性真的相信自主堕胎是错的,她就有理由不去自主选择堕胎,哪怕选择堕胎对她有利,她也很可能不会那么做。)

(6)道德判断通常伴随着相应的情感态度以及行为动机。(比如,当一个女性真诚地说"自主堕胎是错的"时,她表达了自己对于自主堕胎的不认可,她也不会选择自主堕胎。)

(7)事物的道德属性取决于其所拥有的自然属性(即科学所能探究的属性或者开放经验研究的属性),自然属性完全一致的两个对象,其道德属性也是一样的。(假如我们相信自主堕胎是错误的,我们似乎无法想象另一种与自主堕胎拥有相同自然属性的行为竟然是对的。)

(8)事物的道德属性可以与其自然属性区别开来。(比如,说"自主堕胎在道德上是错的"似乎不同于对自主堕胎这类行为所拥有的任何自然属性的描述,比如"自主堕胎导致胎儿的死亡"。)

(9)我们无法通过感官直接经验到道德属性,但我们对一些基本的道德判断却是深信不疑的。(比如,我们坚信,故意杀害无辜的人是错的,尽管我们在任何故意杀人的现场都无法直接看到、听到、闻到或者摸到"错"。)

以上9条当然不可能穷尽我们关于道德话语的所有直觉(比如,直觉上我们还相信人类社会存在道德进步或者道德退步),但已经足以帮助我们大概识别出各种主要的元伦理学立场了。请注意,这些直觉所反映的只是我们在概念上对于道德的理解,并不是对于世界上真的存在什么形而上学的论断,并且,它们中的任何一个都可能最终被证明站不住脚。换言之,我们概念中的道德在真实世界中可能根本就没有对应物。

元伦理学中的认知主义(Cognitivism)将(1)-(3)视为道德话语的本质特征或者"不可商量的"(non-negotiable)特征①。在认知主义者看来,道德陈述和其他事实陈述(比如科学陈述)没有根本的区别,都旨在描述外在于其自身的对象,因而可以被评价为真或者为假。对于道德陈述所试图反映的对象,不同的认知主义者则有不同的看法。根据道德实在论(Moral Realism)的看法,道德陈述试图描述的是客观的道德事实或者属性,也就是说,道德陈述的真假独立于任何描述者对于描述对象的看法、态度或者立场。相比之下,主观主义者(subjectivist)认为,道德陈述描述了或者反映了个人的意见或者偏好,而相对主义者(relativist)认为,道德陈述描述了或者反映了一个社会或者共同体的伦理习俗、约定或者共识。

与认知主义相对立的立场是非认知主义(Non-Cognitivism),近来又被称为表达主义(Expressivism)。表达主义者认为,(1)-(3)只是语法造成的假象而已②,道德语句的真实意义并不是要如实地描述任何对象,而是要表达情感、命令、计划、欲望、承诺等非认知的心灵状

---

① 对于"可商量的"与"不可商量的"的更多讨论,请参见 Joyce R. The myth of morality. Cambridge: Cambridge University Press, 2001: chapter 1; Joyce R. The error in "the error in the error theory". Australasian journal of philosophy, 2011, 89 (3): 519 – 534; Finlay S. Errors upon errors: a reply to Joyce. Australasian journal of philosophy, 2011, 89 (3): 535 – 547。

② 当代的表达主义者付出了各种努力想要容纳这些"假象"。比如,有些表达主义者采纳了一种关于真理或者事实的最小主义的紧缩理论,以保留我们谈论道德真理或者道德事实的权利。参见 Blackburn S. Ruling Passions. Oxford: Oxford University Press, 1998; Timmons M. Morality without foundations: a defense of ethical contextualism. New York: Oxford University Press, 1999; Gibbard A. Thinking how to live. Cambridge, MA: Harvard University Press, 2003. 再比如,表达主义者接连不断地想要解决"弗雷格-吉奇问题"(Frege-Geach problem),以维护道德推理的可能性。参见 Gibbard A. Wise choice, apt feelings. Cambridge, MA: Harvard University Press, 1990; Blackburn S. Attitudes and contents. Ethics, 1988, 98 (3): 501 – 517; Stoljar D. Emotivism and truth conditions. Philosophical studies, 1993, 70 (1): 91 – 97。即使如此,在根本上表达主义者仍然坚持,道德判断并没有在描述任何东西,也没有任何实质性的道德真理或者道德事实等着被道德判断描述。

态。这类心灵状态不同于信念这样的心灵状态，因为前者具有"从心灵到世界的适应方向"（mind-to-world direction of fit），而后者具有"从世界到心灵的适应方向"（world-to-mind direction of fit）。也就是说，信念旨在反映外在世界的真相，一旦我们发现信念的内容与其所要反映的真相不相符，我们就会修改信念使其适应外在世界的真相。但像欲望那样的非认知状态并不试图反映世界的真相，相反，它们要求世界符合其自身的内容，因而会激发人们用行动改变世界。正是因为非认知的心灵状态具有激发行动的力量，表达主义者很容易地就能解释道德话语的特征（4）。既然道德判断只是表达了做出判断的人的欲望或者情感，而诸如欲望或者情感这样的心灵状态又可以直接激发行动，那么，道德判断伴随着相应的行为动机就不足为怪了。相比之下，认知主义者解释起（4）来就没有这么直接，因为根据一种具有很大影响力的动机理论，信念无法仅凭自己的力量激发行动，因此，如果道德判断仅仅表达了我们关于外在事实①的信念的话，道德判断为什么会自动带有相应的动机呢？

　　前面提到的道德实在论者虽然都将（1）-（3）视为道德话语不可商量的特征，但其阵营内部对于其他特征的态度并不一致。信奉科学世界观的自然主义者（naturalist）将（7）视作可以把道德属性自然化的证据，他们致力于把道德现象解释为纯粹的自然现象，把道德知识当作经验知识，并把伦理学视为科学探究的一部分。这里所说的"自然"，其大概意思是，可以最终被纳入（完美的）科学研究的范围或者可以通过经验的方式探究。因此，说一个对象是"自然的"，便是说它最终可以被（完美的）科学研究所承认或者可以开放经验研究。为了让自然世界容纳道德，自然主义者会否认（8），还会修改甚至放弃（5）、（6）和（9）。以（5）为例，既然科学所发现的世界中并不存在自身就能提供"绝对命令"（categorical imperative）的规范属性，那么，自然主义者

---

① 相比其他类型的认知主义者，主观主义者更容易解释（4）。

就倾向于认为，道德属性所提供的行动理由也不是绝对的，而是有条件的。至于（9），自然主义者相信，我们实际上可以用经验的方式认知到道德属性，比如借助对其他经验现象的因果解释而推论出相关道德属性的存在。

相较之下，非自然主义的道德实在论者（non-naturalistic moral realist）特别看重特征（5）、（8）、（9）。在他们看来，道德陈述所要把握的事实是一类自成一体的独特存在；这样的事实可以给理性的行动者提供独立于其先在欲望的行动理由，因而不同于科学研究的对象。非自然主义者一般也会接受（4）、（6）和（7），尽管他们在解释这三个特征的时候会遭遇麻烦。尤其是第（7）个特征：既然道德属性和自然属性是根本不同的两类存在，那么，为什么道德属性会被自然属性锁定呢？此外，第（9）个特征也给非自然主义者造成了困难：既然我们无法通过经验认识到客观的道德事实，我们是如何可能持有真的道德信念的？尽管会遭遇到一些挑战，非自然主义的道德实在论却容纳了或者至少试图容纳道德话语的以上全部表面特征。因此，非自然主义的道德实在论似乎最能符合我们在日常经验中对于道德的理解。而非自然主义的道德实在论者的任务便是证明，我们日常经验中的道德可以几乎原封不动地在这个世界中真实存在。在这个意义上，非自然主义者是真正"严肃对待道德"① 的人。

与道德非自然主义形成有趣对照的是被称为"错论"（Error Theory）的元伦理学立场。和非自然主义者一样，错论的支持者也认为，我们概念中的道德确实拥有第（1）-（9）个特征。然而，根据错论的主张，我们所在的世界中找不到任何真实存在的东西可以示例或者拥有那些特征，其主要理由与上面提到的自然主义者的想法类似：科学所发现的自然世界没有能够向我们发布绝对命令的东西，即使有这样的东西存

---

① 当代著名道德非自然主义者大卫·伊诺克（David Enoch）写作的书名便是《严肃对待道德》（*Taking Morality Seriously*）。

在，我们也不清楚我们如何能够认识它们。但与自然主义者不同，错论的支持者并不试图通过否定或者修改道德话语的特征而把道德属性解释为自然属性，他们认为，既然真实世界无法容纳道德话语的对象，那么我们的道德话语所要把握的对象就不存在，而这意味着我们所有的（正面）道德陈述都是假的。道德话语之于错论的支持者，就好像《圣经》中关于上帝的各种描述之于无神论者一样。除了要与其他的元伦理学立场竞争之外，错论自身还面临一个问题。无神论者可以完全不谈论上帝，可以不使用任何涉及上帝的概念，但即使是错论的支持者也不太可能完全抛弃道德话语，因为很难否认，道德话语的使用给社会和个人带来了实实在在的好处。那么，问题来了，认定道德陈述皆为假的错论支持者应该如何对待一阶的道德话语呢[①]？

二、本书的主题、目标与结构

本书的讨论集中在道德非自然主义或非自然主义的道德实在论上，尤其是其所遭遇的本体论或形而上学挑战。一般认为，作为道德实在论的一种版本，道德非自然主义在本体论上承诺了道德属性和道德事实的存在，也就是说，非自然主义者相信，虽然道德属性和道德事实本身不是自然世界的一部分，但它们仍然是我们所在世界的真实构成部分。如上文所述，由于道德非自然主义和我们日常对于道德的理解比较契合，非自然主义者的主要工作并不是解释我们的一阶道德经验，而是要在一个合理的形而上学以及认识论框架下辩护非自然主义的本体论承诺。

然而，道德非自然主义者为什么一定要有那种需要特别辩护的本体论承诺呢？这是一个值得探究且已经逐渐受到重视的问题。当代一些重要的道德非自然主义者声称，承诺客观道德真理或者道德事实的存在并不会带来沉重的本体论负担，道德事实的客观性应该并且只能通过一阶

---

① 本书第五章还会谈到这个问题。

道德推理来建立，而不需要援引其他领域的形而上学标准。在他们看来，讨论关于道德真理的形而上学问题对于理解和捍卫客观道德真理来说是没有必要的，甚至关于道德话语及其与世界的关系的元伦理学反思完全是误入歧途；在一阶的道德探索完成之后，我们应该对围绕着道德真理的形而上学争论保持沉默。因此，我把这一立场称为"寂静主义实在论"（Quietist Realism）。

本书的主要工作便是批评寂静主义实在论者所提出的各种应对形而上学挑战的方案，或者说是批评他们理解和辩护客观道德真理/事实的方案，并给出我认为更有希望的方案。我选择托马斯·内格尔（Thomas Nagel）、罗纳德·德沃金（Ronald Dworkin）、德雷克·帕菲特（Derek Parfit）、蒂姆·斯坎伦（T. M. Scanlon）作为寂静主义实在论的代表人物，在阐明各自方案的基础上分别对其展开系统的批评。概括言之，在我看来，寂静主义实在论的各种方案都不成功，它们要么误解了形而上学挑战的要旨，要么高估了一阶规范推理的效力与适用范围，要么两者都有。总之，我将论证，寂静主义实在论无法解释道德真理所具有的强硬规范性（robust normativity）与客观性。最后，我尝试给出我认为更有希望成功的方案，也就是强硬的实在论或者强硬的道德实在论（Robust Moral Realism）方案。具体来说，遵循拉斯·谢弗-兰道（Russ Shafer-Landau）的总结，我将非自然主义者所面临的形而上学挑战分为三个："因果论证"、"随附性论证"与"怪异性论证"。我认为，强硬的实在论者可以有力地回应这三个挑战。其中，对于"因果论证"的最好回应来自大卫·伊诺克[1]，对于"随附性论证"的最好回应则来自谢弗-兰道[2]。至于"怪异性论证"，我尝试通过扩展我们关于自然世界的概念而予以回应。通过对这些议题的深入讨论，我希望洞见道德非

---

[1] 参见 Enoch D. Taking morality seriously: a defense of robust realism. Oxford: Oxford University Press, 2011: chapter 3。

[2] 参见 Shafer-Landau R. Moral realism: a defense. Oxford: Oxford University Press, 2003: chapter 4。

自然主义这一哲学立场的深度和广度，以及其中所蕴含的深刻意义。

最后，让我来简要地介绍一下本书的结构以及各章的主要内容：在结束了本章的导论之后，我将在第二章展开介绍道德非自然主义，阐明其基本主张、理论优势及其遭遇的主要问题。第三章将正式引入寂静主义实在论，并将其作为道德非自然主义阵营为了应对挑战尤其是形而上学挑战而发展出的特殊版本。我将解释寂静主义实在论的核心主张、论证思路和基本动机，并指出寂静主义实在论背后蕴含着对"方法论自然主义"的抵制。接着，本书的第四章到第七章将分别讨论内格尔、德沃金、帕菲特和斯坎伦的寂静主义实在论版本，指出各自理论存在的问题，并解释其失败之处。作为承上启下的章节，第八章将深入剖析寂静主义实在论的失败原因，并指出寂静主义实在论之所短，正是强硬的道德非自然主义之所长，此外，后者对于规范概念和规范属性的说明能很好地符合我们的日常直觉。在最后一章即第九章，我将站在强硬的实在论立场正面回应形而上学挑战。在分别阐明伊诺克对于"因果论证"的回应以及谢弗-兰道对于"随附性论证"的回应之后，我将尝试提出一种我称为"现实世界的强硬实在论"的立场来应对"怪异性论证"。这一立场主张一种更为包容的关于自然世界的观念，拒绝自然世界与非自然世界之间的二元对立，同时认为，不可还原的规范事实与属性是客观世界的真实构成部分，其客观性与我们更为熟悉的自然属性相当。

第二章　什么是道德非自然主义？

一、定位道德非自然主义

作为当代道德哲学的一个分支，元伦理学处理的是关于道德话语（乃至一般而论的规范话语）之本质或者地位的诸多问题。这些问题本身不是一阶道德问题，而是关于语义学、形而上学、认识论、心灵哲学、道德心理学或者理性行动的哲学问题，因此，这些问题的答案也不会由道德或者规范陈述构成。换言之，元伦理学问题并不是伦理问题。接下来，我尝试通过阐释道德非自然主义者对于基本元伦理学问题的解答，来一步步澄清道德非自然主义这一元伦理学立场的核心观点。

对于道德陈述（moral statement）来说，首先重要的问题便是，如何理解道德陈述的语义（meaning）？比如，"滥杀无辜是错的"这句话是什么意思？从语法结构来看，"滥杀无辜是错的"和"草是绿的"是一样的，两者都是在试图描述或者反映一个事实。"草是绿的"试图把一种颜色属性（绿）归于草这种植物之上；"滥杀无辜是错的"则试图把一种道德属性（错）归于滥杀无辜这类行为之上。如果草事实上真的拥有"绿"这个颜色属性,"草是绿的"便为真,否则便为假。同样,如果滥杀无辜事实上真的拥有"错"这个道德属性,"滥杀无辜是错的"便为真,否则便为假。这便是道德认知主义(Moral Cognitivism)对道德陈述之语义的理解方式。根据道德认知主义,我们的道德谓词意在指称真实的属性,道德陈述意在描述事实,因此,道德陈述表达的是信念(belief)这样的认知的心灵状态,有真假可言。与此相对,根据道德非认知主义(Moral Non-Cognitivism),道德谓词并不指称任何属性,道德陈述也不意在描述任何事实而只是在表达诸如情感、命令这样的非认知的心灵状态,因而没有真假可言。比如,在某些非认知主义者看来,"滥杀无辜是错的"这句话的意思和"滥杀无辜,呸!"相当,其中的"错"只是表达了说话者反对或者厌恶滥杀无辜的情感①。在这个问题上,道德非自然主义属于道德认知主义阵营。道德非自然主义者相信,我们应该按照语法结构所表明的那样来理解道德陈述,也就是相信,我们的道德陈述表达命题或者信念,有真假可言,可以被用来进行符合逻辑的推理。

第二个问题是,如果我们的道德陈述有真假可言,使得它们为真或者为假的事实以及属性是否客观存在?这里需要首先澄清何为"客观"(objective)。当某人在观察某物时,我们会把观察者称为"主体"(subject),而把观察对象称为"客体"(object)。与此相应,就西文的字面意思而言,说某个特征是客观的,大概是说它是属于客体的,而说某个特征是主观的,则是说它是属于主体的。但什么是"属于客体"呢?按照一种流行的刻画,说特征F属于客体或者是客观的,便是在说,某个对象是否拥有F,这一点不依赖于观察者对其的态度、看法或者响应。需要注意的是,这里的"不依赖于"应该理解为"构成上不依赖于"(constitutively independent),而不是"因果上不依赖于"(causally independent)。我们可以通过一个例子来阐明这一点②。假设有这样一种怪病,其发展直接被患者的心理状态所影响,以至于只要患者相

---

① 参见 Ayer A J. Language, truth, and logic. New York: Dover Publications, 1952: 142.
② 这个例子来自 Huemer M. Ethical intuitionism. New York: Palgrave Macmillan, 2005: 3.

信自己可以痊愈，那么他就会痊愈，只要患者不相信自己可以痊愈，那么他就不会痊愈。如果是这样的话，我们是不是可以说，患者是否会痊愈是件主观的事情？答案是否定的。在这个例子中，虽然患者对于是否会痊愈的信念与其是否会痊愈之间存在一种因果联系，但对于其是否会痊愈，存在独立于患者信念的评判标准，也就是说，患者是否会痊愈并不由患者关于它的信念所构成，哪怕是部分地构成。根据上面的界定，如果特征 F 是主观的，那么，某对象是否拥有 F 至少部分地取决于观察者是否有或者倾向有某种特定的态度或者反应，否则，F 便是客观的。"好笑"是一个典型的主观特征，因为一个笑话是否好笑是由它是否可以让（多数或者很多）人发笑所构成的①。

那么，使得道德陈述为真或者为假的道德事实与属性是否客观呢？根据对这个问题的不同回答，道德认知主义阵营可以分为两派。其中，道德实在论者（moral realist）认为道德事实与道德属性都是客观存在的，而道德反实在论者则否认这一点。道德反实在论阵营又大致可以分为两派。一派认为，道德陈述只是在描述或者反映了个体或者群体的态度，因此，道德属性或者事实构成性地依赖于个体或者群体的态度。此便是主观主义（Subjectivism）或者相对主义（Relativism）。另一派则认为，虽然在概念上我们的道德陈述旨在描述客观的道德属性和事实，但在形而上学上，客观的道德属性和事实并不真实存在，因此我们的道德陈述普遍都是假的，任何行为客观上既不是善的又不是恶的。此便是错论，有时也被称为虚无主义（Nihilism）。

道德非自然主义属于道德实在论的阵营，甚至可以说，道德非自然

---

① 当然存在一些有争议的例子，比如颜色。有的哲学家认为颜色是主观的，因为，说某物（比如）是绿色的，便是在说它能够在常规的光照条件下、在拥有正常视觉的人那里引起某种特定的视觉经验。参见 McDowell J. Values and secondary qualities//Honderich T, ed. Morality and objectivity: a tribute to J. L. Mackie. London: Routledge and Kegan Paul, 1985: 110-127; Johnston M. How to speak of the colors. Philosophical Studies, 1992, 68 (3): 221-263. 但也有一些哲学家认为，颜色是物质所拥有的自成一体的、非关系性的简单属性。参见 Hacker P M S. Appearance and reality: a philosophical investigation into perception and perceptual qualities. Oxford: Blackwell Publisher, 1987; McGinn C. Another look at color. The journal of philosophy, 1996, 93 (11): 537-555。

主义是最强硬的道德实在论版本,因为非自然主义者为了维护道德属性或者道德事实的客观性(或者规范性),继而维护道德要求的绝对性(categoricity),不惜与自然科学所体现的形而上学或者认知论图景决裂。这就牵扯到了第三个基本的元伦理学问题:如果道德属性或者事实是客观存在的,那么,它们是自然的吗?按照通常的理解,这里的"自然"指的是在科学理论中扮演角色或者被经验科学的方法所承认,换言之,说某个对象是自然的,便是在说它是(至少将会是)经验科学所揭示的自然世界的一部分①。如其名称所揭示的那样,道德自然主义者相信,道德属性是自然的,而道德非自然主义者否认这一点。

传统上,道德自然主义者认为,存在客观的道德属性,并且它们可以被还原为自然属性。这种还原论的自然主义可以分为两个版本:一个是分析的自然主义(analytic naturalism),另一个则是综合的自然主义(synthetic naturalism)。分析的自然主义者认为,诸如"好"这样的伦理概念可以完全用非评价的、描述自然世界的概念界定,比如,"好"也许可以被定义为任何能够促进人类整体欲望满足或者促进人类幸福的事物。综合的自然主义者则认为,我们无法仅仅依赖概念分析的方式来确定道德属性等同于哪个或者哪些自然属性,而必须依赖经验探究。因此,诸如"好"这样的伦理概念无法完全用非评价的自然概念定义,但"好"这一属性仍然等同于某个或者某些自然属性。这就好像,虽然"水"这个概念无法被分析为"由两个氢原子和一个氧原子构成的化合物",但水就是 H_2O。20 世纪 80 年代兴起了一种名为"康奈尔实在论"(Cornell Realism)的自然主义版本②。在康奈尔实在论者看来,"好"

---

① 参见(比如)Copp D. Why naturalism? Ethical theory and moral practice,2002,6(2):179-200;Shafer-Landau R. Moral realism:a defense. Oxford:Oxford University Press,2003:58-65。

② 参见 Boyd R. How to be a moral realist//Sayre-McCord G,ed. Essays in moral realism. Ithaca:Cornell University Press,1988:181-228;Brink D. Moral realism and the foundations of ethics. Cambridge:Cambridge University Press,1989;Sturgeon N. Moral naturalism//Copp D,ed. The Oxford handbook of ethical theory. Oxford:Oxford University Press,2006:91-121。

所指称的自然属性（即好）无法还原为或者等同于其他自然属性，因为好这种伦理属性非常复杂，可以被多种非常不同的自然属性多重实现（multiply realized）。但这并不妨碍好本身是一种自然属性，因为它拥有在经验世界中的因果效力，我们可以诉诸好来解释经验现象。在这个方面，"好"与"健康"非常类似。因此，康奈尔实在论又被称为非还原的道德自然主义。

然而，在道德非自然主义者看来，无论是怎样精巧的自然主义版本都无法充分解释道德属性，因为自然科学永远也无法把握到道德属性的核心特征，所以，最终由自然科学所发现的自然属性也不可能拥有那个核心特征。那个特征便是"规范性"（normativity）。如拉斯·谢弗-兰道所言：

> 我们的世界有一些真实的特征，永远不会被自然科学所涵盖。道德事实就是这样的特征。道德事实引入了一种自然科学的记录所无法捕捉的规范性元素，它们告诉我们**应当**做什么，**应该**如何行事，**值得**追求什么，我们拥有哪些**理由**，以及什么可以**得到辩护**，什么不可以。没有任何一门科学能够告诉我们这些事情。①

道德属性或者事实所具有的"规范性"，指的并不是相对于任何给定规则的正确标准，也不是对于特定目的的有用性，更不是内在于某类事物（尤其是人造物）的目的或者功能的评价标准，而是似乎只能通过诸如"在道德上是对（善）的或者错（恶）的""一个人在道德上应该做的""支持或者反对某个行动的规范理由"这样的表达来传递的要求或者指令②。一般来说，某个行动者去做某事的规范理由是真正（在一定程度上）支持其做那件事的事实或者考虑。比如，"孺子将入于井，而伸手将其抓住即可让其得救"是一个伸手抓住孩子的规范理由，甚至是一个绝对的、压倒性的规范理由。这一理由使得任何有条件这么做的人都应

---

① Shafer-Landau R. Moral realism: a defense. Oxford: Oxford University Press, 2003: 4.
② 关于道德属性所具有的（强硬）规范性的进一步阐释，请参见本书第九章。

该伸出援手而不论其是否愿意，如果有谁不愿意，那么他便在道德上犯了一个错误，应该受到责备。

因此，道德要求所具有的规范性表现为一种独立于行动者先在意图或者欲望并为其提供行动指导的权威。对于道德要求的违背与对于礼仪规范或者游戏规则的违背似乎很不一样，前者意味着一种严重的错误，会招致极其严肃的责备，而后者则不会。这种强硬且重要的规范性似乎是科学所能发现的任何自然属性或者事实都无法拥有的，因此，道德属性或者事实似乎无法被彻底自然化，它们是自成一体的（sui generis）非自然存在。这便是道德非自然主义的立场。

二、道德非自然主义的吸引力

1. 为什么要做一个道德实在论者？

上文提到，道德非自然主义属于道德实在论阵营，致力于维护道德要求的客观性和规范性。道德实在论者普遍认为，道德陈述表达我们关于道德事实的信念，并且道德信念因为客观道德属性与事实的存在而为真或者为假[1]。用谢弗-兰道的话来说："实在论者相信，存在不依赖任何优先视角的道德真理，也就是说，确定道德真理的道德标准并不因为任何特定的实际或者假设视角的批准而为真。个人对于某个道德标准所持有的任何态度都不是使得这个标准正确的原因。"[2] 为什么要接受道德实在论呢？主要原因在于，它非常符合我们关于道德判断的日常经验或者直觉。

让我们来测试一下我们关于道德判断的直觉吧[3]。请考虑第一个例子：根据我的观察，文身在中国变得越来越流行，越来越多的中国年轻

---

[1] 此外，大多数道德实在论者也相信，我们一些基本的道德信念是真的。
[2] Shafer-Landau R. Moral realism: a defense. Oxford: Oxford University Press, 2003: 15.
[3] 以下的测试被大卫·伊诺克称为"反事实测试"（the counterfactual test），参见 Enoch D. Why I'm an objectivist about ethics（why you are, too）//Shafer-Landau R, ed. The ethical life: fundamental readings in ethics and moral problems. New York: Oxford University Press, 2014: 192–205.

人已经摒弃了上一辈附加于文身之上的偏见，而选择用文身的方式表达自我，展示个性。现在我们假设，如果中国的年轻人突然变得不喜欢文身了，那么文身在中国还流行吗？很明显，不流行了。

再考虑第二个例子：基于目前所掌握到的证据，人们普遍相信，吸烟与肺癌之间存在因果关联，吸烟会增加罹患肺癌的概率。现在假设，如果人们突然不再相信吸烟会导致肺癌，反而都相信吸烟有利于肺部健康，那么，吸烟还会增加得肺癌的概率吗？答案似乎也很明显：会增加。

最后考虑道德的例子：我们知道，虐待儿童是错的。现在假设，如果人们突然变得都不喜欢孩子了，并且都赞同虐待儿童，那么虐待儿童就不错了吗？答案似乎是：不，虐待儿童仍然是错的。

如果你关于上面三个例子的直觉与我相同，那么这意味着我们倾向于认为，虐待儿童是不是错的与吸烟是否导致肺癌相类似，两者都属于事实问题，都有客观的答案，也就是有独立于我们的看法或者态度的答案。换言之，我们从直觉上相信存在道德真理或者事实，并且道德真理的标准不取决于任何人对于它的视角或者立场。而这正是道德实在论的主张。如果你对上面三个例子的直觉与我不同，接下来请允许我再分析一下你的直觉。

当有人否认虐待儿童（或者种族灭绝，或者强暴幼女）是错的时，我们不仅会觉得这个人是错的，还会觉得这个人很奇怪，甚至会觉得他疯了，这种反应与我们听到"我不喜欢你""我不喜欢同性恋"之类的反应是非常不一样的。我们觉得那些认为虐待儿童并不错的人对于相当明显的事实视而不见，在理性上犯了一个严重的错误，而那些不喜欢我们或者讨厌同性恋的人尽管也会引起我们的反感，但似乎只是因为他们的主观感受（以一种令我们不快的方式）与我们不同，只要他们的言行不出格，他们甚至有权持有那种主观感受。如果你对于这种差别也有相同的直觉，那么，这意味着道德判断不同于描述主观感受的判断，前者有一种后者所没有的独特的理性力量。"虐待孩子是错的""种族灭绝是错的""强暴幼女是错的"，这些判断不仅仅是表达个人的意见或者口味,更是对客观事实的反映,受到事实的制约,任何理性的人都无法轻松地拒斥这些判断。根据道德实在论,道德判断之所以具有这种在理性上难以抗拒的力量,是因为它们表达了我们关于事实的信念,而理性的人不可以随意拒绝事实。

还有,在日常生活中,我们似乎都认为人们可以在道德上犯错,也就是说,我之前所持有的对于某事的道德看法可以是错的。以我自己为例,在我出生长大的故乡,吃狗肉是一种非常流行的习俗,我从小就被告知狗肉是我们家乡的特产,小时候在大街上甚至会见到"活狗现杀"(或者"活狗现剥")的招牌以及血淋淋的杀狗场面。因此,直到七八年前我仍然认为,吃狗肉完全无关道德,更没有什么错,直到我养了一条狗(约克夏)。在与它(她)的朝夕相处中,我逐渐意识到,她至少可以拥有近似于一岁小孩的智力,可以在不同的层次方面感受到快乐和痛苦,可以与人进行各种互动(包括情感上的互动),可以对人产生很深的依恋。因此,我现在相信,为了口腹之欲而杀害狗这一行为在道德上是非常残忍的,因此是错的,至少可以这样说,是否可以吃狗肉牵涉到道德问题。我不认为这仅仅是我个人的偏好发生了变化,我更愿意说,之前的我在这个问题上是错误的,我之前没有意识到与吃狗肉相关的道德理由。我相信很多人都有类似的经历。道德实在论对这种经历有着非常自然而直接的解释:既然使得道德信念为真或者为假的是客观存在的道德事实,那么我们当然有可能拥有错误的道德信念。

如果个体可以纠正自己之前的道德错误,那么作为集体的社会或者共同体应该也可以。事实上,很多人都相信人类社会显示出了在道德方面的进步,尤其随着历史的发展,人类社会对于某些基本的价值产生了显著的共识。彼得·辛格(Peter Singer)曾提出过"不断扩大的道德关怀圈"(expanding circle of moral concern)的观念①,借助这个观念,

---

① 参见 Singer P. The expanding circle: ethics, evolution, and moral progress. Princeton: Princeton University Press, 2011。

我们或许可以勾勒出人类道德进步的线索。根据辛格的看法，人类历史呈现出道德关怀圈不断扩大的趋势：一开始人们只关心自己的家庭、部落或者乡邻，慢慢地人们把关心的范围扩大到自己的民族、国家以及人种，到今天，人们已经开始普遍地关心人类甚至所有非人类的动物了。辛格认为，这种变化是由人类知识的增长以及认知推理能力的提高所促成的，而这意味着，我们的道德关怀圈之所以在扩大，很大程度上是因为我们认识到为什么应该扩展道德关怀圈的理由。因此，这种扩大并不仅仅是态度或者立场的转变，更是进步。对于这种进步，道德实在论也有非常直接的解释：这是因为人类认识到越来越多的道德事实。

以上的论述旨在表明，道德实在论非常符合我们关于道德实践的直觉①。当然，这无法直接证明道德实在论就是正确的。毕竟，有的人可能会有不同的直觉，即使所有人的直觉都相同，借助我们对于世界其他部分的了解，尤其是关于那些直觉的解释，我们的直觉也可能被证明为幻觉。尽管如此，与日常直觉的契合仍然为道德实在论提供了有力的支持，至少，这使得道德实在论者处于一个相当有利的辩护位置：他们似乎不太需要为自己的立场提出正面的论证，而只需回应对他们的批评，尤其是来自道德领域之外的批评。然而，即使道德实在论在直觉上很有吸引力，但作为道德实在论的版本之一，道德非自然主义自身又有什么独特的吸引力呢？

2. 为什么要做一个非自然主义者？

对于道德非自然主义的经典论证来自摩尔，也就是著名的"开放问题论证"（Open Question Argument）②。根据摩尔的看法，任何试图给"好"（good）这样的基础伦理概念所下的定义都不会成功，因为任何定义都会产生"开放问题"，所以，"好"是不可定义的或者不可分析的，

---

① 当然，还有一些更为理论化的理由可以支持道德实在论，请参见本书的第八章和第九章。
② 参见 Moore G E. Principia ethica. Cambridge: Cambridge University Press, 1903: chapter 1. 事实上，西季威克（H. Sidgwick）在摩尔之前就曾使用过类似于开放问题论证的观点来证明道德概念是不可还原的，参见 Sidgwick H. The methods of ethics. New York: Macmillan, 1907: book I chapter 3。

这意味着,"好"所指称的属性也是简单的、不可还原的。所谓开放问题,与封闭问题(closed question)相对,封闭问题指的是这样一类问题:"组成问题的词语的意义本身就决定了问题的答案,除非头脑混乱,谁都不会否认那个答案。"① 也就是说,每一个封闭问题的答案都是一个分析真理。比如,"单身汉没有结婚吗?"就是一个典型的封闭问题,只要你理解这个问题中所有词语的意思,你就知道这个问题的答案,因为"单身汉没有结婚"是一个分析真理。与此相对,开放问题指的便是仅凭问题中词语的意义无法决定问题答案的那类问题,比如,"我应该学习哲学吗?""北京市市长现在在北京吗?""明天会下雨吗?"根据摩尔的看法,对于任何一个对"好"所下的定义(比如,"好就是使快乐最大化",或者"好的就是一个人在充分了解相关信息的情况下就会欲求的"),假设对象 x 符合定义项的要求(比如,"x 会使快乐最大化",或者"x 是一个人在充分了解相关信息的情况下就会欲求的东西"),我们都可以问:"x 是好的吗?"并且,这个问题是开放问题(尤其是,使快乐最大化的行为可能不好,一个人在充分了解相关信息的情况下就会欲求的东西也可能不好)。对于摩尔来说,这说明任何试图定义"好"的尝试都不会成功。既然"好"无法被定义,那么"好"所指称的属性便不能等同于或者还原为任何不是它自身的东西,尤其是任何自然属性。

因此,我们可以把摩尔的开放问题论证概括为:

P1 对于任何试图界定"好"的定义 D,"好"这个词的意思都不同于 D,因为将"好"定义为 D 总是会产生开放问题。

P2 "好"无法被定义。

P3 "好"这个词指称好这一属性。

P4 好这一属性不同于或者无法还原为"D"所指称的属性。

C 好这一属性不同于或者无法还原为其他属性。

---

① Moore G E. Principia ethica. Cambridge:Cambridge University Press,1903:72.

既然好这一属性不同于任何定义项 D 所指称的属性,那么好一定不同于 D 所指称的任何自然属性。据此,摩尔认为,好这一属性无法还原为任何自然属性,所以,好是一个非自然属性。不仅如此,在摩尔看来,任何试图定义"好"或者试图把好还原为其他属性的人都犯了一个错误,即所谓"自然主义谬误"(the Naturalistic Fallacy)。虽然"自然主义谬误"是个很糟糕的名字①,但它足以反映摩尔反对道德自然主义的决心。

虽然摩尔的论证影响很大,但今天的元伦理学家普遍认为,开放问题论证基本上是失败的,至少它无法彻底击败道德自然主义,甚至无法彻底击败较为精致的分析的自然主义版本②。比如,摩尔很明显对定义持有一种狭隘的理解,仿佛只有分析的定义才是正确的定义。然而,正确的定义未必是对被定义项的概念分析,定义项与被定义项之间的等同关系完全可以通过经验探究的方式得到证明,典型的例子便是"水是 H_2O"这一定义。换言之,摩尔混淆了语义上的等同与形而上学的等同,这使得他没有意识到,意义不同的词语或者句子可以指称同一个对象。此外,开放问题论证似乎还忽略了这样一种可能性:虽然"好"所指称的属性无法被任何描述性的定义所把握,因而无法被还原为任何其他的自然属性,但好仍然是自然属性,只不过是一个独特而复杂的自然属性。如果这一可能性是成立的,那么,我们就可以在坚持道德自然主义的同时解释为什么对于"好"的定义总是会产生开放问题。

尽管开放问题论证存在各种问题,但不可否认的是,这个论证确实

---

① 摩尔的开放问题论证的攻击目标既包括自然主义,也包括超自然主义,因为 D 所指称的属性既可以是自然属性,也可以是超自然属性(比如"好的就是上帝所命令的")。而且,"谬误"(fallacy)在哲学讨论中指的是在推理中所犯的逻辑错误,而试图定义"好"的人则不一定会犯逻辑错误,也许他们只是对"好"的理解不同而已。参见 Williams B. Ethics and the limits of philosophy. Cambridge, MA: Harvard University Press, 1985: 121。

② 参见(比如)Brink D. Moral realism and the foundations of ethics. Cambridge: Cambridge University Press, 1989: chapter 6; Shafer-Landau R. Moral realism: a defense. Oxford: Oxford University Press, 2003: chapter 2; Sturgeon N. Moore on ethical naturalism. Ethics, 2003, 113 (3): 528-556。

触及了道德自然主义与非自然主义之争中的核心议题，尤其是，它向所有试图把伦理对象自然化的方案都提出了挑战。那些方案需要回答：为什么我们在试图用描述自然对象的语言来定义伦理概念时总是会觉得缺少了些什么，以至于总是会产生开放问题？即使我们承认，原则上可能存在对于"好"的综合定义，也就是类似于"水是 H_2O"这样的定义，但不清楚的是，我们究竟如何可能找到这样的定义。考虑一下科学家大概是如何发现水是 H_2O 的：根据我们的日常概念，有很多被称为"水"的东西（比如江河湖海中的液体），于是科学家把所有这些东西拿到实验室来观察，发现所有被称为"水"的东西中都有 H_2O 结构的分子。通过化学技术把 H_2O 提纯之后，科学家进而发现，纯粹的 H_2O 拥有和水几乎一样的宏观属性，通过进一步的研究，科学家们又发现，诉诸 H_2O 的微观结构及其化学特性，我们可以解释经验中水所拥有的所有宏观属性。于是，科学家做出断言，水就是 H_2O。如果伦理学家可以对"好"做同样的事情，那么，我们确实有希望找到对于"好"的综合定义。然而，开放问题论证的挑战恰恰在于，当伦理学家尝试发现所有被称为"好"的东西所包含的描述特征时，他们一定会失败。因为，用任何描述特征去替换"好"都会产生开放问题。如果真的是这样，通过经验探究的方式给"好"寻找综合定义的工作一直会卡在第一步。如果无法找到可以替代"好"的描述表达，我们如何能够找到与好相等同的描述属性，进而确定好的自然本质呢？

更为重要的是，通过深入探究开放问题产生的原因，当代的道德非自然主义者发展出了一个不同于开放问题论证原始形态的论证[1]，而这个论证（以及与之类似的论证）构成了对于道德非自然主义的强有力的支持。因此，我们有必要对此论证稍加展开。

虽然道德实在论者认为，道德信念的真值条件独立于任何个体或者

---

[1] 参见 Rosati C. Agency and the open question argument. Ethics，2003，113（3）：490-527；FitzPatrick W J. Robust ethical realism, non-naturalism and normativity//Shafer-Landau R, ed. Oxford studies in metaethics：vol. 3. Oxford：Oxford University Press，2008：159-205.

群体的立场，也就是说，使得道德信念为真或者为假的标准并不是由任何特定视角的慎思结果所构成的，但任何客观真理的认知都需要认知者具有相应的能力和条件，而道德实在论者普遍相信，道德真理只有在适当的实践慎思视角（the perspective of practical deliberation）中才能被把握并得到辩护。而实践慎思视角的存在及其运作机制是确认规范性的关键，也是开放问题为什么会产生的根本原因。

何谓实践慎思视角？作为理性存在者，我们在试图认知外部世界的事实时并不会直接把感官提供的表象视为外部世界的真相，我们可以在心灵中与感官表象拉开一段"反思的距离"，综合各种信息来思考并决定是否应该相信感官表象（乃至其他来源的信念）如实地反映了世界的真相。与之类似，在决定如何行动时我们并不会直接被涌现于心灵中的欲望、冲动、性情倾向所驱动，而是在反思中与它们拉开一段距离，思考是否应该顺应某个欲望或者倾向行动。这一在反思中自主决定如何行动的视角便是实践慎思视角（或者伦理慎思视角）。在很多哲学家看来，拥有实践慎思视角是理性行动者的标志，因为通过实践慎思视角而行动实际上便是出于理由而行动[1]。

在实践慎思视角中，所有的思考都是为了回答一个问题：综合各种因素之后，应该或者最有理由如何行动？在第一人称的实践慎思视角中，任何对于事实的描述本身都不足以回答这个问题，那些事实必须呈现于行动者的慎思视角之中接受检视，由一阶伦理反思与论证来决定它们是否可以成为影响行动的理由。并且，一阶伦理反思与论证是独立自主的，有其自身的内部标准，不可以被其他学科的探究（比如心理学或者生物学的探究）所取代或者决定[2]。这当然不是说，其他学科的探究

---

[1] 有的哲学家甚至把实践慎思的成功运作视为自我身份得以保全的关键，请参见 Korsgaard C. The sources of normativity. Cambridge: Cambridge University Press, 1996: 92-113。

[2] 参见（比如）Nagel T. Ethics without biology//Mortal questions. Cambridge: Cambridge University Press, 1979: 142-146; Wiggins D. Cognitivism, naturalism and normativity: a reply to Peter Railton//Haldane J, Wright C, eds. Reality, representation, and projection. Oxford: Oxford University Press, 1993: 301-314。

不会影响到伦理反思的结果,而是说,来自其他领域的事实必须通过与之独立的伦理反思才能被决定其所具有的规范意义(normative significance)。而这是由实践慎思视角自身的性质决定的,亦即在理性行动者的实践慎思视角中,没有什么事实可以不经过反思而自动拥有指导行动的权威。让我们通过一个例子来说明这一点。

假设未来的生物学家拿出确凿的证据表明,倾向于拈花惹草是人类男性在演化过程中获得的适应性特征,就像雄性孔雀有长长的尾巴一样。也就是说,在恰当的时候与尽可能多的女性发生关系,这是在行为的层面上履行适当的生物功能,完全符合自然目的。缺乏这一倾向的男性可以被看作生物功能有缺陷。即使这些都是事实,但这些事实本身对于理性行动者并没有天然的权威。在任何一个场合决定是否要拈花惹草的时候,一个理性行动者总是可以与既定的、想要拈花惹草的冲动保持一段反思的距离,并且问自己,是否应该顺应它,或者它是否值得顺应。这时,"拈花惹草是生物的自然本性"这一事实无法解答这个问题,理性行动者可以再问,虽然拈花惹草是生物的自然本性,但拈花惹草真的好吗?或者,拈花惹草的人生真的值得过吗?这个问题只能调用关于何为好生活的理解并通过一阶伦理论证来解答,没有什么生物学理论或者关于自然目的的理论可以解答这个问题。

正是实践慎思视角的存在及其性质,尤其是事实如何在实践慎思视角中获得规范意义的机制,使得对于规范概念的描述定义总是会产生开放问题。质言之,对于一个理性行动者来说,任何用自然概念所描述的事态,无论它背后有一套基于生物学的自然目的论,还是有一套基于心理学的欲求或者幸福理论,都无法自动地拥有规范权威。任何自然事实在实践慎思视角中都要作为反思的素材,需要通过反思来评估其规范意义。这是因为,实践慎思视角需要解答的是一个规范问题,而规范问题需要规范的答案。甚至,即使我基于自身的实践慎思视角,通过自主地伦理反思得出了我应该如何行动的答案,这一事实本身仍然无法消除开放问题①。因为我可能会继续问，我进行实践慎思的起点是不是好的？由于我的成长背景和人生经验的限制，我是不是会忽视某些具有规范意义的要素？根据道德实在论，虽然实践慎思对于认识道德真理是必要的，但道德真理不是由实践慎思产生的，也不是由任何在价值上中立的实践慎思程序所决定的。任何没有预设实质性的道德事实的实践慎思程序，都不足以保证得到道德真理。

基本上，任何试图把"好"所指称的对象还原为自然事态的方案都会关注人类的欲求，都会用我们事实上普遍关心或者在乎的事物来说明其规范意义②。但根据开放问题论证，这不可能成功。因为好的事物不是我们事实上在乎的事物，而是我们应该在乎或者值得我们在乎的事物。即使由于偶然条件的改变，我们的喜好变了，我们仍然应该在乎那些我们事实上不再在乎的、真正好的事物。这正是好作为规范属性的核心特征，而正是这一特征无法容纳于自然世界之中③。试问，关于某个值得被追求、应该被在乎的事实，如何本身又是一个自然事实？正是这个原因，乔纳森·丹西（Jonathan Dancy）才把规范事实称为"元事实"（metafact）④。可能也是这个原因，托马斯·内格尔才说：

> 如果价值是客观的，它们必须凭借其自身如此，而不能通过还原为某个其他种类的客观事实如此。它们必须是客观**价值**，而不是客观的其他东西。⑤

也就是说，任何对于客观价值的合适说明都必须保留价值的规范性，否

---

① 参见 FitzPatrick W J. Robust ethical realism, non-naturalism and normativity//Shafer-Landau R, ed. Oxford studies in metaethics: vol. 3. Oxford: Oxford University Press, 2008: 177-178。
② 参见（比如）Railton P. Moral realism. Philosophical review, 1986, 95(2): 163-207。
③ 参见 Mackie J. Ethics: inventing right and wrong. Harmondsworth: Penguin, 1977: 38-42。
④ 参见 Dancy J. Nonnaturalism//Copp D, ed. The Oxford handbook of ethical theory. Oxford: Oxford University Press, 2006: 137。
⑤ Nagel T. The view from nowhere. New York: Oxford University Press, 1986: 39.

则便是把价值解释成了不是它的其他东西。

同样的道理也适用于"好"之外的规范概念，比如"理由"（reason），后者被一些哲学家视为规范领域最基本的概念①。任何试图将理由还原为纯粹自然事实的尝试，同样会因为没有保留住理由自身所具有的规范性而产生开放问题。如蒂姆·斯坎伦所言：

> 即使存在如下形式的非琐碎的双条件句为真，即"某事物是一个理由，当且仅当一个人处于条件 C 之下会将之视为理由"，这也不能为何为理由提供一个令人满意的还原分析。这是因为，"R 是一个理由"表达了一个实质性的规范判断，但双条件句的右侧只是对我的反应的表述（假定 C 不包含诸如"以正确的方式回应"这样的祈题短语）。只要 C 中不包含这样的短语，那么"即使处在 C 的条件下我也不会把 R 视为理由，但 R 是一个理由吗？"这个问题就会给人一种"开放的感觉"。②

总结一下，如果我们相信道德属性或者事实本质上是规范的，相信道德要求与"好"或者"理由"所表达的规范要求一样，在实践慎思视角中具有指导行动的权威，那么我们似乎就必须承认，道德属性或者事实不可以还原为任何自然属性或者事实，因为自然属性或者事实无法具有规范性，无法自动地在实践慎思视角拥有权威。而这是开放问题之所以会产生的根源。

如果以上推理是成立的，作为承诺了不依赖于任何立场的道德事实存在的道德实在论者，似乎就必须承诺不可还原的、非自然的客观规范事实的存在③。需要提醒的是，前面提到的"道德真理只有在适当的实

---

① 参见（比如）Scanlon T M. What we owe to each other. Cambridge, MA：Harvard University Press, 1998; Parfit D. On what matters: vol. 1. Oxford: Oxford University Press, 2011; Schroeder M. Reasons first. Oxford: Oxford University Press, 2021。

② Scanlon T M. What we owe to each other. Cambridge, MA：Harvard University Press, 1998: 58.

③ 另一个基于实践慎思视角的非自然主义论证，请参见 Enoch D. Taking morality seriously: a defense of robust realism. Oxford: Oxford University Press, 2011: chapter 3。

践慎思视角中才能被把握并得到辩护"只是一个认识论或者方法论的观点,谈的是如何认识道德事实的问题,而不是关于道德事实本身的形而上学地位或者客观性的问题。即使道德真理必须通过适当的实践慎思视角才能意识到,也不意味着道德真理依赖于任何实践慎思视角而存在。相反,在道德实在论者那里,道德真理是独立于并且先于实践慎思视角而存在的,任何本身没有承诺实质性的规范事实的视角都不足以保证认识到道德真理。换一种方式说,这里所说的"适当的"是对于实践慎思视角的必要限定,并且,"适当的"本身是一个规范概念,预设了有些实践慎思视角比另外一些更好、更对、更有理由认识到道德真理。而这又是因为,这些更好、更对的视角本身渗透了正确的价值,从而构成了正确的出发点,更可能导向正确的慎思结论。离开了实质性的规范事实,我们无法彻底区分开好的实践慎思视角与不那么好的实践慎思视角。因此,规范事实是先于视角的,用纯粹自然主义的方式来刻画的任何实践慎思视角都不足以决定规范事实。而这意味着,如果我们想要坚持道德真理或者道德事实独立于任何视角,也就是坚持做一个毫不妥协的道德实在论者,我们就要做一个道德非自然主义者。正是因为这个原因,当代的道德非自然主义又被称为"强硬的道德实在论"。

三、道德非自然主义的问题

以上所呈现的并不是支持道德非自然主义的决定性论证,毋宁说,我只是尝试解释了激发一个元伦理学家去做一个非自然主义者的动机,其中最重要的动机就是:维护道德要求在理性行动者的实践慎思视角中所具有的那种不可还原的规范权威。我相信,我们多数人在进行道德思虑的第一人称视角中都感受过这种权威。即使如此,这也不能直接证明这种把握在慎思视角中的道德规范性是客观存在的。尤其是,如果道德规范性的客观存在无法相容于我们关于其他领域的知识或者最好理论,我们就有理由怀疑,呈现于第一人称的道德规范性是否只是幻觉?这也是元伦理学需要处理来自道德话语外部的挑战的原因。而道德非自然主义所遭遇到的挑战主要是外部挑战,我把这些挑战归结为三个方面:道德形而上学方面、道德认识论方面,以及道德实践方面。

1. 道德形而上学挑战

在一个自然科学占据人类智识活动主导地位的时代,越来越多的人倾向于相信,宇宙中所有真实存在的实体、属性和关系最终都将被科学研究发现,无法在(完善的)科学理论中占有一席之地的任何东西都不是真实存在的。简言之,科学所发现的自然世界就是真实世界的全部。然而,这样的自然世界如何容纳道德价值?这一直是元伦理学领域的核心问题。

为了解决这个形而上学问题,一些元伦理学家,比如各种版本的道德自然主义者,把道德价值还原为或者等同于科学可以发现的自然实体、属性或关系。还有一些元伦理学家,比如错论或者非认知主义的支持者,干脆承认道德价值并不是真实的存在,而只是人类的虚构,或者只是真实存在的投射。但在道德非自然主义者看来,这样的看法与道德实在论的初衷背道而驰,道德价值所具有的客观性和规范性会因此而受损甚至丧失,从而威胁到道德要求的权威。

因此,上面的形而上学问题对道德非自然主义者来说尤其棘手。道德非自然主义者一方面认为,道德价值独立于我们的视角而真实存在,另一方面又认为,道德价值不同于任何自然的存在,也无法通过经验的方式被认知。更加深层的原因在于,为了捍卫道德要求的权威,道德非自然主义者相信,道德属性或者事实具有不可还原的规范性。前文提到,这种规范性并不是相对于任何给定规则的正确标准,也不是对于特定目的的有用性,更不是内在于某类事物的目的或者功能的评价标准,而是一种独立于行动者任何先在的意图或者欲望而为其提供行动指导的无条件权威。这种纯粹的规范性似乎是科学所能发现的任何自然属性或者事实都无法拥有的。因此,在道德非自然主义者那里,客观的道德价值似乎无法成为自然世界的一部分。

如果是这样，道德价值岂不很奇怪？如约翰·麦基（John Mackie）所言：

> 如果存在客观价值，它们将是一种非常奇怪的实体、性质或者关系，完全不同于宇宙中的其他事物。①

既然我们无法直接看到、听到、尝到、闻到或者摸到道德价值，也无法用科学的方法（比如引入烧杯、显微镜或者计算机）来证实道德真理，那么，凭什么认为游离于自然世界之外的道德价值是真实存在的呢？客观的道德价值会不会只是我们一厢情愿的幻觉？这便是道德非自然主义遭遇到的形而上学挑战，也是本书想要深入探讨并尝试解决的问题。

2. 道德认识论挑战

与形而上学挑战相联系的是认识论挑战，也就是关于如何获得道德知识的挑战。如果道德非自然主义是对的，那么道德事实便是非自然事实。然而，就算非自然的道德事实及属性是真实存在的，我们如何能够获得关于它们的知识呢？我们是否有理由认为我们的道德信念至少有一些是真的？很明显，人类是自然世界的一部分，无论人体多么精密复杂，它都是由生物学可以发现的生理构造所组成。要被人类这样的自然存在所认知，认知对象一定要与人类的生理构造产生某种确定的联系。但非自然主义者如何解释这种联系呢？

传统上，我们的知识有两个主要来源：一个是后天的感觉经验，另一个则是先天的概念分析能力。我们似乎无法通过感官与非自然的道德事实及属性发生联系。尽管我们十分确信随意持刀杀人是错的，但我们似乎②无法看到、听到、闻到、嗅到或者摸到"错"。我们能用感官认知到的似乎只是构成持刀杀人的所有物理事实，因为只有物理事实才能

---

① Mackie J. Ethics: inventing right and wrong. Harmondsworth: Penguin, 1977: 38.
② 当代确实有哲学家认为，我们可以直接感知到道德属性，参见 Werner P. Moral perception and the contents of experience. Journal of moral philosophy, 2020, 13 (3): 294-317.

与我们的感官发生因果联系。然而，非自然主义者普遍认为，道德事实及属性并不具备因果效力①，无法与自然世界发生因果联系，而且我们也不需要诉诸道德属性或者事实的存在来解释经验现象。因此，按照道德非自然主义者的看法，我们的道德知识不可能来自感觉经验。那么，我们的道德知识可能来自概念分析吗？也不大可能。概念分析所确认的真理都是分析命题，比如"单身汉没有结婚"或者"红的花是花"，只要我们理解分析命题中所包含词语的意义便能直接判断其为真。但道德命题并不是分析命题，我们似乎无法仅仅通过理解"杀人取乐是错的"这句话中词语的意思就判定这句话为真②。

如果我们的道德知识既不来自感觉经验，又不来自概念分析，那么，它似乎只可能是某种特殊直觉的产物。这种直觉类似于产生"先天综合判断"的机能。然而，先天综合真理是否真的存在，这首先是一个有争议的问题。即使我们承认，在某些领域（比如数学领域）中人类具有产生先天综合判断的直觉能力，但如何证明道德领域也属于那些领域？更重要的是，即使道德真理就是先天综合真理，我们对于我们自己如何认知到道德真理还是一无所知，因为我们完全不知道产生先天综合判断的直觉能力是如何运作的，甚至"直觉"这个概念本身就有抗拒进一步解释的意味。因此，又如麦基所言：

> 如果我们能认识到客观价值，那将是凭借某种特别的道德感知或者直觉机能，（这种机能）完全不同于我们认识其他事物的一般方式。……关于感官知觉、内省、构造和确证解释假设、逻辑构造、概念分析，或者这些认知方式的任何组合的所有一般理论都不能提供令人满意的答案，而"一种特殊的直觉"则是一个蹩脚的答案。③

---

① 一个例外也许是谢弗-兰道，参见 Shafer-Landau R. Evolutionary debunking, moral realism and moral knowledge. Journal of ethics & social philosophy, 2012, 7 (1): 27-28。
② 当代也有哲学家反对这一点，参见 Cuneo T, Shafer-Landau R. The moral fixed points: new directions for moral nonnaturalism. Philosophical studies, 2014, 171 (3): 399-443。
③ Cuneo T, Shafer-Landau R. The moral fixed points: new directions for moral nonnaturalism. Philosophical studies, 2014, 171 (3): 38-39.

更雪上加霜的是，当代元伦理学家借助其他学科的资源提出了各种版本的"拆穿论证"试图挑战道德知识的可能性。以"进化拆穿论证"（evolutionary debunking arguments）为例，根据该论证的想法，如果进化论可以解释我们道德信念的来源，而进化并不以任何道德真理为目标，那么，我们便不可能拥有道德知识。进化拆穿论证的主要攻击目标是道德实在论，尤其是非自然主义的道德实在论。非自然主义者相信，是客观存在且不可还原的道德真理使得我们的道德信念为真（或者为假），但进化所"选择"的道德信念是那些有利于种群存续的信念，而非符合道德真理的信念。因此，如果进化的力量通过决定我们与道德相关的能力和倾向而塑造了我们的道德信念，那么，我们的道德信念便与客观的道德真理无关。而这意味着，我们的道德信念很有可能全部为假，即使有些信念为真，那也只是巧合，总之，我们的道德信念事实上得不到辩护（unjustified）[1]。

3. 道德实践挑战

道德非自然主义需要关注处理的最后一个主要挑战是道德实践，尤其是道德动机和理由，也就是激发行动者做出道德行为的考虑或者心理状态。众所周知，道德判断与行为动机之间存在一种似乎相当紧密的联系。如果你真诚地认为某个行为是正确的、某种做法是好的，或者某个目标是值得追求的，那么你似乎就会自动地拥有相应的行为动机。当然，你并不一定最终做出那个相应的行为，因为你可能还有其他行为动机。然而，根据一种非常具有影响力甚至是主流的动机理论，即休谟式的（Humean）动机理论，只有欲望才是行动的最终激发要素；旨在反

---

[1] 参见 Ruse M, Wilson E O. Moral philosophy as applied science. Philosophy，1986，61 (236)：173 - 192；Ruse M. Taking Darwin seriously：a naturalistic approach to philosophy. Oxford：Blackwell Publishing，1998：chapter 6；Street S. A Darwinian dilemma for realist theories of value. Philosophical studies，2006，127（1）：109 - 166；Joyce R. The evolution of morality. Cambridge，MA：MIT Press，2006：chapter 6；Kitcher P. Biology and ethics//Copp D, ed. The Oxford handbook of ethical theory. Oxford：Oxford University Press，2007：163 - 185；Vavova K. Evolutionary debunking of moral realism. Philosophical compass，2015，10 (2)：104 - 116。

映事实的信念无法独立地激发行动,而只能提供关于如何最好地满足已有欲望的信息。注意,这里所说的"欲望"是相当宽泛的概念,包括欲求、情感、意图、偏好、反应倾向等一切拥有"从心灵到世界的合适方向"的心灵状态。

据此,我们可以构造出一个反对道德实在论的论证。既然道德判断总是会自动地提供相应的动机,而所有动机最终都是由欲望提供的,那么,一个人的道德判断实际上表达的是他的欲望。根据道德实在论者的看法,道德判断表达的是关于何为善恶好坏的信念,旨在如实地反映判断对象在道德方面的客观特征。这样的事实信念如何能够直接激发行动呢?如果休谟式的动机理论是对的,而道德判断与行为动机之间又存在内在的联系,那么道德实在论就是错的。如果道德实在论是错的,道德非自然主义当然也就是错的。

绝大多数非自然主义者都会通过拒斥休谟式的动机理论来回应上面的论证。在他们看来,道德信念,也就是关于事物道德特征的评价性信念本身就具有激发行动的效力,而无需诉诸先在的欲望。但非自然主义者如何解释这一点呢?根据道德非自然主义,道德特征并不属于我们所生活的自然世界,关于这些特征的信念如何能够直接激发我们的行动呢?为了缓和这个问题所造成的压力,很多非自然主义者选择后退一步。他们选择否定道德判断总是可以直接提供动机,转而认为道德判断总是会提供行动的理由[1]。换言之,他们选择拒斥上述论证的第一个前提,而接受这样一种可能性:有人真诚地做出了道德判断,却在动机上完全无动于衷。这样的人在道德哲学中常被称为"无道德者"(amoralist),在无道德者那里,道德就像是一种他们非常熟悉其规则但完全不感兴趣的游戏。关于无道德者是否存在仍然存在争议[2],但多数非自然主义者倾向于相信无道德者可能存在。

---

[1] 参见(比如)Shafer-Landau R. Moral realism:a defense. Oxford:Oxford University Press,2003:chapter 6。

[2] 相关讨论可参见 Bjornsson G,Strandberg C,Ollinder R,Bjorklund F,eds. Motivation internalism. Oxford:Oxford University Press,2015。

然而，问题依然存在：如何解释道德判断所具有的提供理由的效力？尤其是，根据一种相当具有影响力的行动理由理论，行动理由与行动者的动机之间有着内在的或者必然的联系，任何行动理由都必须以能够激发行动的心理特征为基础①。这便是广义的理由内在主义理论（internalism about reasons for action）。这类理论的最著名版本是由伯纳德·威廉斯（Bernard Williams）提出的。根据威廉斯的看法，只有行动者 A 可以从其已有的"主观动机集合"（包括 A 的欲望、评价倾向、情感反应模式、各种人生规划和目标）出发，经由一条"可靠的慎思路线"而得出要去做 φ 的结论，A 才有理由去做 φ②。这里所谓"可靠的慎思"，主要指的是对于相关情境中事实信息的认知以及正确的推理，并不能直接包含关于 A 应该做什么或者有理由做什么的规范指令，无论那些指令看起来多么符合审慎（prudential）或者道德的要求。也就是说，行动理由必须以先在的欲望为前提，因为能够直接激发行动的动机是由欲望提供的，理性虽然具有修改甚至取消欲望的功能，但这种功能的发挥必须以（其他更根本或者更重要的）欲望为根据，理性无法仅仅凭借自身的力量来提供行动的理由。

但是，根据道德非自然主义者的看法，行动者的道德判断是旨在反映客观道德事实的信念，并不以其任何先在的欲望为基础，这样的信念如何能直接提供行动理由呢？如果道德信念一定能提供行动理由，而行动理由又一定关联着我们已经欲求的东西，那么，道德要求似乎一定要关联着我们已经欲求的东西。而道德非自然主义从一开始就斩断了这种关联。因此，道德非自然主义者需要在不诉诸任何先在欲望的前提下解释我们为什么要在乎道德要求。而这对他们构成了很大的挑战。

---

① 参见 Cohon R. Internalism about reasons for action. Pacific philosophical quarterly, 1993, 74 (4): 265-288; Bedke M. Rationalist restrictions and external reasons. Philosophical studies, 2010, 151 (1): 39-57; Setiya K. Introduction: internal reasons//Setiya K, Paakkunainen H, eds. Internal reasons: contemporary readings. Cambridge, MA: MIT Press, 2012: 1-26。

② 参见 Williams B. Internal reasons and the obscurity of blame//Making sense of humanity. Cambridge: Cambridge University Press, 1995: 35。

第三章 什么是寂静主义实在论？

一、对道德实在论的外部挑战与寂静主义实在论

如前一章所述，作为一种解释道德现象的元伦理学理论，道德实在论非常贴近我们对道德话语的日常理解。在日常经验里，我们倾向于认为，道德陈述表达了一种信念，有真假可言。如果某个道德信念是真的，那是因为它正确地反映了某个客观事实。当我们说某个行为在道德上是"对的"或者"好的"时，我们并不只是在表达我们的主观感受，而是认为那个行为客观上具有"对"或者"好"这样的属性。尽管通常是某个对象所拥有的自然属性才使我们将之评价为好的或者坏的（比如，某项调整税收的政策是坏的，是因为它导致了贫富差距的快速增大），但是，我们并不认为"好""坏"就等同于那些自然属性（比如，"坏"并不等同于"贫富差距快速增大"）。正如摩尔所指出的那样，任意给定一个自然属性 N，我们总是可以追问："任何事物在任何时候拥有 N 都一定好吗？"很明显，这样的问题与"单身汉一定没结婚吗？"

并不类似,我们无法仅仅凭借对问题中所包含概念的理解而直接给出肯定或者否定的答案。在摩尔看来,这类"开放问题"的存在可以表明,"好""坏""对""错"这样的概念①所指称的道德属性无法还原为或者等同于任何自然属性②。

对于上述道德经验,道德非自然主义的解释非常直接:我们的道德陈述旨在反映客观的道德事实③,其中涉及各种不可还原的(irreducible)规范属性(比如好、坏、善、恶)和关系(比如理由和辩护关系)。此外,作为道德实在论者,非自然主义者还认为,使得我们的道德陈述为真或者为假的道德属性与事实是真实存在的,而且,我们日常的道德信念至少有一部分是真的。如前一章所述,道德非自然主义者的主张非常符合沉浸于道德话语之中的行动者的日常直觉,虽然这

---

① 这些概念又被称为"薄概念"(thin concept)。此类道德概念缺乏确定的经验内容,也就是说,薄概念所应用的诸多对象没有共同的经验特征。比如,一个好母亲和一个好将军都是"好的",但两者所蕴含的经验内容迥异。相比之下,像"贞洁""残忍""忠诚"这样的厚概念(thick concept)所应用的对象就拥有共同的经验特征。比如,说一个农妇或者一个公主贞洁,都是在说她们在性生活方面坚守贞操。因此,"一个在性生活方面坚守贞操的女人是贞洁的吗?"这问题似乎就没那么"开放"。所以,摩尔的开放问题论证似乎只适用于薄的道德概念。关于厚概念和薄概念的区分,请参见 Kirchin S. Thick concepts. Oxford: Oxford University Press, 2013。为避免旁生枝节,本书将集中讨论薄概念。
② 参见 Moore G E. Principia ethica. Cambridge: Cambridge University Press, 1903: 5-21。当然,摩尔的开放问题论证受到了诸多批评。其中一个批评指出,摩尔的论证混淆了语义上的(semantic)等同和形而上学的(metaphysical)等同。摩尔忽略了这样一种可能性,即不同含义的两个概念仍然可以指代同一种东西,比如"水"和"H_2O"。参见 Brink D. Moral realism and the foundations of ethics. Cambridge: Cambridge University Press, 1989: chapter 6。即便如此,摩尔的论证仍然揭示了我们对于好、坏、对、错等概念的日常理解,并且,这种理解给任何想要把道德属性还原为自然属性的人提出了挑战。
③ 当然有持还原论的道德实在论者,比如彼得·雷尔顿和弗兰克·杰克逊。参见 Railton P. Moral realism. Philosophical review, 1986, 95 (2): 163-207; Railton P. Facts and values. Philosophical topics, 1986, 14 (2): 5-31; Jackson F. From metaphysics to ethics: a defence of conceptual analysis. Oxford: Oxford University Press, 1998。他们认为,道德事实最终可以还原为科学所发现的自然事实(包括人们的心理事实)。但是,这种立场似乎违背了道德实在论的根本动机。因为,实在论者之所以认为道德事实存在,就是为了说明道德标准的客观性和独立性,以此来保证道德要求拥有"绝对命令"(categorical imperative)的权威。如果道德事实不过是普通的自然事实,那么将很难解释道德要求所具有的那种独特权威。在我看来,这也是多数道德实在论者拒绝还原论的原因。

不能直接证明这些主张就是对的，但这使得非自然主义者身处一个相当有利的辩护位置：他们似乎不需要对自己的立场提出特别的正面论证①，而只需要回应各种反对自己的挑战，尤其是来自道德经验外部的挑战。

对于道德非自然主义的外部挑战，主要聚焦于非自然主义者所承诺的客观道德属性与事实。如果道德非自然主义是对的，道德属性不同于任何已经被发现甚至可能被发现的自然属性，我们也无法通过经验的方式直接或者间接地确证到它们（换言之，它们既不能与我们的感官产生任何直接的因果联系，我们又不需要它们来解释经验现象），然而，它们却真实地存在于客观世界之中。不仅如此，一旦我们以某种方式认识到它们，我们便能自动地拥有相应的行为动机或者理由。如前一章所述，道德非自然主义者面临三个外部挑战，它们分别是：

形而上学挑战：如何证明游离于自然世界之外的道德属性与事实是真实存在的？

认识论挑战：我们如何能够获得关于道德事实的知识？

实践挑战：如何解释道德事实在我们的实践活动中所具有的动机和理由效力？

本书的关注点聚焦在形而上学挑战上面。然而，在当代元伦理学讨论中，有一种立场认为，道德非自然主义乃至道德实在论根本无需应对外部的形而上学挑战；事实上，并不存在关于道德真理或者道德事实的所谓外部问题，关于道德真理或者道德事实是否存在的问题只能通过内在于规范领域的一阶推理来解决。在最近的二三十年里，这一立场吸引了一批强有力的辩护者，最具代表性的人物包括蒂姆·斯坎伦、托马

---

① 其他领域的实在论者可能都是如此，正如赖特所言："对于多数哲学听众来说，宣称自己是实在论者的哲学家……所达到的成就不过是清了清自己的嗓子"（Wright C. Truth and objectivity. Cambridge, MA: Harvard University Press, 1992: 1）。

斯·内格尔、德雷克·帕菲特以及罗纳德·德沃金①。这些哲学家的立场虽然都可以被归入道德实在论的阵营，但根据他们的看法，道德实在论只能在实质性的道德视角中得到阐明和辩护，而并不需要做出超出自然世界之外的本体论承诺（ontological commitment）。

上述立场近来被莎拉·麦克格拉斯（Sarah McGrath）称为"放松的实在论"（Relaxed Realism），因为它"将实在论的承诺与某种对道德地位及身份之焦虑的缺失结合起来，尽管它理解道德的方式很自然地会激发这种焦虑"②。麦克格拉斯所提及的"焦虑"正是由一般道德实在论者所做出的关于道德属性和事实的本体论承诺引起的。而上述立场正是要拒绝做出额外的本体论承诺，甚至要拒斥所有关于道德形而上学的论争。因此，追随某些哲学家的看法③，我倾向于将这一立场称为元伦理学中的"寂静主义实在论"。我相信这个名字能够更好地概括其独特主张：一旦我们真正把握到了道德实在论的要求，关于道德属性或者事实是否真实存在的形而上学争论自然就会消失。这一主张很好地契合了吉迪恩·罗森（Gideon Rosen）所总结的寂静主义要旨：

> 在这些关于实在论的争论中，我们**感觉**有一个令人陶醉的形而

---

① 参见 Nagel T. The last word. New York: Oxford University Press, 1997; Dworkin R. Objectivity and truth: you'd better believe it. Philosophy and public affairs, 1996, 25 (2): 87 - 139; Dworkin R. Justice for hedgehogs. Cambridge: Harvard University Press, 2011; Scanlon T M. What we owe to each other. Cambridge, MA: Harvard University Press, 1998; Scanlon T M. Being realistic about reasons. Oxford: Oxford University Press, 2014; Parfit D. On what matters: vol. 1. Oxford: Oxford University Press, 2011。

② McGrath S. Relax? don't do it! Why moral realism won't come cheap//Shafer-Landau R, ed. Oxford studies in metaethics, 2014 (9): 187. 此外，钟磊把这一立场称为"软的道德实在论"（Soft Moral Realism）。参见 Zhong L. The hard problem for soft moral realism. The Journal of Philosophy, 2019, 116 (10): 555 - 576。

③ 据我所知，是尼克·赞格威尔（N. Zangwill）首次将德沃金的这种立场归为元伦理学中的寂静主义（Quietism）。参见 Zangwill N. Comment on Dworkin//Brown electronic article review service (BEARS), 1996. 此外，崔斯特瑞姆·麦克弗森（T. McPherson）以及大卫·伊诺克也使用了"寂静主义"来为这种立场命名。参见 McPherson T. Against quietist normative realism. Philosophical studies, 2011, 154 (2): 223 - 240; Enoch D. Taking morality seriously: a defense of robust realism. Oxford: Oxford University Press, 2011。

上学主张受到了威胁——其中的问题和最初由康德提出的关于自然地位（the status of nature）的问题一样。但到了某个阶段，当所有试图说清楚问题的尝试都一一落空之后，我们别无选择而不得不承认，除去所有精彩的、富有暗示的表象，最终并没有什么（形而上学问题）好讨论的。①

虽然寂静主义实在论目前已经得到了一些哲学家的讨论②，但它尚未成为一个被清晰界定的元伦理学理论。一个证据是，在不断更新的"斯坦福哲学百科全书"中，不但没有与"寂静主义实在论"或者"放松的实在论"直接相关的词条，而且，斯坎伦、内格尔、帕菲特、德沃金等人的元伦理学立场在诸如"道德实在论""道德非自然主义"这样的词条中并没有独立地占据一席之地。

本章的目的便是要通过阐明寂静主义实在论者的核心主张、基本动机及其论证思路，将之刻画成为当今元伦理学版图中的一种独特立场，为接下来对它的细致批评做好准备。之所以要考察寂静主义实在论，是因为如果它是正确的，道德价值的客观性只能在一阶的道德视角中得到阐明和辩护，而这意味着，道德非自然主义的形而上学问题基本上就是假问题。因此，要继续探索对那些形而上学问题的解决，就必须表明，寂静主义实在论是错误的。接下来，我将通过把寂静主义实在论与其他元伦理学立场做对比，来阐明它的独特主张。另外，需要提醒的是，有些持道德反实在论（Moral Anti-Realism）立场的元伦理学家，比如，西蒙·布莱克本（Simon Blackburn）也认为，关于道德属性和事实的

---

① Rosen G. Objectivity and modern idealism: what is the question? //Michael M, O'Leary-Hawthorne J, eds. Philosophy in mind: the place of philosophy in the study of mind. Dordrecht: Kluwer Academic Publishers, 1994: 279.

② 最近的讨论包括 Ingram S. I can't relax! you're driving me quasi!. Pacific philosophical quarterly, 2017, 98 (3): 490–510; Wodak D. Why realist must reject normative quietism. Philosophical studies, 2017, 174 (11): 2795–2817; Enoch D, McPherson T. What do you mean "this isn't the question"? Canadian journal of philosophy, 2017, 47 (6): 820–840.

形而上学判断本质上都是一阶的道德判断,道德实在论者与反实在论者之间看似二阶的争论只有在道德话语内部才有意义①。但由于他们的立场与寂静主义实在论以及道德非自然主义有着根本性的区别,本章不多做讨论。

二、定位寂静主义实在论

一般认为,道德实在论包含两个层面的基本主张。一个是概念层面的主张,即我们的道德陈述旨在描述事实,所表达的道德判断是对于相关事实的信念,因而有真假可言。这一主张又被称为"道德认知主义"。另一个则是属于形而上学层面的主张,即使得道德陈述或者道德信念为真或者为假的道德事实是客观存在的。这两个层面的主张彼此之间并没有必然的联系。比如,麦基就认为,道德实在论的语义学主张是对的,但其形而上学主张却是错的。根据他的错论立场,虽然我们的道德陈述(在概念上)试图反映关于这个世界的事实,但它们全部都失败了。因为它们所要反映的事实(即客观价值)根本就不存在。具体的原因在于,在概念层面,道德属性具有一种"客观的指令性"(objective prescriptivity),也就是独立于行动者先在的欲求而对其行动提供指导的特征,但在科学所发现的宇宙中,没有什么东西事实上可以具有客观的指令性,因此对于道德属性的一切(正面)判断都是假的。这就好像,对于不相信上帝存在的人来说,关于上帝拥有何种神力的一切判断都是假的。持有一种自然主义的世界观,这种世界观对于任何非自然的存在都抱有根深蒂固的怀疑。既然道德事实不可能存在,那么它就不可能存在。

有不止一种方式来反对麦基的观点。第一种反驳方式是,我们可以

---

① 参见 Blackburn S. Spreading the word. Oxford: Oxford University Press, 1984: chapter 5 – 6; Blackburn S. How to be an ethical anti-realist in Essays in quasi-realism. Oxford: Oxford University Press, 1993: 166 – 181。

像他一样拒斥不可能在科学所发现的自然①世界中存在的一切对象，同时拒绝道德认知主义。而这基本就是道德非认知主义或者表达主义的立场。根据这一立场，我们的道德判断并不表达任何信念，而只表达情感、命令、意图、计划等类似于欲望的非认知态度，因此并无真假可言。然而，在日常生活中，我们确实会说（比如）"'滥杀无辜是错的'这句话千真万确"，就好像那个道德判断是在描述真相，而不是仅仅在表达我们的态度。为了解释类似的语言现象，当代的非认知主义者普遍接受关于真理概念的"最小主义"（Minimalism）解释②。根据最小主义理论，当且仅当雪是白的，"雪是白的"这句话才是真的。这时，"真"不再指称命题与现实之间的实质性关系，真就成为一种句法特征。如此一来，说"撒谎是错的"这句话为真，不过是在肯定或者强调那句话。即使我们可以谈论道德判断的真假，也不表示它们真的在描述某种客观事实。既然非认知主义者并不认为道德判断试图反映任何道德事实，也不会相信有那样的道德事实真实存在，他们也就不用去担心任何关于道德事实的外部挑战了。

第二种反驳麦基的方式并不要求我们（彻底）放弃道德实在论的立场，也不需要我们拒绝自然主义的世界观，而要求道德实在论者去证明，道德事实能够成为自然世界的一部分。这便是自然主义的道德实在论。麦基是借助对于道德语句的概念分析来推论出道德属性的奇怪的。如其所言："通过语言或者概念分析，我们应该得出结论，道德价值至少是客

---

① 关于自然与非自然之间的划分，并不存在没有争议的统一标准。不少哲学家倾向于用学科划分的方式来界定自然属性或者自然事实，亦即，自然属性就是可作为科学研究对象的属性。如果某个属性在自然或者社会科学中无法被认识，那么它就是非自然的。此外，大卫·科普（David Copp）主张用认识论的方式来刻画自然属性，认为自然属性就是可以通过经验的方法来认识的属性。也就是说，如果我们关于自然属性的判断是综合的（synthetic），那么，这些判断一定是经验判断而非先验（a priori）判断。相关讨论参见 Copp D. Why naturalism? Ethical theory and moral practice，2002，6（2）：179-200。

② 参见 Blackburn S. How to be an ethical anti-realist and ruling passions. Oxford：Oxford University Press，1998；Gibbard A. Wise choice, apt feelings. Cambridge，MA：Harvard University Press，1990；Gibbard A. Thinking how to live. Cambridge，MA：Harvard University Press，2003。

观的。之所以如此，是因为这就是我们日常道德语句的含义。"① 因此，自然主义者就有两种思路来反驳他。第一种思路是沿用概念分析的方法，但否认麦基的分析结果；第二种思路则是拒绝概念分析的方法，主张通过经验探究的方式发现道德属性的本质。在当代的文献中，采纳第一种思路的自然主义立场被称为"分析的自然主义"（Analytic Naturalism），而采纳第二种思路的立场被称为"综合的自然主义"（Synthetic Naturalism）或者"形而上学的自然主义"（Metaphysical Naturalism）。

分析的自然主义者[2]认为，正确的概念分析会告诉我们，道德概念可以被纯粹的描述概念取代而没有任何损失。因此，道德事实等同于或者可以被还原为自然事实。很明显，这一想法会直接落入开放问题论证的攻击范围。对此，分析的自然主义者可能会这样回应：概念分析是一种可以产生新信息的哲学方法，其结果不一定是自明的或者琐碎的（trivial）；对道德概念的分析手段可以是复杂的，我们可以构想出把道德概念还原为自然概念的方法，比如"拉姆齐-刘易斯方法"（Ramsey-Lewis Method）[3]，并且其中完全可以有分歧和争论的空间。根据综合的自然主义[4]，道德属性和事实是对经验探究开放的，概念分析的先验方法并不足以确证道德价值的所有客观特征。为了确定道德概念所指称的对象，我们一开始需要以道德概念为指引并通过先验的方式构造出正

---

[1] Mackie J. Ethics: inventing right and wrong. Harmondsworth: Penguin, 1977: 35.
[2] 参见（比如）Jackson F. From metaphysics to ethics: a defence of conceptual analysis. Oxford: Oxford University Press, 1998; Smith M. The moral problem. Oxford: Blackwell, 1994。
[3] 参见 Jackson F. From metaphysics to ethics: a defence of conceptual analysis. Oxford: Oxford University Press, 1998; Jackson F. Thought experiments and possibilities. Analysis, 2009, 69 (1): 100-109。
[4] 参见（比如）Railton P. Moral realism. Philosophical review, 1986, 95 (2): 163-207; Railton P. Facts and values. Philosophical topics, 1986, 14 (2); Railton P. Naturalism and prescriptivity. Social philosophy and policy, 1989, 7 (1): 151-174; Boyd R. How to be a moral realist//Sayre-McCord G, ed. Essays on moral realism. Ithaca: Cornell University Press, 1988; Sturgeon N. Moral explanations//Essays on moral realism. Ithaca, NY: Cornell University Press, 1988: 229-255; Sturgeon N. Moral naturalism//Copp D, ed. The Oxford handbook of ethical theory. Oxford: Oxford University Press, 2006: 91-121; Brink D. Moral realism and the foundations of ethics. Cambridge: Cambridge University Press, 1989。

确的道德理论，但此后我们必须依赖经验，通过揭示道德属性所扮演的因果角色而发现其本质。并且，诉诸经验的发现可能颠覆我们之前的概念直觉。这就好像科学家最初需要依赖我们对"水"这一概念的直觉（无色，无味，液体，存在于江河湖海之中，等等）来大致确定"水"的指称对象的范围，但当他们通过引入实验的方式发现水实际上是 H_2O 之后，这一成果反过来又可以修正我们的语言直觉（比如，水并不一定呈现出无色无味的液体状态，也不是所有无色无味的透明液体都是水）。很明显，"水是 H_2O"这个结论是无法通过概念分析的方式发现的。

　　无论是分析的自然主义者还是综合的自然主义者，都认为道德属性最终只是自然属性。既然如此，我们就不用去担心如何在自然世界中为道德属性以及道德事实找到位置，我们也可以像发现其他自然事实一样来发现道德事实。但果真如此的话，道德事实也将和普通的自然事实一样影响我们的行动。也就是说，这些事实与我们的行动并没有直接的关系，它们如要影响行动，就必须与行动者已有的欲求、目的或者计划产生理性的关联。而这意味着，道德事实将丧失在概念中所具有的那种独立于欲望而指导行动的权威。而这对自然主义构成了道德实践方面的挑战。

　　第三种反驳方式是，道德实在论者还可以选择拒绝麦基的自然主义世界观，承认道德属性就是一类不同于任何自然事实的自成一体的存在。这便是道德非自然主义或者非自然主义的道德实在论。如前一章所述，之所以承诺非自然的道德属性，是为了保留道德属性的真正独特之处，即规范性。在我们的日常理解中，道德属性或事实与我们理性行动者之间有一种相当特别的联系，以至于我们一旦认识到客观的道德事实之后，我们就有理由采取相应的行动。换言之，我们的道德信念和相应行动之间存在一种理性的必然性。这种必然性不同于任何心理联系或者因果联系，而类似于一个有效的演绎推理中前提与结论之间的关系[①]。

[①] 特伦斯·库尼奥（T. Cuneo）就通过将认知的规范性（epistemic normativity）和道德的规范性做类比来捍卫道德实在论。参见 Cuneo T. The normative web: an argument for moral realism. New York: Oxford University Press, 2007。

而正是这种特殊的必然性构成了道德价值的本质特征①。因此，在道德非自然主义者看来，或者更一般的规范实在论者（normative realist）看来，为了解释道德价值或者其他价值所具有的规范性，就必须承诺不可还原的规范属性和事实。当然，这一承诺也使得他们必须直接面对上文提到的来自道德话语之外的挑战，尤其是"形而上学的挑战"。

面对外部挑战，有的非自然主义者②选择不退缩，在坚守非自然主义的本体论承诺的同时，试图解释为什么非自然的道德事实或者规范事实可以与自然事实一样客观存在，以及为什么两者虽然分属两类但仍然存在密切的关系。这一立场近来被称为"强硬的道德实在论"③。比如，伊诺克论证道，自然事实的本体论地位得以确立的标准实际上只是一个更为普遍而合理的标准的特殊应用，这个普遍标准所诉诸的是"不可或缺"（indispensability）；自然事实或者属性之所以客观存在，是因为它们在我们对世界进行第三人称解释时是不可或缺的，而规范事实之所以同样客观存在，是因为它们对于我们第一人称的实践慎思是不可或缺的④。而谢弗-兰道（Russ Shafer-Landau）认为，尽管道德属性与自然属性分属两类，但每一个道德属性的示例（instantiation）完全由自然属性所构成⑤。

除强硬的道德实在论者外，另一类道德非自然主义者便是寂静主义实在论者。和其他非自然主义者一样，寂静主义实在论者也认为，道德

---

① 事实上，道德判断只是规范判断的一种，规范现象的存在并不局限于道德领域。
② 参见（比如）Shafer-Landau R. Moral realism：a defense. Oxford：Oxford University Press，2003；Enoch D. Taking morality seriously：a defense of robust realism. Oxford：Oxford University Press，2011；FitzPatrick W. Robust ethical realism, non-naturalism and normativity//Shafer-Landau R, ed. Oxford studies in metaethics：vol. 3. Oxford：Oxford University Press，2008。
③ 当然，如果我们关注所有的规范事实，这一立场便可被称为"强硬的规范实在论"（Robust Normative Realism）。
④ 参见 Enoch D. Taking morality seriously：a defense of robust realism. Oxford：Oxford University Press，2011：chapter 3. 进一步的讨论请参见本书第九章。
⑤ 参见 Shafer-Landau R. Moral realism：a defense. Oxford：Oxford University Press，2003：Part Ⅱ。进一步的讨论请参见本书第九章。

属性和事实因为其无法还原的规范性而不同于任何自然属性和事实,不仅如此,道德哲学是一门不同于科学研究的自主学科,我们无法依赖经验探究发现道德价值的真相。但不同于典型的非自然主义实在论,寂静主义实在论者并不认为关于客观道德真理或者道德事实的承诺会带来什么严重的形而上学后果,以至于必须应对规范领域外部的挑战。在他们看来,关于道德事实是否客观存在的问题只能通过实质性的道德推理来解决。这是什么意思呢?

首先要弄清楚,什么是"实质性的道德推理"或者"一阶道德推理"?寂静主义实在论者所理解的实质性的道德推理,其实就是关于道德议题的理性讨论。具体来说,如果我们对于某个道德议题发生分歧,我们通常会想要以理性的方式消除分歧。我们会要求双方暂且悬置各自的立场,举出能够支持其道德立场的理由,然后通过考察这些理由本身的真实性及其与所要支持立场的相关性,试着修正或者改正原来的立场,如此往复,理想的结果是,双方最终对某个最有理由支持的立场达成了共识。

在斯坎伦看来,严肃的道德推理所遵循的方法类似于罗尔斯(John Rawls)所说的"反思平衡"(reflective equilibrium)①。在罗尔斯的早期著作中,反思平衡被呈现为一种解决伦理问题的"决策程序"②。简单地说,我们需要首先在有利于道德能力充分展现的条件下(比如,没有受到胁迫、信息通畅等)列举出直觉上最为确信的伦理判断(比如,"奴隶制是错的")。这些判断后来被罗尔斯称为"深思熟虑的判断"(considered judgments)③。接着,我们通过归纳这些判断的共同特征建

---

① 参见 Rawls J. A theory of justice. Cambridge, MA: Harvard University Press, 1971: section 9. 另参见 Scanlon T M. The aims and authority of moral theory. Oxford journal of legal studies, 1992, 12 (1): 1-23; Scanlon T M. Being realistic about reasons. Oxford: Oxford University Press, 2014: lecture 4.

② 参见 Rawls J. Outline of a decision procedure for ethics. Philosophical review, 1951, 60 (2): 177-197.

③ 参见 Rawls J. A theory of justice. Cambridge, MA: Harvard University Press, 1971: 47.

构出一些一般原则（比如，"不应该把人仅仅当作工具对待"）来解释或者匹配这些具体的伦理判断。与此同时，我们需要放弃或者修改可能与深思熟虑的判断相冲突的原则。反过来，如果有某些伦理判断并不符合我们非常确信的伦理原则，那么，我们需要重新审视那些判断，思考是否愿意根据原则而修改或者放弃它们。如此往复，直到我们在具体判断和一般原则之间达到一种互相支持的平衡状态，最后得到一套我们不再愿意修改的伦理信念系统。如此理解的反思平衡方法实际上是在对我们的道德直觉进行系统性的整合，就像语言学家试图通过对日常表达的反思来发现我们语言能力背后的深层语法一样。这便是"窄的反思平衡"（narrow reflective equilibrium）。窄的反思平衡似乎只提供了一种澄清而非辩护道德直觉的方法，因此，罗尔斯①等哲学家拓宽了参与反思平衡的相关道德考虑的范围，试图将反思平衡打造为一种辩护伦理信念的基本方法②。这便是后来的"宽的反思平衡"（wide reflective equilibrium）。具体来说，除了深思熟虑的判断与原则之外，宽的反思平衡容纳了相关的"背景理论"，包括各种不同的"道德观念"（比如功利主义和道义论）及各自的哲学论据，也包括关于道德人格、道德发展以及程序正义的各色理论，还包括有关社会本质以及道德的社会角色的各种经验理论。一言以蔽之，宽的反思平衡试图将所有与个人伦理评价相关的信念都整合为融贯的整体，而这正是实质性的道德推理或者一阶道德推理的理想模式。

与强调一阶道德推理的重要性相关，寂静主义实在论还有三个具体的主张。第一，道德所在的规范领域是特殊而自主的，规范真理或者事实的存在方式应该与其他领域（尤其是科学领域）的事实的存在方式区

---

① 值得注意的是，虽然罗尔斯没有在《正义论》中明确区分宽的反思平衡和窄的反思平衡，但这一区分隐含在他对反思平衡的讨论之中。参见 Rawls J. A theory of justice. Cambridge, MA: Harvard University Press, 1971: 49。

② 参见 Rawls J. The independence of moral theory. Proceedings and addresses of the American Philosophical Association, 1974 (48): 5-22; Daniels N. Wide reflective equilibrium and theory acceptance in ethics. Journal of philosophy, 1979, 76 (5): 256-282。

别开来。主要的原因是，我们的道德陈述和科学陈述有着根本的不同，前者主要是用来辩护或者批评行动的，而不是用来解释经验现象的。因此，道德实在论不必接受适用于其他领域实在论的挑战。比如，内格尔就认为：

> 规范实在论是这样一种观点：关于什么才能提供给我们行动理由的命题是有真假可说的，（其真值）独立于我们所看到的表象。而且，我们可以寄希望于超越表象并对它们进行批判性的评估，而发现（规范）真理。①

换句话说，关于规范判断的实在论（包括道德实在论）只需要我们能够抛开自身利益和偏见的影响，通过不断反思以前的看法而认识到相关理由，最终发现关于规范问题的真理。内格尔相信，我们显然能够做到这一点，所以规范实在论是成立的。

第二，道德真理只能由规范领域内部的正确推理所发现的规范理由所保证，除此之外，根本不存在规范领域之外的理由去怀疑道德真理。根据斯坎伦的说法，只要一个道德陈述"满足了回答相关问题的'一般标准'（ordinary criteria）"②，我们就可以说它是真的。而道德问题的"一般标准"并不要求我们经验到道德陈述中所涉及的道德属性，而只需要我们有好的规范理由去支持道德陈述。在这一点上，道德领域和数学领域非常类似，两者"都不旨在反映任何在我们之外的空间中或者在其他地方存在的东西"，因此，只要我们"正确地思考它们我们能够发现其中的真理"③。这似乎是在说，道德真理或者道德事实是由思考规范问题的正确方式来保证的，并且，思考规范问题的正确方式只能在规

---

① 参见 Nagel T. The view from nowhere. New York: Oxford University Press, 1986: 139。

② Scanlon T M. Metaphysics and morals. Proceedings and addresses of the American Philosophical Association, 2003, 77: 7.

③ Scanlon T M. Metaphysics and morals. Proceedings and addresses of the American Philosophical Association, 2003, 77: 8.

范领域内部找到。因此,关于不可还原的道德属性是否可以在自然世界存在的问题,对于道德事实或者道德真理来说是不相关的,任何外在的、非规范的理由都无法质疑道德真理的存在。

第三,在一些极端的寂静主义实在论者看来,关于元伦理学和规范伦理学(以及应用伦理学)的传统划分甚至都是成问题的,因为根本不存在能够影响道德真理的纯粹元伦理学问题。根据一般的划分,规范伦理学处理的是具有普遍性的道德问题,比如,道德对错的一般标准是什么?人们对彼此负有的道德义务有哪些?(应用伦理学处理的则是更为具体的道德议题。)而元伦理学处理的则是关于道德话语的语义学、形而上学、认识论等方面的问题。规范伦理学(以及应用伦理学)处理的是道德话语的一阶或者内部哲学问题,元伦理学处理的则是关于道德话语的二阶或者外部哲学问题。事实上,除了道德领域,其他领域也有关于其自身的一阶问题以及二阶问题。如谢弗-兰道所言:

> 当我们问关于数字的本体论问题时,我们并不是在做数学。我们可以远离神学争论,而去质疑宗教教义的基本预设。我们可以抛开语法课本来探究掌握语法的能力是不是先天的。在这些以及其他很多例子中,我们可以探究一个学科内部诸判断的地位(status),而不在那个领域肯定任何实质性的观点。①

德沃金对此的回应可谓针尖对麦芒:

> 很多数学哲学家确实认为,在宣称数字存在的时候他们在做数学。并且,当我们坚持上帝不存在的时候,我们当然没有远离神学争论。恰恰相反,我们处在争论的中心。②

进而,德沃金相信,根本不存在独立于一阶道德判断的关于道德真理或

---

① Shafer-Landau R. The possibility of metaethics. Boston university law review, 2010, 90: 480 - 481.
② Dworkin R. Justice for hedgehogs. Cambridge: Harvard University Press, 2011: 41 - 42.

者事实是否存在的二阶问题,所有那些所谓二阶主张实际上都是乔装改扮的一阶道德主张;当元伦理学家煞有介事地争论道德事实是否可以在宇宙中存在时,如果他们的争论是有意义的,他们只是在争论一阶道德问题,其判断只应该服从道德领域内部的标准①。

三、寂静主义实在论的论证思路

借助一个例子,我们或许可以进一步理解寂静主义实在论者的主张。根据经典的行为功利主义(Act-Utilitarianism)理论,道德上正确的行为就是可以最大限度地增加快乐总量的行为。我们有不止一种方式来诠释这个一阶道德理论。比如,错论的支持者会说,功利主义的这个判断是假的,因为它把一个奇特的属性(即"道德正确性")归于快乐这一心理状态,但这一奇特的属性在宇宙中并不存在。道德非认知主义者则会说,功利主义的判断并没有把什么属性归于快乐,而只是表达了我们对于增进快乐这类行为的认可与赞同。而根据道德自然主义者的诠释,功利主义者是把"道德正确性"还原为"最大限度地增加快乐总量"这一自然属性。道德非自然主义者则会认为,功利主义只是主张,一个行为的道德正确性随附于(supervene on)或者会随着它增进快乐总量的能力变化,但道德正确性本身不能等同于快乐的增加。

然而,在寂静主义实在论者看来,以上诠释都是对功利主义的误解,功利主义的主张是一个实质性的一阶道德判断,并没有对这个世界有额外的形而上学预设,因为它说的只是,所有能够最大限度增加快乐总量的行为都因此而成为道德上正确的行为。虽然功利主义者声称自己的主张是道德真理或者表达了客观的道德事实,但是否真的如此则有待

---

① 参见 Dworkin R. Justice for hedgehogs. Cambridge: Harvard University Press, 2011: part one. 德沃金明确说过,"元伦理学基于一个错误","除非我们把'是否存在元伦理学'本身算作一个元伦理学问题,否则,根本就没有元伦理学"(Dworkin R. Justice for hedgehogs. Cambridge: Harvard University Press, 2011: 67)。对于这一观点的讨论,请参见本书第五章。

于道德领域内部的决断。比如,反对者可以说,即使折磨一个无辜的人可以让两百个变态的人非常快乐从而使快乐总量最大,这样做仍然是错的,因此,能够影响行为道德正确性的因素一定不只有快乐的总量。为了回应反驳,功利主义者可以选择将那些声称能够影响道德正确性的其他因素还原为关于快乐总量的考虑,也可以选择找到另外的理由来反对我们关于折磨无辜的人的直觉。无论如何,功利主义者必须通过上面所说的一阶道德推理来辩护他们的主张,而其他外在于道德领域的考虑都是不相关的。因此,思考功利主义的正确方式是将它置于道德领域内部,思考是否有足够的正面理由支持它以及它是否能经受得住反面理由的批评。总之,我们寻找的是道德领域内部的规范或者辩护关系,而不是在道德领域之外寻找"道德正确性"与"快乐总量的增加"这两个属性之间的形而上学关系。

但是,为什么我们只能满足于在道德领域内部用相关理由来确证道德真理和道德事实的存在呢?尤其是,既然我们完全可以跳出道德领域的范围而为功利主义的主张提出二阶元伦理学解释,那么我们为什么必须把它视为一阶道德判断呢?道德领域内部的真实存在放到更广泛的领域中会不会只是幻觉?

对此,德沃金给出了一个相当激进的回答:那些所谓外部的或者二阶的解释只是伪装的一阶道德理论或判断而已。在德沃金看来,那些声称对一阶道德判断进行深刻解读的元伦理学判断,其实质只是一阶道德判断而已。比如,对于"存在自成一体的道德事实""道德价值是宇宙结构的一部分"这类说法的"最自然的理解不是说(世界上)有什么道德微粒(moral particles)存在……而是强调我的道德信念并不只是用来表达主观品位"①。而这种强调只是为了澄清并重述原有道德意见的内容。德沃金之所以这么认为,是因为他相信,一个真正的元伦理学理论必须与所有的一阶道德理论或者判断都相容,亦即,一个元伦理学理

---

① 参见 Dworkin R. Justice for hedgehogs. Cambridge: Harvard University Press, 2011: 55。

论必须是道德中立的（morally neutral）①。而且，他还相信，"是"（is）中推不出"应该"（ought），任何一个所谓二阶元伦理学理论如果真的可以对道德真理或者道德事实的存在产生影响的话，就必须隐含一阶道德主张，而这意味着它本身就是实质性的道德立场。据此，德沃金声称，纯粹的元伦理学理论根本不可能存在，"元伦理学是基于一个错误"②。我将在本书的第五章深入讨论德沃金的观点③。

当然，并不是所有的寂静主义实在论者都像德沃金那样激进。比如，斯坎伦就正面捍卫了一套本体论或者元本体论（Meta-Ontology）主张，用以化解道德非自然主义所遭遇的形而上学挑战。他的结论是，只要我们能在规范领域内部找到思考道德问题的正确方法，那么，"就没有什么关于道德本体论的有趣问题了——比如，关于道德事实的形而上学地位问题"④。斯坎伦的具体想法可以通过一个论证来表达：

P1　每一个判断都有其主题或者要称述的对象，并因此而被归入某个领域。

P2　一个领域不能包含与其他领域相冲突的判断，否则这个领域可能被斥为不合法。

P3　一个判断如果是真的，那么，其称述的对象就是存在的。

P4　一个判断是真的，只需要它符合其所属领域的内部标准。

P5　没有独立于各个领域而能决定某个对象能否存在的普遍外在标准。

---

①　参见 Dworkin R. Objectivity and truth：you'd better believe it. Philosophy and public affairs，1996，25（2）：92。

②　Dworkin R. Justice for hedgehogs. Cambridge：Harvard University Press，2011：67。

③　德沃金的这个观点已经遭到一些哲学家的批评。参见 Leiter B. Objectivity, morality, and adjudication//Leiter B，ed. Objectivity in law and morals. Cambridge：Cambridge University Press，2001：66 - 98；Ehrenberg K M. Archimedean metaethics defended. Metaphilosophy，2008，39（4 - 5）：508 - 529；McGrath S. Relax？don't do it！Why moral realism won't come cheap//Shafer-Landau R，ed. Oxford studies in metaethics，2014，9：186 - 214。

④　Scanlon T M. What we owe to each other. Cambridge，MA：Harvard University Press，1998：2。

P6　道德判断所属的道德领域符合 P2 的要求，亦即，道德领域不包含与其他领域相冲突的判断。

P7　存在符合道德领域内部标准的道德判断。

P8　道德判断的称述对象是道德属性或者道德事实。

C　道德真理和道德事实是存在的①。

不难看出，斯坎伦提出一套何物存在的普遍理论。根据他的看法，一个东西是否存在，完全由其所属领域的内在标准决定（当然，前提是那个领域不与其他领域相冲突）②。虽然我们有形而上学或者本体论这样的领域专门研究存在问题，但真正的形而上学或者本体论问题都是相对于特定领域的（domain-specific），根本就没有一般的、对所有领域都适用的存在标准。因此，道德非自然主义者根本不需要参照科学对象的存在标准来证明道德属性或者事实是真实存在的。我将在第七章展开讨论斯坎伦的观点及论证。

由此可见，寂静主义实在论者的一般策略是把关于道德领域的外部问题内部化。具体来说，一切外部因素，包括生物进化、经济结构、文化传统，都不可以仅凭其自身的力量而影响到道德真理，即使它们可以促使我们重新审视自己的道德信念，这种审视也必须通过实质性的一阶道德论证而进行。生物学、心理学、社会学或者形而上学永远替代不了伦理学。如内格尔所言：

> 有人说，强调个人权利的道德只不过是一种资产阶级的意识形态或者只是男权社会的一种统治工具，而"爱你的邻居"这一要求

---

① 参见 Scanlon T M. Being realistic about reasons. Oxford: Oxford University Press, 2014: chapter 2。事实上，在其著作中，斯坎伦关注的是更为广泛的"规范判断"和"规范事实"（即理由）。为了保持论述的统一性，我把他论证的对象换成了"道德判断"和"道德事实"。但这并不影响论证的效力，因为斯坎伦的前五个前提（P1—P5）是对所有领域都有效的，而且他当然允许"道德领域"的存在。

② 帕菲特曾说，规范事实或者理由在一种"非本体论"（Non-Ontological）的意义上存在。参见 Parfit D. On what matters: vol. 1. Oxford: Oxford University Press, 2011: 747。这个说法或许可以通过斯坎伦的"存在"概念得到理解。详见本书第六章。

其实是对你邻居的恐惧和怨恨的表达。对于这类指控的唯一可能的回应是，在了解了这些提法之后，再一次考虑，尊重个人权利或者关心他人的理由是否能讲得通，它们是否为了掩饰某些根本不是理由的考虑。而这是一个新的道德问题。①

与此类似，为了回应"我们的道德判断根本没有真假可说""不可能存在道德事实"这类批评，道德实在论者也只需拿出道德的理由来捍卫正确的道德判断。因此，真正的战场在道德领域的内部而不在其外部，或者，"真实的问题不是道德或者伦理判断能否为真，而是哪些为真"②。

四、寂静主义实在论者的基本动机

我们已经看到，为了把关于道德真理或者道德事实的存在限定在道德领域内部，寂静主义实在论者甚至不惜拒斥所有的元伦理学讨论，或者重新解释形而上学问题。但这么做的目的是什么呢？寂静主义实在论者的理论动机何在？

第一个原因显而易见。作为一种特殊的道德非自然主义版本，寂静主义实在论既要拒绝一切反实在论，从而保持我们对日常道德权威的严肃性，又要避开所有对于道德实在论的外部挑战。尤其是，通过把关于道德真理以及道德事实的讨论限定于一阶道德领域内部，寂静主义实在论者试图将所有基于外在的或者非道德考虑的道德怀疑论（Moral Skepticism）③都拒之门外：我们甚至根本无需考察这类怀疑论的具体论证，就可以断言它们必将失败。如果是这样的话，考虑到道德实在论与日常道德经验的高度契合，道德非自然主义将会成为一个非常容易辩

---

① Nagel T. The last word. New York：Oxford University Press，1997：21. 我将在下一章深入讨论内格尔的立场。
② Dworkin R. Justice for hedgehogs. Cambridge：Harvard University Press，2011：25.
③ 德沃金将这样的怀疑论称为"外在怀疑论"（External Skepticism）。与此相对，所有基于道德考虑而否认日常道德正确性的理论，称为"内在怀疑论"（Internal Skepticism）。参见 Dworkin R. Justice for hedgehogs. Cambridge：Harvard University Press，2011：31-32。

护的立场,甚至可能成为唯一的能够得到辩护的元伦理学立场。

此外,在我看来,寂静主义实在论还蕴含着某种对道德哲学研究方法的诉求,这种诉求表现为对所谓"方法论自然主义"(Methodological Naturalism)的抵制。根据彼得·雷尔顿(Peter Raiton)的界定,方法论自然主义认为:

> 哲学并不拥有一种独特的、先验的(a priori)方法能够产生出实质性的真理,而这种真理在原则上并不接受任何种类的经验检验。哲学探索应该以后验的(a posteriori)方式进行,与在自然和社会科学中所展开的广义经验探究并肩合作,或者应该成为经验探究中特别抽象和宏观的一部分。[①]

根据寂静主义实在论者的看法,方法论的自然主义在某种程度上支配了当代的元伦理学讨论。具体说来,元伦理学家普遍站在实质性的道德论证之外来理解我们的道德,把它当作一种心理学的、社会学的或者人类学的自然现象加以研究。他们常常假扮成道德活动的观察者,试图理解道德活动与外在世界之间的因果作用机制。如内格尔所言,仿佛我们的道德实践是要"让我们的心灵符合一种因果地作用于其上的外在现实"[②]。而这种理解自然会引发对于所谓外在道德现实的形而上学或者认识论方面的质疑。

因此可以说,寂静主义实在论者所反对的并非旨在探究道德语言和道德思想之本质的元伦理学本身,而是被方法论的自然主义所支配的元伦理学。借用德沃金的术语,他们所反对的是"阿基米德式的"(Archimedean)元伦理学[③]。这种元伦理学在道德领域之外找到的阿基米德支点就是自然科学。在试图理解我们的道德思想与自然科学所发现的

---

① Railton P. Naturalism and prescriptivity. Social philosophy and policy,1989,7(1):155-156.
② Nagel T. The view from nowhere. New York: Oxford University Press, 1986:148.
③ 参见 Dworkin R. Objectivity and truth: you'd better believe it. Philosophy and public affairs,1996,25(2):88。

世界之间的关系时，阿基米德式的元伦理学不自觉地引入了一条衡量真实与否的标准，即无法被科学方法（包括观察实验加上归纳或者溯因推理）所确认的东西就是不真实的或者不存在的①。正是因为这条标准的存在，道德事实的形而上学地位才会受到质疑。但是，在寂静主义实在论者看来，这条从科学研究内部得出的标准不可以应用于所有的探究领域。因为科学只是适合探究某类对象的一种认知方式，不能成为本体论领域的裁判；科学不是人类知识的唯一来源，科学方法可以认识到的东西也不是真实的全部。在很大程度上，内格尔的哲学工作就在于证明，基于自然科学的客观理解方式无法把握到全部的真实。比如，内格尔认为，作为一种立足于第三人称的、客观的研究方法，科学势必无法完全把握心灵属性这类真实存在，因为这些属性中蕴含不可消除的第一人称或者主观的维度②。

事实上，方法论自然主义本身并不是科学理论（因为科学是关于自然世界的理论），而是一种哲学或者形而上学理论（基于科学及其方法建立一套形而上学实际上是将科学做哲学之用），并且是一种可以隶属于科学主义（Scientism）的哲学理论。科学主义把科学（尤其是自然科学）当作理性探究和客观理解的典范，并试图将其扩展到其他研究领域。既然科学主义或者方法论自然主义本身不是科学，科学的证据及其成就就不能直接用来为科学主义辩护。科学主义的辩护理由是而且应该是非科学的相关理由，也就是与形而上学问题相关的理由。类似地，在寂静主义实在论者看来，道德客观性的辩护理由也应该是非科学的相关理由，也就是与道德客观性相关的理由。

寂静主义实在论者所理解的与道德客观性相关的理由，正是内在于道德领域的理由。因此，寂静主义实在论者所倡导的方法论，正是要把

---

① 这一标准又被内格尔称为"关于真实的认识论标准"（epistemological criterion of reality）。参见 Nagel T. The view from nowhere. New York：Oxford University Press，1986：141。
② 参见 Nagel T. The view from nowhere. New York：Oxford University Press，1986：chapters 2-3。

基于外在的后验视角的元伦理学讨论转变为对于道德实践的内部的先验探索。唯有如此，道德真理或者道德事实才能得到确证。如德沃金所言，"当哲学站在某个价值判断的领域之外时，它既不能威胁也无法证实那个判断"①。换言之，道德实在论只有在道德领域内部才能得到辩护或者反对。因此，通过抵制方法论自然主义，寂静主义实在论者重申了实质性的道德论辩在道德哲学中的优先性和自主性。

这一主张或许可以和王浩所谓的"实质事实主义"或"人类中心的重大事实主义"（Magnifactualism）做类比。根据实质事实主义，"相比于我们如何知道我们所知道的，我们对我们所知道的知道得更多。相比于我们信念的终极核证，我们对我们所相信的知道得更清楚"②。因此，对于任何领域的探究，我们都应该把自己限定在已经知道的、最确凿的东西上，以此为基础来检视一般性或者普遍性的考虑。在寂静主义实在论者看来，在道德领域，我们最深信不疑的是一些最基本的道德判断，比如"滥杀无辜是错的""不应该随意撒谎"等，任何关于道德的外在考虑都没有我们对于这些基本道德判断的确信程度高。并且，我们对于这些道德判断的确信度可以兑现为它们的客观性，至少，关于其客观性的任何探究都应该以我们对于它们的确信度为基础。这样，外在于道德领域的形而上学或者认识论考虑就无法从根本上威胁到道德的客观性了。

不仅如此，寂静主义实在论的倡议还可以和伯纳德·威廉斯对所谓"分析"风格的当代道德哲学的批评遥相呼应：

> 它（即当代以语言分析为主的道德哲学）尤其空洞无聊。在某个意义上讲，作为一个特殊的批评，这并不公道，因为多数时代的多数道德哲学都很空洞和无聊。……然而，过去的作品之所以空洞常常是因为传统道德说教的空洞，即用一种乏味的方式来处理道德

---

① Dworkin R. Justice for hedgehogs. Cambridge：Harvard University Press，2011：37.
② Wang H. From mathematics to philosophy. London：Routledge Revivals，1974：1.

问题。当代的道德哲学找到了一种原创的方式来继续令人感到无聊，亦即它根本不讨论任何道德问题。①

如果道德哲学能够摆脱空洞无聊的、阿基米德式的元伦理学争论，而专注于实质性的道德问题，那么，它或许可以帮助我们发现正确的、具有建设性的道德思想，并因此引领人类的道德进步。而这也许是寂静主义实在论者的最终诉求。然而，元伦理学研究真的空洞无聊，对于道德没有建设意义吗？或者，寂静主义实在论者真的可以认为在二阶元伦理学层面不做出任何实质性的承诺就可以维护道德价值的规范性与客观性吗？这是接下来的几章要讨论的问题。

---

① Williams B. Morality: an introduction to ethics. New York: Harper & Row, 1972: xvii.

第四章　理性反思可以保证客观性吗？

约翰·麦基的"怪异性论证"(argument from queerness)① 在某种程度上塑造了道德实在论在当代元伦理学领域的发展。一般来讲，道德实在论者认为，存在可以被我们人类认识的道德真理或者道德事实，并且，这些道德事实（及其所包含的道德属性）构成了真实世界的一部分②。但根据"怪异性论证"，能够对我们发布"绝对命令"的道德事实（或者客观价值）似乎完全不同于宇宙中真实存在的其他事实，因此，它们如何能够成为真实世界的一部分？以及，我们又是如何能够获得关于它们的知识的？

面对麦基的挑战，自然主义的道德实在论者给出了简单而直接的回应：道德事实本身就是，或者可以还原为科学所探究的自然事实，因此，道德事实本质上并不"怪异"③。但非自然主义的道德实在论者却

---

① 参见 Mackie J. Ethics: inventing right and wrong. Harmondsworth: Penguin, 1977: 38-42。
② 参见 Fine K. The question of realism. Philosophers' imprint, 2001 (1): 1-30。
③ 参见 Railton P. Moral realism. Philosophical review, 1986, 95 (2): 163-207; Boyd R. How to be a moral realist//Sayre-McCord G, ed. Essays on moral realism. Ithaca: Cornell University Press, 1988; Brink D. Moral realism and the foundations of ethics. Cambridge: Cambridge University Press, 1989; Copp D. Morality, normativity, and society. New York: Oxford University Press, 1995; Sturgeon N. Moral naturalism//Copp D, ed. The Oxford handbook of ethical theory. Oxford: Oxford University Press, 2006。

无法如此轻松地摆脱"怪异性论证"。一方面，他们必须解释，不同于任何自然事实的道德事实到底是怎样一种存在；另一方面，他们还要解释，自成一体的道德属性为何随附于普通的自然属性，也就是说，在自然属性方面没有任何差别的两个对象为何在道德属性方面也不会有任何差别①。

然而，作为道德非自然主义阵营中的一员，寂静主义实在论者认为，道德实在论根本无需应对上面所说的形而上学挑战，因为道德的客观性并不要求我们做出任何额外的本体论承诺②。例如，内格尔在回应"怪异性论证"时说：

> 很明显，他（即麦基）对于宇宙是什么样子有一种确定的理解，并且假定，关于价值的实在论要求宇宙中充斥着额外的实体、性质，或者关系，这些东西就像柏拉图的理念或者摩尔所谓的非自然性质一样。但这一假定是错的。……说价值是真实存在的，并不是说它们是真实存在的神秘实体或者属性，而是说它们是真实存在的价值，亦即我们关于价值的判断或者关于人们有理由去做何事的判断，可以独立于我们的信念和倾向而为真或者为假。这里并不包含其他类型的真理。事实上，没有什么其他类型的真理**可以**显示价值的真实性。③

在我看来，上述引文可以作为寂静主义实在论的理论纲领。内格尔表达

---

① 关于非自然主义者解决这些问题的尝试，请参见 Shafer-Landau R. Moral realism: a defense. Oxford: Oxford University Press, 2003; FitzPatrick J W. Robust ethical realism, non-naturalism and normativity//Shafer-Landau R, ed. Oxford studies in metaethics: vol. 3. Oxford: Oxford University Press, 2008; FitzPatrick J W. Ontology for an uncompromising ethical realism. Topoi, 2016, 37 (4): 537–547; Enoch D. Taking morality seriously: a defense of robust realism. Oxford: Oxford University Press, 2011. 亦参见本书第九章。

② 一个句子（或者一个理论）的本体论承诺可以理解为其真值条件（truth-conditions）的一个方面。也就是说，如果一个句子的本体论承诺是 F，那么，如果这个句子为真，便要求世界上存在 F。参见 Rayo A. Ontological commitment. Philosophical compass, 2007, 2 (3): 428–444. 按照这种理解，道德实在论者就应该在本体论上承诺道德事实的存在，因为正是道德事实的存在才使得我们的道德判断为真。

③ Nagel T. The view from nowhere. New York: Oxford University Press, 1986: 144.

了这样一个观点：价值的客观性必须来源于其自身，而不能通过还原为其他类型的客观事实来保证；而为了维护价值的客观性，我们必须依赖关于价值或者理由的内部推理，而不需要在自然世界之外承诺任何额外的实体或者属性。在内格尔看来，只要我们通过理性反思进入非个人化的（impersonal）视角，我们就可以超越自身的欲望、利益和偏见，从而发现客观的理由去指导我们做出正确的行动选择。在这个意义上，"'存在某些理由'这一判断是一个规范判断"[①]，并不要求任何额外的本体论承诺。但应该如何理解和评价内格尔的这一观点呢？这便是本章所要探讨的问题。

一、内格尔论客观性

根据内格尔的说法，价值，尤其是道德价值，具有一种独特的客观性，不同于非价值事实的客观性。之所以如此，是因为价值对于我们的行为动机有一种直接的影响，而其他事实没有这种影响。具体来说，关于价值的信念也是关于我们行动理由的信念，此信念可以直接激发理性行动者行动。内格尔的第一本著作就辩护了这样一种观点：我们关于实践理由的信念本身就可以产生或者修改我们的动机[②]。在这个意义上，价值是"有动机内容的"（motivational content）存在[③]。任何一种对于价值客观性的恰当说明都必须保留住价值之中的动机内容。当然，麦基也会同意这一点。麦基明确说过，如果客观价值存在的话，它们会对行动提供绝对的指导，亦即客观价值可以独立于行动者先在的动机而影响行动[④]。但这只是表达了我们对于客观价值的日常概念。在麦基看来，正因如此道德实在论者才需要把具有"客观规定性的"（objectively

---

① Nagel T. The view from nowhere. New York: Oxford University Press, 1986: 144.
② 参见 Nagel T. The possibility of altruism. Princeton: Princeton University Press, 1970。
③ 参见 Nagel T. The view from nowhere. New York: Oxford University Press, 1986: 139。
④ 参见 Mackie J. Ethics: inventing right and wrong. Harmondsworth: Penguin, 1977: 40。

prescriptive）奇特实体引入我们的本体论中来，以说明客观价值的存在。但内格尔认为无此必要：道德实在论并不"要求宇宙中充斥着额外的实体、性质，或者关系……说价值是真实存在的，并不是说它们是真实存在的神秘实体或者属性，而是说它们是真实存在的价值，亦即我们关于价值的判断或者关于人们有理由去做何事的判断，可以独立于我们的信念和倾向而为真或为假"①。

然而，内格尔的这种说法似乎再一次表达了我们对于价值的日常看法：真正的价值会为人们提供行动的理由，并且客观上如此。如果是这样，这并没有解决麦基在形而上学上的担忧。问题在于，那些真正的价值能否存在于独立于思想和语言的世界，而不是仅仅存在于我们的思想之中？即使如麦基所言，我们需要引入特殊的实体来说明客观价值的真实性，这也不会使价值变得没那么真实，也不会把价值立即变成其他东西，只要我们所引入的实体具有客观价值的核心特征，即规范性（normativity）。构成世界之基本结构的价值实体可以仍然是价值，关于它们的信念仍然可以给我们提供行动的理由。麦基担心的是，在我们所知的自然世界中没有什么东西可以拥有价值的核心特征，因此没有什么东西可以使得我们的道德判断为真②。然而，内格尔拒斥任何关于价值的本体论说明，因为他相信，价值的真实性可以而且必须以不同的方式来理解。为了理解这一看法，我们必须讨论内格尔关于客观性的理论。

内格尔以一种认识论的方式来理解"客观性"（objectivity）这个概念，如其所言："客观性是一种理解方法。在其主要的意义上，信念和知识才能具有客观性。只是在衍生的意义上，我们把可以用这种方式来理解的真理（或者事实）称为客观的。"③ 作为一种理解现实的方法，客观性要求我们"站在（对于世界某一方面）一开始的观点后面，并形

---

① Nagel T. The view from nowhere. New York：Oxford University Press，1986：144.
② 我将在第九章勾勒出一套道德非自然主义的理论框架以回应麦基的挑战。
③ Nagel T. The view from nowhere. New York：Oxford University Press，1986：4.

成一个新的观念，此观念以我们一开始的观点及其与世界的关系为对象"①。因此，"如果某个观点或者思想方式比另一个更少地依赖于个体构成及其在世界所处位置的具体特征，更少地依赖于其所属特殊生物类型的特征，那么，这个观点或者思想方式就比另一个更客观"②。与之相对，主观的观点或者思想方式指的是那些依赖于个体特殊视角及其特殊性的、前反思的观点或者思想方式。

按照内格尔的设想，作为理性存在者的我们都有客观理解的能力。我们可以在思想中退到某一特定看法或者态度的后面，试着与之抽离并反思它的来源、性质及其与外部世界的关系，当我们意识到其局限性或者视角性的时候，我们就开始拥有了客观的思想。客观的思想的典范是现代科学。举例来说，我们人类的视觉系统可以向我们直接呈现有颜色的三维立体画面，借此我们可以确定各种可见物体在空间中的位置。现代科学的研究让我们了解到光波的频率、物体表面的反射特性，以及人类的视觉结构及其运作机制等信息，借此可以解释为什么我们可以看见空间中本就存在的物体。科学同时告诉我们，蝙蝠没有人类的视觉，它们通过自身的回声定位系统来确定物体的位置。虽然我们没办法进到蝙蝠的视角之中，得知"做一只蝙蝠是什么感受"③，但我们可以通过关于声波的频率、传播速度及蝙蝠听觉构造等来解释蝙蝠如何可以获得我们人类通过视觉才能获得的周遭环境信息。通过科学探究，我们不仅可以知道，人类和蝙蝠只是在以各自不同的方式表征了同一个世界的空间位置，还可以比较这两种表征方式在精度和广度方面的差异，进而比较两者的优劣。

科学理解的发展在很大程度上便是人类摆脱自身偶然特征的局限，超越自身的特殊视角去认识物理世界的过程。其中有一个区分尤其重

---

① Nagel T. The view from nowhere. New York：Oxford University Press，1986：4.
② Nagel T. The view from nowhere. New York：Oxford University Press，1986：5.
③ Nagel T. What is it like to be a bat？. The philosophical review，1974，83（4）：435－450.

要，那就是关于"第一性的质"（primary quality）和"第二性的质"（secondary quality）的区分。借助这一区分，我们可以更好地说明人类客观理解的发展。物理学的终极目标是要揭示第一性的质所构成的世界，在内格尔看来，那是用形式化的数学语言才能描述的世界，是向所有拥有相应认知能力的理性存在者（而不仅仅是人类）都开放的世界。相比之下，描述第二性的质的理论则渗透了特殊种类的认知者的特殊视角及其特殊的感知特点，而客观理解的发展便是一步步从包含了第二性的质的观念中抽离出来，向只包含第一性的质的观念迈进，也就是向伯纳德·威廉斯所说的"关于世界的绝对观念"（the absolute conception of the world）迈进[1]。

值得强调的是，内格尔所理解的客观性是思想所具有的特征，而不是现实所具有的特征。他尤其提醒我们，客观的理解方式无法决定世界上真实地存在着什么。这不仅是因为独立于观察者而存在的世界并不足以代表真实世界的全部，观察者及其特殊的视角同样真实地存在于世界之中，本身也是世界的一部分[2]，而且是因为并不是所有的真实存在都可以被客观的、无视角的理解方式所把握[3]。根据内格尔的看法，真实世界的某些方面与特定视角的联系如此之紧密，以至于离开了那些视角以及与之相连的概念，我们就无法把握到现实世界的那些方面。如果这时候我们还要用科学式的绝对客观性来理解那些方面，那么我们便是在转移话题，也就是说，我们所谈论的已经不再是一开始关心的对象，而是别的什么东西了。对于这一点，内格尔讨论最多的例子是心灵（mentality）。内格尔认为，心灵是现实世界的基本特征，然而，当我们

---

[1] 参见 Williams B. Descartes: the project of pure enquiry. London: Penguin, 1978: 244-245。

[2] 因此，诉诸第一性的质的描述必须扩展到各种不同的视角以及它们与物理世界的关联之上。也就是说，扩展之后的描述，其对象不仅包括外部物理世界，还包括对于（比如）人类视觉系统的构造，以及人类视觉系统之所以获得关于外部世界图像的机制。

[3] 参见 Nagel T. The view from nowhere. New York: Oxford University Press, 1986: 141。

用科学式的极致客观化来理解心灵的时候，便会遭遇无法克服的困难。简单讲，我们必须借助（某些）视角以及与视角绑定的概念去理解心灵，因为去感受、去思考、去行动本身就意味着基于某些视角去感受、去思考、去行动；当我们尝试用抽离的、无视角的方式去思考心灵时，我们就会错失心灵的核心特征，比如感受质（qualia）和意向性，结果，我们要么用某个物理存在替换掉了心灵，要么把心灵完全取消掉了①。

因此，作为一种以抽离和后退为特征的理解方法，客观性需要因其所试图理解的对象而变化。在科学中，我们试图对于世界达到最大限度上独立于观察者的特殊感知方式的理解，但是，即使我们能够成功地摆脱掉自身生理和心理结构的影响，物理世界的真相可能仍然超出了我们所能理解的范围。如内格尔所言："我想要抵制那种将世界的真相等同于世界所能展现给我们的真相的自然倾向，尽管后者是客观视角的无限提升的极限状态。"② 在这里，内格尔明确区分了思想（或者概念）和现实（或者世界）。既然如此，我们马上就想问，内格尔以认识论的方式所刻画的客观性概念如何能够回应麦基的形而上学挑战？

二、内格尔式的反思与道德客观性

在内格尔所理解的伦理③价值领域，也就是以"应该如何生活"为主题的领域，思想和现实的区分变得模糊了。他写道：

> 我不相信关于我们应该如何生活的真理可以超出我们用来获得

---

① 参见 Nagel T. The view from nowhere. New York: Oxford University Press, 1986: chapters 2-3.
② Nagel T. The view from nowhere. New York: Oxford University Press, 1986: 91.
③ 根据常见的用法，所有关涉到人们应该如何生活的价值都可以被称为"伦理价值"，相应地，伦理领域便是关于应该如何生活的话语所构成的领域。道德价值会影响到一个人如何生活、如何行动，因此道德价值隶属于伦理价值，只不过道德关注的是一个人对他人（尤其是陌生人）所担负的责任。参见 Scanlon T M. What we owe to each other. Cambridge, MA: Harvard University Press, 1998: 1-13.

相关发现的能力（除非，价值真理所依赖的非评价事实我们可能无法发现）……我们想到的关于伦理真理的唯一的一般说法便是，它必须是这一过程（即客观理解的过程）正确执行之后的可能产物。①

换句话说，在伦理探究中没有真相可以超出我们的概念或者思想能力，就好像价值真理被我们客观理解的能力所固定一样。借用克里斯宾·赖特（Crispin Wright）的术语，内格尔似乎认为，伦理领域满足"认识论限制"（epistemic constraint）。也就是说，在伦理领域中，不存在人类不可能认知到的真理，不存在人类永远都无法因为获得决定性的证据而相信的真理②。但为什么呢？为什么对于伦理领域的客观理解如此特殊？

根据内格尔的看法，对于伦理价值的客观探索关注的是"动机发现"（motivational discovery），其主要的挑战在于，如何站在一个非个人的视角看待我们偶然具有的动机和性情，如何压制或者中和（neutralize）它们对于生活和行动的影响③。为简洁起见，让我们把内格尔在伦理领域中所提倡的客观探索称为"内格尔式的反思"。内格尔式的反思并不要求我们完全摆脱掉偶然的欲望与性情倾向（disposition），而是要我们把它们所代表的价值视为来自特殊成长环境、人生经历的特殊价值，与众多其他价值相并列。也就是说，在伦理领域中，客观的方法要求我们与自己偶然具有的需求、欲望、利益与目标拉开距离，并从中抽离出来，站在一个非个人化的视角去看待它们，就好像它们并不属于我们一样。内格尔写道：

当我们迈出客观化的一步，我们并不会自动地丢弃评价的能

---

① Nagel T. The view from nowhere. New York: Oxford University Press, 1986: 139.
② 参见 Wright C. Truth and objectivity. Cambridge, MA: Harvard University Press, 1992: 41, 75。
③ 参见 Nagel T. The view from nowhere. New York: Oxford University Press, 1986: 148。

力，因为这种能力并不依赖于先前出现的欲望。我们可能会发现，评价的能力在外在视角中继续运作，并且我们会得出结论，这种能力的运作并不只是主观欲望在客观伪装下又冒出来活动的产物。①

这意味着，在我们成功进入非个人的抽离视角之后，如果仍然发现某些事物是有价值的，那么那些事物便拥有真正的或者客观的价值。内格尔非常确信这样的客观价值是真实存在的，因此他把自己的立场称为"价值实在论"（Value Realism）。同时，内格尔还相信，一旦我们进入非个人化的抽离视角去处理人与人之间的关系，我们就会把他人的需求、欲望和利益视作与自己的需求、欲望和利益同样重要，从而承诺了一种利他主义的道德②。在这个意义上，道德价值也是客观价值，而内格尔也是一个道德实在论者。

根据我的理解，内格尔式的反思基于一种非常合理的道德推理或者道德对话方式：如果我们想要严肃地探讨某个道德议题，或者想要追寻某个道德问题的最终答案，我们就会想要尽量摆脱自身偶然因素的影响，这些因素包括个人偏好、利益、社会意识形态以及文化偏见，以得到一起探索的人最终都会同意的道德结论。当然，我们需要结合相关的事实信息（比如行动者的动机、行动的后果等）来得到最后的道德结论。但即使两个人对于相关的事实信息没有任何争议，也可能会对那些事实所具有的规范意义（normative significance）、道德相关性，或者不同价值之间的排序产生分歧，从而对同一个对象有不同的道德判断。假如两个人中只有一个人是对的，那么另一个人一定是被诸如个人利益和偏见这样的东西误导了。所以，如果排除了事实的争论，道德推理在很大程度上就是摆脱自身偶然因素影响的过程。

在实践中，摆脱偶然因素影响的最好方法（至少是必要方法）莫过

---

① Nagel T. The view from nowhere. New York：Oxford University Press，1986：143.
② 参见 Nagel T. The possibility of altruism. Princeton：Princeton University Press，1970：part 3。

于换位思考。我们想象自己处于他人的情境之中，试着以他人的方式去观察、去判断，然后我们便会发现，一个偶然的因素（比如一个人的职业或者家庭出身）如何影响或者扭曲了人们的道德意见。在意识到了这种影响之后，我们很自然地就会进入一个脱离了个人偶然特征的视角，并可能做出新的道德判断。内格尔式的反思可被理解为这一过程的理想极致版本，极致之处在于，它不仅覆盖了所有的道德对话者，亦即它要求我们与所有的相关行动者进行换位思考，而且致力于消除所有偶然因素的影响或者扭曲。

但内格尔式的反思能否按照内格尔所设想的方式运行，并产生确定的结果呢？我们有理由对此表示怀疑。首先，当我们从塑造了我们个人视角的所有需求、欲望、性情倾向以及人生计划中抽离出去之后，我们的评价能力如何能够正常运作？尤其是，在抽离了所有特殊视角的"视角"中，评价的标准来源于何处呢？内格尔不会认为标准来自外在世界中的客观价值或者道德事实，因为那样便会"要求宇宙中充斥着额外的实体、性质，或者关系"，而那是麦基所批评的那种道德实在论者的看法。内格尔似乎认为标准来自理性反思本身。但理性反思的原则如何可能产生实质性的道德结论，这是一个颇具争议的问题。

在很大程度上，康德主义者最想做的事情就是从"理性能动性"（rational agency）的概念中推导出道德要求，或者说把道德奠基于实践理性自身的结构之中，但非康德主义者认为这种尝试不可能成功。比如，威廉斯就认为，仅从理性能动性的概念出发，我们至多可以推导出"我可以合理地要求其他人不干涉我的自由"以及"其他人可以合理地要求我不干涉他们的自由"，而推论不出"我不应该（或者没有理由）干涉他人的自由"以及"他人不应该干涉我的自由"。换言之，从实践理性的概念不能直接推论出自由的权利以及不干涉自由的义务[①]。康德

[①] 参见 Williams B. Ethics and the limits of philosophy. Cambridge, MA: Harvard University Press, 1985: chapter 4。

认为可以推论出来，因为康德所理解的理性行动者同时是"立法者"，而这需要结合康德的超验自我观念才能理解。但威廉斯认为，我们已经没有理由接受康德的那套形而上学的自我观念。原因之一在于，康德不合理地以享乐主义和利己主义的方式来理解一切经验自我的行动。内格尔发展了康德的主张。在他看来，拥有理性能动性意味着出于理由而行动，而出于理由行动意味着将自己反思为众多普通理性行动者的一员，而这又意味着要站在一个不偏不倚的视角来看待自己以及他人的欲望和利益，而不偏不倚的视角正是道德视角。但在威廉斯看来，这一推理混淆了理论理性和实践理性。实践推理或者实践反思永远都是第一人称的，如果失去实质上构成了"我"的需求、计划和性情，实践推理或者实践反思将无法进行。如威廉斯所言，如果一个行动者"试图在反思中将自己完全抽离出其所有的性情倾向，就像并不拥有它们一样思考自己和世界，那么他就不应该对于无法评价任何事物的价值（包括他的性情倾向本身）感到吃惊"①。

其次，与第一点相关，即使在我们成功地从自己的欲望以及性情倾向中抽离出来之后仍然还有做出伦理评价的能力，内格尔式的反思如何能保证那时的我们都能做出一致的客观道德评价？也就是说，为什么一旦离开自己的特殊视角之后，我就会立即变成一个关心公平正义、在乎他人利益以及公众福祉的人呢？"理性原则蕴含了利他主义的道德原则"会不会只是一厢情愿的幻想？再次引用威廉斯的话："在理性反思中站在我的欲望背后的那个**我**仍然是那个拥有那些欲望在具体的经验中行动的**我**，我并不能仅仅通过在反思中后退而转变成一个把所有（人的）利益的和谐当作自己根本利益的人。"② 换言之，内格尔所设想的道德视角并不能仅仅通过理性反思而得到。因此我们有理由怀疑，如果在反思

---

① Williams B. Ethics and the limits of philosophy. Cambridge, MA: Harvard University Press, 1985: 51.
② Williams B. Ethics and the limits of philosophy. Cambridge, MA: Harvard University Press, 1985: 69.

之前没有预设利他主义道德是正确的，内格尔式的反思本身并不能产生出道德。

再一次回到我们的问题，即使内格尔式的反思可以像内格尔所设想的那样运作，它能够回应麦基的挑战吗？一般来说，针对某一对象的探究方法，无论其有多么不依赖于个人动机或者其他偶然因素，都不足以建立该对象的客观性。原因在于，认识论或者方法论意义上的客观性与本体论或者形而上学意义上的客观性是不同的①。让我来举个例子阐明这一点。假设我们想确定某一口味的冰激凌是否好吃，于是我们想到了一个可以完全抽离个人视角的方法，即抛硬币。如果随机抛出的标准硬币正面落地，那么冰激凌就是好吃的，如果反面落地则不好吃。很明显，抛硬币的方法可以彻底压制每个人对于冰激凌所持有的偶然欲望和偏好，然而，它却不能使得冰激凌的口味成为一个客观议题。相反，口味问题是典型的主观问题！

类似地，通过压制理性探究者偶然动机的影响，内格尔式的反思所能做的只是达到不偏不倚（impartiality），而不是本体论上的客观性，而后者正是道德实在论者需要承诺的，也是麦基所要挑战的。不偏不倚是一种实质性的规范考虑，在道德推理中扮演着极为重要的角色，而本体论上的客观性关涉的是思想与现实之间的关系。假如一旦成功地贯彻某种反思程序，我们必然就可以确认到客观价值，那么，只要那个程序本身没有预设任何价值的存在，那些客观价值并不要求宇宙中存在额外的实体、性质，或者关系。但那样便会使内格尔的立场成为某种形式的建构主义（Constructivism）。如谢弗-兰道所言："所有建构主义者所共有的观点是，道德事实是由人（在理想条件下）的态度、行为、反应或者观念所构成的。简言之，道德事实是从一个优先视角所采取的（广义理解的）状态或活动构建出来的。如果没有这个视角，就没有道

---

① 参见 Rosen G. Objectivity and modern idealism: what is the question? // Michael M, O'Leary-Hawthorne J, eds. Philosophy in mind: the place of philosophy in the study of mind. Dordrecht: Kluwer Academic Publishers, 1994: 284-285。

德事实。"① 相比之下，道德实在论者相信，存在不依赖任何程序或者方法的道德真理或者道德事实，个人反思道德议题所采用的任何方法步骤都不是其道德结论为真的原因。如果内格尔是一个建构主义者，那么他就不是麦基的目标。

我并不相信内格尔是一个建构主义者。他曾明确说：

> 我并不预设，关于价值问题的正确答案只是前后一贯地应用了慎思方法之后的结果，即使假设我们拥有了关于事实的完美信息。我们在慎思中所试图达到的结论之所以是正确的，也是因为某些独立于我们达到结论的过程的东西。②

这显然表达了一种实在论的立场。这也许与伦理领域必须要满足的"认识论限制"并不矛盾，因为在内格尔那里，道德真理和完美的理性认知者之间可能有概念上的内在联系。然而，既然内格尔式的反思只能说明道德价值的不偏不倚性，内格尔如何解释不偏不倚的道德价值的客观性呢？再一次诉诸内格尔式的反思是无济于事的，因为内格尔式的反思已经预设了不偏不倚。

内格尔似乎向我们承诺了一种具有吸引力的道德实在论形式，根据他的看法，道德真理和道德事实的真实性或者客观性并不会为这个世界额外增添什么东西，因此也就不会招致形而上学上的非议。似乎正确的价值探究方法就可以保证客观道德事实的存在，从而将道德实在论建立起来。如果这种观点可行的话，那么，如何解释道德价值的客观性的问题就会被转变为如何在规范推理或者反思中为一阶道德主张进行辩护的问题。而这正是寂静主义实在论的诉求。在上面的讨论中，我已经初步表达了对这种立场的怀疑。质言之，首先，内格尔式的反思方法本身如何能够产生出确定的道德结论，这是不清楚的；其次，就算内格尔式的

---

① Shafer-Landau R. Moral realism: a defense. Oxford: Oxford University Press, 2003: 14.
② Nagel T. The view from nowhere. New York: Oxford University Press, 1986: 149.

反思能够产生实质性的道德结论，也无法保证这些结论的（形而上学）客观性；最后，内格尔的看法有滑向建构主义的风险。然而，在内格尔的著作中，我们可以发现另外一条对寂静主义实在论的辩护思路，这条思路突出地呈现在其著作《最后发言权》（*The Last Word*）中，其核心想法是：一个领域的客观性应该由内在于该领域的理性探究成果来决定。接下来我们就来讨论这个想法。

三、道德辩护的客观性

我们相信很多事情，并且可以为之提供理由。我们有道德的理由相信男女应该享有平等的权利，我们有科学的理由相信吸烟有害健康，我们有数学的或者逻辑的理由相信 9 和 12 之间存在一个质数。但这些信念及理由的有效性或者权威最终来自哪里？或者，我们对这些信念的辩护最终会终止于何处？在其著作《最后发言权》中，内格尔尝试回答这个问题。在他看来，这个问题存在两个可能的答案：其一，至少有某些辩护终结于客观的理性原则，那些原则的有效性独立于我们的特殊视角，反映的是世界真实的样子；其二，所有的辩护都终结于我们自身的视角，我们所相信的最后都不过是我们由于各种偶然因素（比如生物或者社会因素）而偏爱或者习惯了的观点，反映的只是我们自身的样子。内格尔坚定地认为第一个答案才是对的。在他看来，我们至少有相当一部分信念，其最终依据的是客观事实或者客观原则，因此，对它们的辩护要诉诸普遍的理由。对于这些信念所涉及的议题来说，理性或者客观性才拥有"最后发言权"[①]。

内格尔为自己的观点提供了一个一般性的理由，即：我们无法仅仅置身于某个领域或者某种思想之外来决定其客观性，而一旦进入内部去考虑问题，我们就会发现，我们将不得不接受某些思想类型或者某些领

[①] 参见 Nagel T. The last word. New York: Oxford University Press, 1997: 3.

域的客观性①。内格尔说:

> 存在某些我们无法逃避而不得不接受的思想类型——仅仅从外部去思考(它们)严格来讲是不可能的,因为它们会不可避免地直接进入任何从外部思考我们自己的过程之中,并允许我们构建起这样一种关于世界的概念,其中客观地包含我们与我们的主观印象。②

在内格尔看来,这些思想类型包括(但不限于)逻辑(或者数学)推理、科学推理和道德推理。也就是说,对于逻辑信念、科学信念和道德信念的辩护最后都要终止于客观的事实或者原则。但为什么呢?为什么我们不得不接受这些领域的客观性?

先说逻辑领域。根据内格尔的看法,如果有任何人认为像 ¬P∧(P∨Q)⇒Q 这样的逻辑原则仅仅是人类的心理习惯,那么她必须遵循逻辑原则来提出并辩护她的看法,否则没有人能理解她的主张。如果连她的看法本身都必须符合逻辑,那么,这就等于承认了逻辑是思想所必须遵守的客观原则。

再说科学领域。假如有人说科学只是现代人编造的神话,并不能反映世界真实的样子,那么,在她的脑海中一定存在一个"世界真实的样子",在其中,现代人及其所编造的科学占据一定的位置。而为了向别人证明她脑海中的真实世界比科学所描述的世界更真实,她必须指出科学理论(比如牛顿力学)如何错误地理解了世界的运行规律。要这么做,她必须提出一个更好的科学理论。而这意味着她必须首先承认科学探索的客观性,否则,她自己的看法便不可信。

最后是道德领域。如果有人说男女平等只是现代人所偏好的价值,而并不是什么客观的道德真理,那么,她就要拿出理由来证明为什么男女平等不一定是正确的。她所列举的理由必须是道德理由或者规范理

---

① 在我看来,斯坎伦后来发展出的一套区分特定领域的实在论与内格尔的想法一脉相承。详见第六章。
② Nagel T. The last word. New York: Oxford University Press, 1997: 20.

由，因为从纯粹的事实判断并不能推出规范判断。那些理由还必须是普遍的理由，而不仅仅是她个人或者她所代表的一群人的偏好而已，否则，我们为什么要相信她。当然，她的意思很可能是，根本不存在任何客观的道德真理。如果是这样，她仍然要给出理由来证明这一点，而这意味着她必须（再一次）处理道德问题，必须在一阶道德辩护的层面推翻所有的基本道德判断（比如"滥杀无辜是错的"）。用内格尔自己的例子来说：

> 如果有人提出，关于个人权利的道德只是资产阶级的意识形态或者男权统治的工具，或者爱邻如己的要求实际上只是你对邻居的恐惧、敌意和怨恨的一种表达，那么，对于这些指责的唯一可能回应便是，在参考了这些提法之后重新去考虑（我们原有的）尊重个人权利或者关心他人的那些理由是否还站得住脚，或者它们是否只是伪装成理由的其他东西。而这是一个新的道德问题。任何人都无法从道德反思的领域**退出**了事：（无论你是否意识到它）它就在那里。①

在我看来，内格尔的论述中蕴含了关于信念产生的两种解释：一种是外在于信念内容的因果解释，另一种则是诉诸理由或者证据的内在的规范解释。前者是对于某些信念之所以会产生的发生学解释，往往诉诸信念内容之外的生物、心理、经济或者社会历史等因素，并不预设相关信念反映客观的真理或者事实；后者则是各个领域内部的一阶辩护，旨在用理性把握信念对象所属领域的内在思考方式，继而在解释相关信念之所以产生的同时对其进行辩护。为简洁起见，我把前一种解释简称为"外在解释"（external explanation），把后一种解释简称为"内在解释"（internal explanation）②。如此一来，内格尔的观点便可以表达为：外

---

① Nagel T. The last word. New York: Oxford University Press, 1997: 21.
② 内在解释和外在解释大致对应于内格尔在《无源之见》(*The View from Nowhere*)中所提出的"规范解释"（normative explanation）和"因果解释"（causal explanation）。参见 Nagel T. The view from nowhere. New York: Oxford University Press, 1986: 145. 其中文译本，请参见中国人民大学出版社于2022年出版的《本然的观点》（中文修订版）。

在解释既无法穷尽对于（至少某些）信念的解释，又无法仅仅通过自身的力量威胁到（至少某些）思想领域的客观性，某个领域或者某种思想的客观性最终必须通过内在解释来决定。

当然，内格尔的意思并不是说，我们关于逻辑、科学和道德的所有信念都是理性的产物，都具有客观性。人非圣贤，无论是过去的人类、现在的人类还是未来的人类，都会持有错误的科学信念或者道德信念。而对于那些错误信念的最好解释似乎只能是外在解释，即它们只是心理、社会历史或者文化现象的产物，反映的只是我们自身的偏见。但即便如此，发现错误的过程也必须依赖内在解释，必须诉诸关于相关对象的内在推理方式（比如一阶科学推理或者道德推理）。只有在内在的一阶推理不足以辩护相关信念的内容时，外在解释才有机会发挥作用，也才有可能胜出①。总之，外在解释总是要与内在解释争夺最佳解释的地位，而一旦内在解释胜出，相关信念的客观性便可以得到辩护。

四、道德辩护的历史性与客观性

内格尔以"相对主义者"或"主观主义者"称呼他所有的论敌，而威廉斯就在其敌对阵营之中。然而，需要强调的是，威廉斯本人并不支持"任何领域的信念均只相对于我们自己而为真"的观点。与内格尔相同，威廉斯也认为，在逻辑或数学领域以及科学领域存在着普遍理由，通过对普遍理由的追求我们可以独立于自身的特殊视角来表征现实，获得形成"关于世界的绝对观念"的希望。他们两人的分歧集中于伦理学领域或道德领域。对威廉斯来说，道德领域与逻辑、科学等领域不同，

---

① 内格尔自己举过一个外在解释胜出的例子："一个从小就被教育女性不应该暴露胸部的人，可能会在某个时刻意识到，这只是她所生活于其中的文化习俗，而不是无条件的道德真理。当然……她可能继续坚持女性暴露胸部本身就是错……但这一回应不太可能经得起（外在解释的）冲击，因为它背后没有足够的支持……"（Nagel T. The last word. New York: Oxford University Press, 1997: 86）

道德的客观性是真正会被外在解释所消解的①。基于两人的不同，我们接下来的讨论就将聚焦于道德领域。

在为《最后发言权》写的书评中，威廉斯细致地讨论了内格尔的论点及论证②。针对道德领域，威廉斯把内格尔的批评概括为：内格尔没有充分认识到外在解释对内在解释的影响，从而错误地理解了道德领域的内在解释③。根据内格尔的说法，外在解释与内在解释的关系似乎很简单：要么前者将后者颠覆，从而迫使我们放弃相关的道德信念，要么前者对后者没有影响，相关道德信念的客观性继续由内在解释所维持；即使外在解释颠覆了内在解释，也首先是因为内在解释自身进行不下去。因此，在内格尔那里，外在解释所能影响的似乎只是具体的道德信念内容，而内在解释则始终保持着外在解释所无法触及的独立与纯粹——那种属于理性的独立与纯粹。但在威廉斯看来，这是错误的，因为正确的外在解释会揭示内在解释自身的多元性及偶然性（contingency）。他指出：

> 对于伦理信念的文化以及其他类型的解释提醒我们，各地有各地的伦理信念，而且，我们自己的信念不仅有其独特的历史，还很可能有独特的心理结构（与之相配）。这些考虑不仅能够使我们对伦理信念的内容产生不同的、更具反思性的思考，而且对我们为它们辩护的方式也会产生同样的作用。④

---

① 事实上，威廉斯正是通过比较科学探索与伦理探索之间的差异，从而揭示道德所可能具有的客观性的。参见 Williams B. Ethics and the limits of philosophy. Cambridge, MA：Harvard University Press，1985：chapter 4。

② 参见 Williams B. Review of the last word//Essays and reviews：1959－2002. Princeton：Princeton University Press，2014：371－387。

③ 威廉斯对内格尔的批评首先针对的是后者的论证策略。在威廉斯看来，逻辑、科学、道德等不同领域所遭遇的来自主观主义或者相对主义的挑战是不同的，每个领域都有其自身的客观性问题，而内格尔却企图把一个粗线条的论证同时应用于这些不同的领域，一次性地保证所有这些领域的客观性。这就好像"用一套远程的、高能的、多用途的防御系统来打一场游击战"（Williams B. Review of the last word//Essays and reviews：1959－2002. Princeton：Princeton University Press，2014：375），其结果是忽视了逻辑、科学和道德领域在客观性方面的差异。

④ Williams B. Review of the last word//Essays and reviews：1959－2002. Princeton：Princeton University Press，2014：383.

前面已经提到，对道德领域的内在解释的性质属于一阶道德辩护，而道德辩护只能诉诸规范理由。在内格尔看来，一切规范理由都是普遍的，也就是说，如果 R 是某个行为或者事件 A 在情境 C 中发生的理由，那么，R 便是任何处于 C 中的人促成 A 发生的理由①。因此，在内格尔那里，典型的道德辩护是这样的：奴隶制之所以是错的，是因为存在诸多反对它的普遍理由，比如，很多人因为奴隶制的存在而遭到无端的残忍对待，奴隶制允许一部分人把另一部分人仅仅当作工具，维持奴隶制的稳定需要动用大量的暴力，等等。如果有人认为奴隶制不是错的，她同样要提出普遍的理由，比如奴隶制提升了社会整体的福利，奴隶制并不会直接导致奴隶主残忍对待奴隶，等等。无论奴隶制是否真的就是错的，在内格尔看来，任何人都必须依据普遍的理由来进行道德辩护，就好像任何人都不能拒绝用理性思考。也就是说，内格尔承诺了一种普遍主义的（universalist）道德辩护观：道德辩护诉诸的理由必须是普遍的，必须适用于所有时代、所有地方的所有人。

而威廉斯的质疑正在于此。在威廉斯看来，这种超历史的、普遍主义的道德辩护观会遭遇到一个解释上的困难：任何一种可靠的对于人类伦理实践的外在解释都会揭示，不同时代的人类社会之间存在着广泛的伦理分歧，并且，各个社会所信奉的伦理信念背后都有复杂而特殊的社会现实（包括心理事实）做支撑，那么，假如道德理由是普遍的，为什么有些社会确认并接受了道德理由，而另一些社会没有？

回到奴隶制的例子②。我们知道，奴隶制在古埃及、古希腊、古罗马以及南北战争以前的美国南部等地都是合法的，也是为道德所允许的。19 世纪以后，"奴隶制在道德上是错的"这一观念才逐渐深入人

---

① 参见 Nagel T. The possibility of altruism. Princeton: Princeton University Press, 1970: 47。内格尔后来区分了"中立于行动者的"（agent-neutral）理由和"和行动者相关的"（agent-relative）理由，但无论是哪一种理由，都是普遍的行动理由。参见 Nagel T. The view from nowhere. New York: Oxford University Press, 1986: 164-171。

② 威廉斯实际讨论的例子是自由主义诸价值（liberal values）。但由于"自由主义诸价值"的内涵并不是那么清楚，为理解起见，我在这里用奴隶制做例子。

心。现在，内格尔相信这一结论是被普遍的理由所证成的道德真理，并且，"所谓理性推理，便是以一种让任何用心听的人都能够认同的方式进行系统的思考"①，那么，他就要解释，为什么在人类历史的多数时间里有那么多人没有认识到奴隶制是错的？

考察内格尔的各种著作我们会发现，他所提供的答案只有两个：要么是因为"偷懒"②，要么是因为"被私利蒙蔽了双眼"③。这个结果其实不应该让我们感到意外。既然内格尔相信存在一个超历史的"理由空间"（space of reasons），历史上曾出现过的所有伦理实践都可以放在这个空间里用一套普遍的标准来判断其对错，那么，只要充分贯彻了诉诸普遍理由的道德辩护模式，便能保证让足够理智且正直的人要么达成道德共识，要么共同接受有些道德难题并没有完满的答案。如果出现道德分歧，那一定是因为（至少）有一方不够理智或者不够正直。由于道德推理需要细致耐心的思考而又往往牵涉各方的利益，所以不够理智是因为偷懒，而不够正直则是因为被利己的考虑所影响。但内格尔的答案无法让人满意。我们很难相信，生活于古希腊、古罗马等社会中的人，要么在思考奴隶制时集体偷懒，要么集体被私利所蒙蔽，就连柏拉图和亚里士多德这样的人类文明最杰出的人物也不例外。

在威廉斯看来，内格尔之所以无法解释前人的"道德错误"，或者之所以缺乏一种关于道德真值的"误差理论"（Theory of Error），是因为他错误地承诺了一种普遍主义的道德辩护观。而内格尔之所以犯这个错误，是因为他没有意识到外在解释对我们自己所信奉的道德观念及其道德辩护方式的影响。威廉斯所相信的对伦理信念的外在解释，是所谓"社会解释"（social explanation）④，也就是诉诸具体的历史、文化、社

---

① Nagel T. The last word. New York：Oxford University Press，1997：5.
② Nagel T. The last word. New York：Oxford University Press，1997：111.
③ Nagel T. The view from nowhere. New York：Oxford University Press，1986：148.
④ 而不是进化生物学的解释。威廉斯认为，生物学无法充分地解释像伦理道德那样的社会心理现象，因为后者本质上是视角性的。参见 Williams B. Ethics and the limits of philosophy. Cambridge，MA：Harvard University Press，1985：139-140.

会心理等因素的解释。依照这种解释,每一套伦理信念以及伦理实践的背后都有特殊而复杂的社会历史原因,这些因素塑造了一种特殊的心理结构或者"主观动机集合"①,只有在这种特殊动机集合的内部才能说明人们践行相关伦理价值的理由②。这样的外在解释会告诉我们:

> (我们所信奉的)特殊道德有自己的诸多目的……它试图帮助我们生活在一起,帮助我们制定值得过的生活图景,帮助我们理解自己的欲望和他人的欲望或者需求之间的关系,等等。在过去有其他的方式来完成这些目的,未来无疑还会有另一些方式。
>
> 新的时代意味着新的需求和新的力量。在很多重要的方面,我们和曾经存在过的其他人都不一样,而其中一个方面便是,我们拥有自由主义的观念,并且拥有这些观念所适用的生活方式。③

由此可知,道德辩护或者道德的内在解释所诉诸的理由只能是在具体的社会历史情境中能被人们所理解的理由,或者是内在于被社会历史所塑造的特定动机系统之中的(内在)理由。并不存在一个超历史的、外在的"理由空间",存在的只是被历史所影响的、某种特殊的动机系统内部的"理由诸空间"。在不同的社会和历史条件下,正确的道德推理模式是不同的。例如,在一个强调荣誉和羞耻的社会里,为了保住一点蝇头小利而撒谎会显得一个人缺乏自给自足的能力,过多地依赖外在的东西,而这是令人羞耻且有损荣誉的。但在一个强调个人自主性和权利的社会里,撒谎是错的,是因为它是对他人的操弄,是把别人当成工具在利用,是辜负了他人对自己的信任。在威廉斯看来,我们总是在特殊的

---

① 参见 Williams B. Internal and external reasons//Moral luck. Cambridge: Cambridge University Press, 1981: 101 - 113.

② 根据我的看法,威廉斯在其晚期著作《真理与真诚》(*Truth and Truthfulness*)中向我们展示了他所理解的社会解释具体是如何运作的,尽管他把自己的理论称为一种"谱系学"(Genealogy),而不是"社会解释"。参见 Williams B. Truth and truthfulness. Princeton: Princeton University Press, 2002.

③ Williams B. Review of the last word//Essays and reviews: 1959 - 2002. Princeton: Princeton University Press, 2014: 386.

价值网络中，以一种本地化的（local）方式进行道德推理。

因此，奴隶制是错的，是因为它违背了现代人的最基本共识，这一共识在不同的现代社会中可以有不同的表达，比如，"天赋人权"，"以人为本"，"人是目的而不是工具"，等等。这一共识所代表的价值体系是现代人为了解决现代问题所提出的（一个比较好的或者说目前最好的）方案。在历史处境发生变化之前，或者在发现更好的方案之前，我们没有理由放弃这套价值。而古希腊人之所以没有共享这套价值，是因为他们处在不同的社会历史情境中，拥有不同的动机系统，面对的也是不同的问题和不同的生活选项①。

即使柏拉图和亚里士多德没有理由接受这套价值，这也不会影响我们对于它的信心（confidence）②，因为它解决的是我们的问题，而不是古希腊人的问题。内格尔的错误正在于他认为"如果一种道德是正确的，它必须适用于所有人"③。当然，内格尔可以想象自己站在一个超时空的道德法庭之上，和古希腊人分庭抗礼，痛斥奴隶制的种种不公，但在威廉斯看来，这只不过是在重申我们自己的价值观，是在展示我们和古希腊人有多么不同。这种类似"关公战秦琼"的做法既无助于古希腊人理解我们，也无助于我们理解他们④。

之所以引用威廉斯的看法，并不是因为我赞同他的反实在论立场，

---

① 威廉斯曾经说过，古希腊的奴隶制"是使得一部分人拥有文化活动的闲暇的社会组织形式，而代价是让另一部分人从事非人的劳作。而奴隶制本身并不是什么好事，它的基础是暴力。古希腊人的传统美德让他们承认这一点，因此他们的奴隶制并非基于一个谎言……但他们当时并没有，也看不到取代这种生活方式的其他方案……他们的生活方式基于一种必然性"（Williams B. Seminar with Bernard Williams. Ethical perspectives, 1999, 6 (3-4): 254-255）。

② 在威廉斯看来，持有者对之保持信心是伦理信念可以拥有的最佳状态。参见 Williams B. Ethics and the limits of philosophy. Cambridge, MA: Harvard University Press, 1985: 170。

③ Williams B. Review of the last word//Essays and reviews: 1959-2002. Princeton: Princeton University Press, 2014: 385.

④ 根据威廉斯的"距离的相对主义"（relativism of distance），对于和我们只处于"名义上的对抗"（notional confrontation）的古代伦理系统，我们对它的道德评价往往是无意义的或者不合适的。参见 Williams B. The truth in relativism//Moral luck. Cambridge: Cambridge University Press, 1981: 132-143; Williams B. Ethics and the limits of philosophy. Cambridge, MA: Harvard University Press, 1985: chapter 9。

而是因为，他对于内格尔的批评提示我们，对于道德的外在解释会揭示道德观念的历史性，而道德发展变化的历史可能改变我们对于道德理由或者道德辩护方式的理解。我倾向于同意威廉斯的观点，认为外在解释（至少在某些情况下）可以影响到内在解释的效力，或者说，因果解释可以影响到规范辩护的效力。考虑这样一个例子：假设有一个强迫症患者，他每五分钟就感到自己有必要去洗一次手。如果你问他为什么这么做，他的解释可能是"我的手很容易弄脏，而我是个爱干净的人"。面对这样一个人，我们当然可以试图通过和他讨论"什么是脏"以及"为什么他的手不脏"来说服他不应该如此频繁地洗手。也就是说，我们可以通过处理关于洗手的内部规范问题来解释为什么他错误地认为自己应该如此频繁地洗手：他没有意识到自己的手并不脏，或者他并没有理由频繁洗手。但这种解释似乎并不是最好的解释，因为他频繁洗手的真正原因根本不是他的手脏，而是他患了某种强迫性神经官能症。他需要的不是关于洗手问题的内部推理，而是针对其病症的外部治疗。在这个例子中，外在解释（即生物医学的解释）虽然不能彻底推翻我们关于洗手的内在推理，但它可以揭示，内在推理建立在（偶然的）生理事实之上，并且，生理事实为规范推理设定了限度。在这个意义上，外在解释可以比内在解释更根本。同样的情况也可以发生在道德领域之中。而这意味着，内在于道德领域的一阶推理本身会遭遇外部的挑战，从而丧失其客观性或者普遍性。如果是这样的话，一阶道德论证如何能够保证道德真理或者道德事实的客观性呢？在我看来，两者的客观性问题实际上是同一个问题，因为如果道德论证能够产生出实质性的道德结论的话，论证的诸前提中一定蕴含了实质性的道德判断，所以，评价论证的客观性不可避免地牵涉到评价相关道德判断的客观性。

  内格尔可能会说，无论外在解释是否能够影响到内在解释，只要你不得不进行一阶道德推理，你就必须承认道德理由的客观性，从而承认道德事实的客观性。换句话说，置身于一阶道德论证之中就意味着你要接受道德理由的客观性，就好像批评逻辑的人也要遵守逻辑法则，批评科学的人也要进行科学探索从而认可科学推理的客观性一样。假如你根本无法置身于道德推理之外，那么你只能接受道德推理的客观性。

我认为这个看法不能成立，因为"我们无法全然置身于某个领域或者某种推理之外"这一事实与该领域的客观性并没有直接的关联。某个对象具有客观性意味着它"独立于心灵"或者"独立于立场"，尤其是独立于我们对它的认识，而这与我们能否避免谈论它无关。为了看清这一点，我们可以把内格尔的论证策略套用到一个人们公认其缺乏客观性的领域上面。

  假设有人说，那些夸张地模仿听障人士的相声段子一点都不幽默，之所以有人觉得好笑是因为那些人受到封建流毒的影响，品味低俗。那么，这个人一定对于"什么才是真正的幽默（或者好笑）"有一种理解，而要让别人接受她的理解，她就要举出和幽默相关的理由来证明为什么模仿听障人士的相声段子不是真正的幽默。而这意味着，她承诺了关于幽默的一阶推理以及相关信念的客观性。

这一论证的结论显然是错的，因为众所周知，幽默不是独立于我们的心灵而存在的事实。我们之所以会认为某些事情很好笑，不是因为它们在被我们认识之前就（真的）很好笑。好笑的标准依赖于不同文化甚至不同个体对幽默的理解。但这不妨碍幽默是我们生活的一部分，关于幽默的话语也是我们日常语言的一部分。我们不可避免地会谈论幽默，会把好笑的东西和不好笑的东西区别开来，甚至还会讨论什么才是真的幽默。有趣的是，"斯坦福哲学百科全书"中确实有"幽默哲学"（philosophy of humor）这一词条，其中有哲学家关于何为幽默的讨论①。因此，在这个意义上，我们无法置身于幽默领域之外，亦即我们在某种程度上必须进行关于幽默的一阶推理，提出关于幽默的内在解释，就好像幽默真的存在一样。但所有这些都不能证明我们关于幽默的推理具有

---

① 参见 Morreall J. Philosophy of humor//Zalta E N, ed. The Stanford encyclopedia of philosophy，2016，URL=https：//plato. stanford. edu/entries/humor/.

客观性，也不能证明我们关于幽默的理由具有普遍性。同样，即使我们无法置身于道德推理之外，也并不意味着只存在一套适用于所有人的道德理由或者道德推理方式。

当然，内格尔可以否认存在关于幽默的一阶推理。他可能会说，关于幽默的所有论说（包括关于何为幽默的哲学讨论）表达的都只是个人的品味，并不存在与幽默相关的理由；但在道德领域中，推理以及相关的理由是真实存在的。如果是这样的话，内格尔就要提供一个识别一阶推理的理论，这个理论不仅可以区分真的一阶推理和假的一阶推理，而且其区分的依据还必须独立于相关对象的客观性。内格尔不能说，如果某种推理所涉及的对象是客观的，那么它便是真正的推理。因为，根据他的总体看法，某个领域是否具有客观性，取决于该领域内部的一阶推理，是一阶推理决定了客观性，而不是相反。如果内格尔说"不存在关于幽默的推理，因为幽默是主观的事情"，那么他便是在乞求论点（beg the question）。内格尔必须在悬置幽默是否具有客观性的前提下向我们解释，为什么"斯坦福哲学百科全书"中关于何为幽默的讨论都不是真正的推理，而关于道德议题的讨论却是。但内格尔并没有提供这样的解释。因此，他不能直接断言不存在关于幽默的一阶推理。他也不能断言，既然逻辑与科学的推理规则是普遍的、超历史的，那么，道德的推理规则一定也是。

第五章　元伦理学是基于一个错误吗？

如上一章所表明的那样，内格尔对于客观价值的立场可以被视为一种寂静主义实在论。在内格尔看来，客观价值的客观性在于其自身，而不在于其他非价值的存在，因此客观价值的存在不需要承诺任何超出自然世界范围以外的奇特实体、属性或者关系；道德实在论的核心在于对行动与生活的一种抽离的反思，在于对个体视角的偶然欲求和偏见的纠正，在于依靠理想的反思去发现普遍的规范理由来指导我们的行动。质言之，内格尔要用一种认识论的客观性概念而非本体论的客观性概念去解释价值的客观性，以消除道德实在论的本体论负担。我已经表达了对于内格尔的策略的批评和怀疑。接下来，我们来讨论寂静主义实在论的另一个代表人物罗纳德·德沃金。

在《刺猬的正义》一书第一部分的开头，德沃金跟读者开了一个玩笑。在写完三段貌似严谨的文字之后，德沃金话锋一转，说道："抱歉，上面三段我一直在逗你玩，对于刚刚写下的话，我一句也不相信。"① 然而，德沃金写的那三段话却表达了多数伦理学家，尤其是元伦理学家

---

① Dworkin R. Justice for hedgehogs. Cambridge：Harvard University Press，2011：24.

的共识,其大意是:在进行实质性的道德探索之前,我们需要首先研究关于价值的一些根本问题,比如,我们关于道德价值的信念是否可以为真?如果可以,是什么使得它们为真?价值是否真实存在?如果存在,它们是不是这个世界基本构造的一部分?我们人类如何能够获得关于价值的知识?等等。此类问题是二阶的、外在于道德判断本身的问题,涉及形而上学、认识论和语言哲学等不同的哲学领域,无法通过一阶的、关于何为对何为错、何为好何为坏的道德推理得到解决。

上述共识在很大程度上已经成为"元伦理学"这一哲学分支的基本预设。元伦理学的研究者普遍相信,我们可以采取一种外在的哲学视角来研究道德话语,以揭示道德经验背后的种种预设,并依据这些预设的合理性来确证或者颠覆我们日常对于道德的理解。然而,德沃金所要质疑的恰恰就是使得元伦理学成为一门独立学科的基本预设,在他看来:

(1) 根本不存在独立于一阶道德判断的、关于道德真理是否存在的二阶问题,所有这些所谓的二阶元伦理学主张实际上都是一阶道德主张。

(2) 道德真理既不需要外在的、形而上学的确证,也不会被基于任何非道德理由的怀疑论所颠覆。

基于这种看法,德沃金断言,"元伦理学是基于一个错误"[1]。这是一个相当激进的观点[2]。假如德沃金是正确的,不仅所有旨在颠覆道德真理

---

[1] Dworkin R. Justice for hedgehogs. Cambridge: Harvard University Press, 2011: 67.

[2] 德沃金的这种激进主张最早表达在题为《客观与真理:你最好相信它》的著名论文中,参见 Dworkin R. Objectivity and truth: you'd better believe it. Philosophy and public affairs, 1996, 25 (2): 87-139. 该论文发表之便招致了诸多批评,参见 Blackburn S, Otsuka M, Zangwill N. Symposium comments on R. Dworkin's "Objectivity and Truth: You'd Better Believe It" //Dreier J, ed. Brown electronic article review service, 1996; Ehrenberg K M. Archimedean metaethics defended. Metaphilosophy, 2008, 39 (4-5): 508-529; Bloomfield P. Archimedeanism and why metaethics matters//Shafer-Landau R, ed. Oxford studies in metaethics: vol. 4. Oxford: Clarendon Press, 2009: 283-302.《刺猬的正义》一书的第一部分很大程度上是对之前那篇论文的改进和扩展。因此,本章将集中讨论德沃金在《刺猬的正义》一书中所呈现的观点和论证,而不会重复批评他之前发表的那篇论文。

的元伦理学学说（包括错论、非认知主义或者表达主义，以及其他版本的非客观主义）都是错误的，所有旨在确证客观道德真理的元伦理学学说（包括各种版本的道德实在论）也都站不住脚。因为它们都承认了一阶道德判断和二阶元伦理学判断的区分，并且认为对后者的探究可以影响到前者的真假。假如道德领域之外的考虑根本影响不到一阶道德判断的真假，那么也就影响不到道德真理或者道德事实的存在与否，那么道德实在论者便无需担心外在于道德领域的形而上学挑战。和内格尔一样，德沃金也相信，对于道德实在论的辩护是实质性的、一阶道德推理的问题。

本章旨在批评德沃金的观点。我将尝试表明，德沃金的论证并不足以支撑他的极端主张，二阶元伦理学理论与一阶道德实践之间的关系比德沃金所设想的更加复杂。因此，本章将详细讨论德沃金为支持其主张而提出的主要论证，并逐一进行批评。如果这些批评是成功的，那么，我就为元伦理学这一独立哲学领域的合法性提供了辩护。

一、"日常观点"与道德怀疑论的不同类型

在讨论德沃金的论证之前，我们需要首先介绍他做出的两对区分："内部怀疑论"（Internal Skepticism）与"外部怀疑论"（External Skepticism），以及"错误怀疑论"（Error Skepticism）与"地位怀疑论"（Status Skepticism）。

在德沃金看来，大多数人都有关于道德的"日常观点"（the ordinary view）①。日常观点由一系列彼此联系的道德信念构成，这些具有不同抽象程度的信念表达了我们对于道德的通常理解。简言之，日常观点认为，我们的道德判断要么为真要么为假，道德判断的真假独立于我

---

① 德沃金此前将之称为关于道德的"表面观点"（the face value view）。参见 Dworkin R. Objectivity and truth: you'd better believe it. Philosophy and public affairs，1996，25（2）：92-93。

们对它们的信念或者态度，并且，我们有理由确信某些道德判断为真（比如"折磨婴儿是错的"）①。

所有试图挑战日常观点的理论都会被德沃金称为"道德怀疑论"。而所谓"内部怀疑论"，是指那些立足于道德的理由来挑战日常观点的理论。一个彻底的行为功利主义者便是一个典型的内部怀疑论者。因为，假如折磨某个婴儿能够最大限度地增进多数人的幸福，他就会否定"折磨婴儿是错的"这一判断为真。而他的否定所依据的是一个更为普遍的道德判断，即功利原则。与此相对，外部怀疑论者则试图站在整个道德领域之外，只诉诸某些本身不是道德判断的二阶考虑来否认道德真理的存在。由此可知，内部怀疑论本质上是一种一阶立场，它不可能否定所有的道德真理，因为它必须依赖某些道德理由来推翻其他的道德真理。而外部怀疑论则可以一次性推翻所有的道德真理，因为它声称自己不依赖于任何道德理由②。很明显，外部怀疑论属于元伦理学的领域，而德沃金对元伦理学研究的批评便聚焦于外部怀疑论。

德沃金进而区分了两种类型的外部怀疑论，即"错误怀疑论"和"地位怀疑论"。根据错误怀疑论，所有的道德判断都是假的。原因在于，错误怀疑论者认为，我们关于道德的日常观点预设了一种特殊的道德实在，这种道德实在可以类比为物理学研究中的基本粒子，因此被德沃金戏称为"道德粒子"（morons）。根据德沃金的理解，错误怀疑论者认为，道德判断的真假取决于它们是否准确反映了道德粒子自身的结构，但宇宙中并不存在道德粒子，因此所有的道德判断都是假的。不难看出，错误怀疑论对应的是元伦理学中的错论，尤其是麦基的错论版本。

---

① 德沃金在这里马上就会遭遇到一个问题："日常观点"何尝不是一种接近于道德实在论的元伦理学立场呢？为了更好地聚焦德沃金对元伦理学的批评，我们姑且假定，德沃金所理解的"日常观点"无法对应于任何二阶元伦理学理论。

② 因此，外部怀疑论或者元伦理学属于德沃金所说的"阿基米德理论"（Archimedean Theory），因为它试图"站在一整套信念之外对之进行整体性的判断，而其判断并不基于那套信念内部的前提或者态度"（Dworkin R. Objectivity and truth: you'd better believe it. Philosophy and public affairs, 1996, 25 (2): 88）。

所谓"地位怀疑论"则对应于元伦理学中的非认知主义或者表达主义。根据德沃金的界定,地位怀疑论者认为道德判断并不描述任何对象,而只表达诸如情绪、命令、决心这样的心理状态,因此并没有真假可言。有两个论证据说可以支持表达主义或者地位怀疑论。第一个论证诉诸逻辑实证主义者所拥护的"证实原则"(Verification Principle)[①],第二个论证则诉诸道德判断与行为动机之间的内在联系以及某种对于心理状态的特定划分。尽管这两个论证各自都不乏批评者,但它们看起来都没有依赖任何实质性的道德判断,因此,地位怀疑论与错误怀疑论一样,都是基于非道德的理由去挑战日常观点。

在元伦理学内部,两种版本的外部怀疑论都遭遇到了不少批评。但德沃金的批评与众不同。在他看来,无论是错误怀疑论还是地位怀疑论,都是自我挫败的,因为它们的主张本身就是实质性的一阶道德判断。德沃金的意思并不是否认存在关于道德的二阶问题,甚至他也不否认有些二阶问题是有趣的,但他认为,那些有趣的二阶问题是人类学或者社会心理学的研究范围[②]。德沃金想否认的是,对于二阶问题的探究本身可以影响到一阶道德判断的真假。在他看来,如果通过二阶问题的讨论真的可以影响到一阶道德真理的话,那么,那个所谓的二阶讨论一定预设了一阶的内容,因此相关的二阶立场实质上就是一阶道德立场。在这个意义上,德沃金才认为,任何声称可以影响道德真理的外部怀疑论都是自我挫败的,只有内部怀疑论才能真正对日常观点构成挑战。如其所言,"当哲学完全站在价值判断的领域之外时,它既无法颠覆也无法确证任何价值判断"[③]。接下来我们就来考察德沃金的论证。

[①] 参见 Ayer A J. Language, truth and logic. New York: Dover Publications, 1952: chapter 6。

[②] 参见 Dworkin R. Justice for hedgehogs. Cambridge: Harvard University Press, 2011: 24。

[③] Dworkin R. Justice for hedgehogs. Cambridge: Harvard University Press, 2011: 37.

二、错误怀疑论

德沃金呈现了四个人有关堕胎的道德论断。

> A：堕胎在道德上是邪恶的，在任何情形下我们总有绝对的理由（categorical reason），即不依赖于任何人的欲求和想法的理由去防止或者谴责堕胎。
>
> B：不对，在某些情形下堕胎正是道德所要求的。生活没有着落的单亲妈妈有绝对的理由堕胎。
>
> C：你们俩都错了。堕胎既不为道德所要求，也不被道德禁止，没有人有绝对的理由去或者不去堕胎。堕胎从来都是可以被允许的，而不是强制性的，就像剪指甲一样。
>
> D：你们仨都错了。堕胎从来都不被道德禁止，也不为道德所要求，也不是道德上可以被允许的。①

在德沃金看来，A、B、C、D这四个人的论断都属于一阶道德判断。最可能引起争议的是D的论断。根据德沃金的解读，D是在说，"道德义务不存在，意思是，没人会拥有那种类型的理由（即绝对的理由）"，因此，"D会同意C，他不可以说C的判断为假而不陷入自相矛盾"②。进而，德沃金认为，D的论断实际上表达了错误怀疑论者的主张，因为错误怀疑论者认为，所有的道德判断都是假的，所以也就不存在任何道德义务或者绝对的理由。因此，错误怀疑论只是一种实质性的一阶道德立场。

但德沃金在这里似乎混淆了两件不同的事情，即"外部怀疑论会对我们的一阶道德产生影响"与"外部怀疑论本身就是一阶道德立场"。即使D的论断属于一阶道德判断，且错误怀疑论者都会接受D的论断，这也不能证明错误怀疑论本身就是一阶道德判断。根据德沃金的界定，

---

① Dworkin R. Justice for hedgehogs. Cambridge: Harvard University Press, 2011: 42.
② Dworkin R. Justice for hedgehogs. Cambridge: Harvard University Press, 2011: 43.

外部怀疑论区别于内部怀疑论的地方在于，前者对日常观点的挑战"依赖二阶的、外在于道德领域的判断"①。以麦基的错论为例，麦基通过对道德话语的概念分析发现，道德价值具有"客观的指令性"（objective prescriptivity）。也就是说，任何意识到道德价值的人都有不依赖于其偶然特征（比如欲求、信念、文化归属等）的客观理由去按照道德的指令行动，而我们的道德判断便试图正确地描述事物的道德价值②。这种理解和德沃金对于日常观点的刻画大致相同。但麦基指出，世界上没有任何事物可以具有客观的指令性，而这意味着道德判断试图描述的对象并不存在，因此所有（肯定性的）道德判断都是假的。这就好像，在一个不相信上帝存在的人眼里，关于上帝特征的所有判断（比如"上帝是全知的"）都是假的。

在这个论证中，麦基所依据的是对日常道德语言的概念分析（即道德概念预设了客观指令性的存在）以及一个形而上学判断（即世界上不存在具有客观指令性的事物），两者都不可以被归入一阶道德判断的范围。因此，麦基的立场满足外部怀疑论的条件。不仅如此，麦基的结论本身也是二阶的，因为它说的并不是"所有正面的道德判断**在道德的意义上都是错**的"，而是"所有正面的道德判断**在更为普遍的意义上都是假**的"。所谓"更为普遍的意义"指的是，对于世界上的客观事实所做的判断都需要服从的真假标准。也就是说，假如道德话语和科学话语一样，都试图描述世界上客观存在的事实，那么，道德话语并没有达到可以为真的标准。但这不妨碍在道德话语内部，存在一套判定道德陈述是否适当的标准，也不妨碍日常观点中的道德真理是有意义的③。因此，麦基的错论并没有预设任何一阶道德判断。

但麦基的立场对于一阶道德实践并不是没有影响的。虽然麦基强调

---

① Dworkin R. Justice for hedgehogs. Cambridge：Harvard University Press，2011：31.
② 参见 Mackie J. Ethics：inventing right and wrong. Harmondsworth：Penguin，1977：27-35。
③ 比如，相信道德真理的存在有利于人们在日常生活中更为严格地遵守道德规范，从而更加有利于社会协作和增强社会凝聚力。

他的主张是一个二阶观点,"关乎道德价值的地位、道德评价的性质,关乎两者从哪里以及如何与这个世界协调一致"①,但他并不否认他的主张会对一阶道德实践产生影响,尽管这种影响不是必然的②。事实上,当代错论支持者所面临的一个重大挑战便是如何处理错论与一阶道德实践之间的关系。简言之:假如麦基是对的,我们所有的道德判断都为假,这似乎意味着我们必须放弃所有的一阶道德信念,而这将摧毁我们原有的伦理生活③,因此麦基的错论是无法接受的。这一挑战被麦特·卢茨(M. Lutz)称为"接下来该怎么办"问题(The "Now What" Problem)④。

赞同错论的哲学家就如何处理上述问题给出了如下四种解决方案。

(1)**保留主义**(Conservationism):即使错论为真,我们也不必抛弃我们的道德话语,相反,我们完全可以保留已有的一阶道德信念⑤。

(2)**废除主义**(Abolitionism):既然错论为真,我们便应该废除道德话语⑥。

(3)**虚构主义**(Fictionalism):我们应该把道德话语视为一种虚构的同时,假装相信我们的道德命题,从而继续参与道德这场对我们有用的游戏⑦。

---

① Mackie J. Ethics: inventing right and wrong. Harmondsworth: Penguin, 1977: 16.
② 如其所言,尽管"客观价值的缺失本身并不是放弃主观关注或者停止欲求的好理由",但是"放弃对于客观价值的信念至少可以暂时引起主观关注以及目标感的衰退"。也就是说,"客观性主张与主观关注以及目标联系得如此紧密,以至于前者的崩塌似乎也可以摧毁后者"。参见 Mackie J. Ethics: inventing right and wrong. Harmondsworth: Penguin, 1977: 34。
③ 对于这一点的阐释,请参见 Enoch D. Taking morality seriously: a defense of robust realism. Oxford: Oxford University Press, 2011: chapter 3。
④ 参见 Lutz M. The "Now What" Problem for error theory. Philosophical studies, 2014, 171 (2): 351-371。
⑤ 参见 Olson J. Getting real about moral fictionalism//Shafer-Landau R, ed. Oxford studies in metaethics. Oxford: Oxford University Press, 2011。
⑥ 参见 Garner R. Abolishing morality. Ethical theory and moral practice, 2007, 10 (5): 499-513。
⑦ 参见 Joyce R. The myth of morality. Cambridge: Cambridge University Press, 2001: chapters 7-8。

（4）**替换主义**（Substitutionism）：既然世界上没有什么东西可以示例（instantiate）道德的全部特征，我们就应该抛弃道德话语的某些特征而只保留另一些特征，因此我们要用另外一种理解去替换对于道德的日常理解①。

尽管这些方案孰优孰劣尚无定论，但每一种方案都试图推荐一套与错论相容的一阶道德。以德沃金讨论的堕胎议题为例，作为错论支持者的保留主义者既可能同意 A 的论断，又可能同意 B 的论断，也可能同意 C 的论断，因为现实中确实存在持有相关判断的人②。废除主义者则更可能接受 C 或者 D 的论断。与保留主义者类似，虚构主义者可能相信 A、B、C 中任何一人的论断，尽管不是真的相信，而是假装相信。替换主义者的情况则比较复杂，因为不同的替换主义者可能用不同的态度或者信念来改造我们的道德信念。比如，主观主义者会用关于主观态度的信念来替代道德信念，因此，"撒谎是错的"这一信念就被"我不认可撒谎"这一信念所取代。这样一来，之前表达道德信念的句子便不再反映行动的绝对的理由，而只描述个体对于相关行动的态度，因此，主观主义的替换主义者很有可能会接受 C 的论断。但假如某个替换主义者同时很欣赏黑尔（R. M. Hare）的指令主义（Prescriptivism），他便会用可普遍化的指令来替代描述性的道德判断。假如他同时相信可普遍化的命令必然联系着行动的理由，那么他就可能同意 A、B、C 中任何一人的看法，因为 A、B、C 的看法似乎都可以普遍化。

之所以讨论错论支持者如何解决"接下来该怎么办"问题，是因为我们想知道错误怀疑论是如何影响一阶道德实践的。由上面的讨论可以得知，并不是所有的错误怀疑论者都必须接受 D 的论断。也就是说，并没有哪一种一阶道德立场可以从错误怀疑论中演绎地推论出来。但这

---

① 参见 Lutz M. The "Now What" Problem for error theory. Philosophical studies，2014，171（2）：361-370。

② 在我看来，现实中几乎没有人会持有 D 的看法，即使有，仅就堕胎问题来说，C 和 D 的看法也没有区别。在这一点上，德沃金是对的。

并不意味着错误怀疑论对于一阶道德没有任何影响。既然错误怀疑论指出了道德话语中所蕴含的错误，那么它至少会**鼓励**我们修改我们的道德实践。至于如何修改，错误怀疑论本身并没有蕴含唯一的答案。因此，错误怀疑论与一阶道德之间的关系比德沃金所设想的更为间接，也更为复杂。错误怀疑论既不是完全中立于一阶道德，也不蕴含任何特定的道德判断。

德沃金可能会说，尽管面对"接下来该怎么办"问题，错误论者可以提出不同的应对方案，但正确的方案只有一种。也就是说，只有一种一阶道德立场可以与错论真正相容。根据德沃金的看法，面对堕胎议题，错误怀疑论者实际上只能同意 C 或者 D 的论断。首先，即使只有一种方案可以与错误怀疑论相容，也无法证明错误怀疑论是一种一阶道德立场，而只能证明错误怀疑论对一阶道德有确定的影响。也就是说，"外部怀疑论会对我们的一阶道德产生影响"与"外部怀疑论本身就是一阶道德立场"之间的区分依然成立。其次，德沃金事实上并没有讨论"接下来该怎么办"问题，而是直接断言错误怀疑论者必须接受 D 的论断。但这一看法当然是需要论证的。要表明错论必然导致一种特定的一阶道德立场（比如废除主义），德沃金需要说明，其他的道德立场（包括保留主义、虚构主义、替换主义）与错论都是不相容的。但德沃金并没有做这个工作。

三、地位怀疑论

相比错误怀疑论，地位怀疑论似乎有一个优势：虽然地位怀疑论也否认道德真理的存在，但它不会干扰我们的一阶道德判断。因为，既然道德判断的全部意义在于表达我们的非认知态度，那么，我们完全可以继续使用道德判断来表达我们对于相关对象的态度，同时相信道德判断并不反映任何客观真理。也就是说，地位怀疑论只是改变了我们对于道德判断之"地位"（status）的看法，而没有改变道德判断的内容以及我们对于道德判断的热情。假设张三真诚地说:"堕胎总是错的。"很快,张三又补充道:"我刚才的判断描述了一个客观真理,也就是说,即使所有人都反对,堕胎也是错的,或者说,我的说法符合道德事实,而道德事实是这个客观世界的一部分。"一个地位怀疑论者可能认可张三一开始的道德判断,但会反对张三后面补充的说法,因为他关于堕胎可能拥有和张三一样的(不认可)态度,但他不认为张三的道德判断描述了任何事实,也不认为存在任何客观的道德事实。很明显,和其他外部怀疑论者一样,地位怀疑论者也区分了一阶道德判断和关于道德的二阶哲学判断。

然而,德沃金认为,这一区分不能成立。在德沃金看来,张三后面补充的说法只是强调了他一开始的道德判断;如果地位怀疑论者坚持否认张三后面的说法,那么,就堕胎问题而论,地位怀疑论本身"根本就不是什么哲学立场,而只是相反态度的投射"①。此即是说,关于堕胎问题,地位怀疑论者其实持有的是许可态度。

为什么呢?德沃金指出,在日常语言中,我们常常会用诸如"真理""事实""绝对"这样的词汇来强调自己的道德判断,但在这么做时,我们并没有给已有的道德判断增添任何额外的二阶内容。比如,我们平时就会说:"严刑逼供是错的,这一点千真万确。"还会说:"严刑逼供绝对是错的,这是事实。"甚至会说:"严刑逼供是错的,这么明显的事实就摆在那儿,你却看不见。"这些说法只是用强调或者夸张的方式表达了一个属于日常观点的道德判断:"严刑逼供是错的,这一点不依赖于任何人的看法。"因此,假如地位怀疑论者想要否认道德判断表达真理或者描述事实,那便是在否认我们对道德判断的强调或者夸张表达,实际上便是在否认我们的一阶道德判断。这样一来,地位怀疑论便成为一种一阶道德立场,从而丧失了其自诩的对于一阶道德判断的"独立性"(independence)。

---

① Dworkin R. Justice for hedgehogs. Cambridge: Harvard University Press, 2011: 52.

德沃金同时指出，假如地位怀疑论者从我们对道德意见的强调或者夸张表达中解读出了某些非道德的内容，比如"关于我为什么会认为'堕胎是错的'的最佳解释是，我'触摸'到了相关的真理"或者"道德真理（因果地）作用于人类大脑"①，并且，他们的主张只是要否认那些内容，那么，地位怀疑论者确实做到了独立性。但在德沃金看来，如此理解的地位怀疑论完全是在捕风捉影，因为我们日常关于道德真理的话语根本就没有预设那些奇特的形而上学内容②。因此，这样的地位怀疑论完全威胁不到日常观点中的道德真理，从而丧失了其作为怀疑论的"相关性"（pertinence）。德沃金就此断言，地位怀疑论（甚至任何外部怀疑论）都不可能同时满足"独立性"和"相关性"这两个条件，也就是说，地位怀疑论要么必须依赖某种一阶道德立场，要么便会缺乏质疑道德真理的力量③。

德沃金的主张的确有其合理之处。在符合语法的前提下，地位怀疑论者自然没有权利来阻止人们使用"真理""事实""绝对"等语词来表达道德意见。他们坚持要这么做的话，的确会对人们的一阶道德判断造成干扰。然而，今天的地位怀疑论者或者表达主义者普遍乐于承认，"严刑逼供是错的"这样的句子表达了真命题或者描述了事实。这是因为，他们接受了一种关于真理或者事实的"最小主义"理论（Minimalism）④。根据这种理论，真（或假）并不是命题所具有的一种实质性的属性，而只拥有"去掉引号"的语法功能。比如，"'雪是白的'为真"

---

① Dworkin R. Justice for hedgehogs. Cambridge：Harvard University Press，2011：55.
② 根据德沃金的看法，在日常观点中我相信某个道德判断为真，只是因为我们认为有合适的道德论证可以为之辩护，而某个道德论证之所以是合适的，只是因为有进一步的道德论证会表明这一点。参见 Dworkin R. Justice for hedgehogs. Cambridge：Harvard University Press，2011：37-39。
③ 参见 Dworkin R. Justice for hedgehogs. Cambridge：Harvard University Press，2011：55-56。
④ 参见 Blackburn S. Antirealist expressivism and quasi-realism//Copp D，ed. The Oxford handbook of ethical theory. New York：Oxford University Press，2006：146-162；Gibbard A. Thinking how to live. Cambridge，MA：Harvard University Press，2003。

和"雪是白的"这两句话的意思是一样的,前一句并没有因为使用了"真"而比后一句多出任何有意义的内容,只是比后一句多了一对引号而已。所以,说某句话为真就意味着可以不加引号地直接说这句话,亦即,"雪是白的"为真当且仅当雪是白的①。与之相对应,说某个句子符合事实,也只是在说该句子为真,并没有添加任何额外的形而上学内容。因此,当代的表达主义者并不试图剥夺我们使用"真理""事实""绝对"等来表达道德意见的权利。布莱克本更是将这一承诺冠以"准实在论"(Quasi-Realism)之名,并宣称,"我们日常的道德实践和道德思想并没有任何不合法之处"②。那么,表达主义在什么意义上否认了道德真理的存在呢?或者说,表达主义者与认知主义者及道德实在论者之间有什么分歧呢?

当代的表达主义者通过区分两类不同的心灵状态而把自己同认知主义者以及实在论者区别开来③。作为一类心灵状态,信念具有"从世界到心灵的适应方向"。也就是说,信念的内容旨在反映外在世界的真相,一旦我们发现信念的内容与其所要反映的真相不匹配,我们就会修改信念使其与外在世界相适合。在表达主义者看来,只有某个语句表达了信念这类心灵状态,我们才能说它是在描述。表达主义者不是实在论者,因为他们坚持认为道德语句所表达的心灵状态并非信念,而是一种类似于欲望的意动状态(conative state),所以道德语句并没有在描述任何对象。与信念不同,意动状态具有"从心灵到世界的适应方向",它们并不试图呈现世界的真相,相反,它们要求世界符合其自身的内容,其本身就有激发行动的力量。因此,认知主义或者实在论与表达主义之间的分歧可以这样来表述:前者认为道德语句表达信念,而后者则否认这一点。

---

① 参见 Horwich P. Truth. Oxford: Clarendon Press, 1990。
② Blackburn S. Essays in quasi-realism. New York: Oxford University Press, 1993: 216.
③ 参见 Blackburn S. Antirealist expressivism and quasi-realism//Copp D, ed. The Oxford handbook of ethical theory. New York: Oxford University Press, 2006: 146 – 162。

如此理解，表达主义的论点就不在于否认道德语句可以为真或者为假，而在于主张，即使"道德真理"等说法符合语法，道德语句所表达的真理与我们的信念所表征的真理也不属于同一种类型。区别在于，道德判断的真假由说话者对于非道德事实的欲望所构成，而与外部世界的真相无关。例如，不管你有多么想要你的宠物继续活着，如果它确实死了，你都应该放弃"它真的还活着"这一信念。但只要你真心实意地不认可严刑逼供，想要世界上没有严刑逼供发生，你就可以说"严刑逼供是错的，这是真的，这是事实"。因此，表达主义并没有直接干扰任何一阶道德判断，其本身更不是一种一阶道德立场。但假如你接受了表达主义，你就会认为，道德陈述并不表达信念，这意味着，使得道德陈述为真或者为假的并不是任何外部的客观事实，而是说话者的欲望或者态度。因此，当某人说"严刑逼供是错的"时，即使你也同意"这是真的"，你也不会认为，你和他的道德意见可以成为不依赖于任何人的看法而为真或者为假的信念。但这并不符合德沃金所理解的日常观点，因为日常观点认为，严刑逼供是错的，这一点不依赖于任何人的看法。所以，表达主义可以威胁到日常观点中的道德真理。

由此可知，当代的表达主义版本既满足了独立性要求，又满足了相关性要求。一方面，表达主义者并没有否认任何一阶道德判断，他们否认的是"道德语句表达了信念这一特殊的心灵状态"这一非道德论断；另一方面，通过否认道德真理与我们的信念所传达的真理同属一种类型，表达主义者使得道德真理依赖于个体对于某些非道德事实的欲望，从而拥有了怀疑论的力量。因此，德沃金的批评对于当今的地位怀疑论并不能成立。

德沃金当然还有进一步反驳的空间。他会坚持说，如果地位怀疑论只是"道德语句并不表达信念"这一非道德主张的话，那么，它便不会有任何颠覆道德真理的力量；为了证明这一点，我们甚至不需要去讨论地位怀疑论者的论证细节，而只需诉诸道德认识论的一个基本原则。这个原则便是德沃金所说的"休谟原则"（Hume's Principle）。

四、休谟原则

依照德沃金的看法，休谟原则是在说，"关于世界（在科学上或者在形而上学上）事实上如何的任何命题系列，都无法凭借其自身成功地推导出任何关于应该如何的结论，除非其中隐藏了某个价值判断"[①]。在德沃金眼中，休谟原则显然是正确的，而这不仅意味着，非道德事实本身无法证立任何道德结论，还意味着，非道德事实也无法颠覆任何道德结论。进而，德沃金认为，休谟原则使得所有外部怀疑论要么不可能成功，要么自相矛盾。因为，假如外部怀疑论想要仅仅依赖非道德事实来威胁道德真理的话，它便因为违反了休谟原则而无法成功；假如外部怀疑论真的能够威胁到道德真理的话，根据休谟原则，它的立论根据中一定包含了一阶道德判断，因此它实际上便是内部怀疑论[②]。

德沃金的论证看似很有力，但实际上是对休谟原则的误用。根据德沃金的表述，他所理解的"休谟原则"在当代哲学中也被称为"'是中推不出应该'原则"（"No Ought From Is" Principle）或者"是与应该的鸿沟"（Is-Ought Gap），其想法最早来源于休谟《人性论》第三卷第一章第一节结尾处的一段论述[③]。休谟区分了两种常见于道德推理中的陈述，一种是含有"应该"的陈述（比如"我们**应该**宽容"），另一种则是仅仅含有"是"的陈述（比如"宽容**是**上帝的旨意"），进而指出，前者似乎不能从后者中有效地推论出来，因为"应该"（或者"不应该"）表达了一种完全不同于"是"（或者"否"）的新关系。根据当代的主流理解，休谟的这一看法表达了一个逻辑论点，即规范的结论不可以仅仅从非规范的前提中有效地（validly）推论出来，或者，一个有效的演绎

[①] Dworkin R. Justice for hedgehogs. Cambridge: Harvard University Press, 2011: 44.

[②] 不难看出，这一困境用另一种方式表达了德沃金在上文中的论点，即外部怀疑论无法同时满足独立性和相关性的要求。

[③] 参见休谟. 人性论. 北京：商务印书馆，2009：509-510。

论证不能仅仅包含规范的结论和非规范的前提①。

虽然休谟原则并非如德沃金所说的那样毫无争议②,但作为一个关于演绎逻辑的主张,很少有哲学家会反对休谟原则。因为它实际上反映了演绎论证的特征,即在一个有效的演绎论证中,结论总是已经包含在前提之中了。既然我们不可能通过演绎论证得到超出前提的任何结论,那么,如果前提中没有任何关于"应该"的表述,我们当然不能得出任何关于"应该"的结论。这就好比,如果前提中没有任何关于刺猬的表述,你不可能演绎地推论出任何关于刺猬的结论。

任何对于休谟原则的应用都不应该距离上面所说的逻辑论点太远。即使休谟原则本身没有问题,我们也无法从中推论出"外部怀疑论无法威胁到道德真理"这一结论。原因在于,外部怀疑论者所做的论证并非都是演绎论证,就算有时会使用演绎论证,外部怀疑论者借助演绎论证所得出的结论也不是一阶道德判断。换言之,外部怀疑论者根本就没有试图从非道德的二阶考虑中演绎地推论出任何一阶道德结论。让我们以外部怀疑论者的两个论证为例来说明这一点。

我们先来看由错误怀疑论者提出的一个论证,也就是麦基的"相对性论证"(argument from relativity)③:

P1　道德分歧在不同的历史时期、不同的社会、不同的社会阶层中广泛存在。

P2　对于道德分歧的最佳解释是,道德判断并不反映人们对于客观道德价值的认知,而只反映了人们不同的生活方式。

C　道德判断并不反映人们对于客观道德价值的认知,而只反映了人们不同的生活方式。

---

① 参见 Schurz G. The is-ought problem: an investigation in philosophical logic. Dordrecht, Netherland: Kluwer Academic Publishers, 1997.
② 对于休谟原则的一个挑战,请参见 Prior A N. The autonomy of ethics. Australasian journal of philosophy, 1961, 38 (3): 286-287.
③ 参见 Mackie J. Ethics: inventing right and wrong. Harmondsworth: Penguin, 1977: 36-38.

很明显，这个论证是通往最佳解释的推理（IBE），而非演绎推理。也就是说，即使论证的前提都为真，其结论也不必然为真，因为我们的解释能力会受到客观证据以及自身认知特点的限制，我们所接受的最佳解释并不必然符合客观事实。但这并不妨碍这个论证为其结论提供了支持。也就是说，如果论证的前提为真，我们有理由相信，我们的道德判断只是我们所处的特殊生活方式的产物。基于相对性论证，我们还有理由相信，就算客观的道德价值确实存在，我们的道德判断也不是因其而生，因此，我们的道德判断要么全部为假，要么仅仅因为巧合而为真。而这一结论当然可能威胁到日常观点对道德真理的理解。

第二个论证来自地位怀疑论者，有时被称为"动机论证"（argument from motivation）。

  P1 信念无法提供行为的动机。
  P2 道德判断必然提供行为的动机。
  C 道德判断不是信念。

如此表述的动机论证是一个演绎论证，但它并没有违反休谟原则，因为它没有试图从"是"中推论出"应该"。论证的两个前提是对于两种心理状态的基本特征的论断，属于非道德论断。而上文已经阐明，动机论证的结论满足了德沃金所提出的独立性要求，本身不是一阶道德判断，且没有直接否认任何一阶道德判断。

可能有人会说，也许德沃金对休谟原则的理解并不完全符合主流解释。也就是说，在德沃金那里，休谟原则并不是仅仅禁止从"是"中演绎地推出"应该"，而是可能具有其他额外的意义，正是这种意义使得休谟原则成为所有外部怀疑论的障碍。德沃金关于休谟原则的下面这段论述似乎支持了这一可能性。

"解释"（explanation）这一观念的模棱两可有时会遮蔽道德判断与关于道德的描述性研究之间的关键区分。人们会问：如何解释道德？这一问题可能被理解为要求那种我刚刚描述过的事实解释。

比如，它可能需要一种新达尔文主义的理论说明才能得到解答，这一理论解释了在较高级的灵长类动物以及早期人类中为什么会出现某些实践。这一问题也可能是在要求对道德实践或者道德习俗的辩护（justification）。当一个人生气地要求"你需要对此做出解释"时，他头脑中想的就是辩护。①

这段话揭示了德沃金对于休谟原则的另一种理解，或者是对于同一种理解的另外一种表达。根据这种表达，休谟原则的要点在于指出解释和辩护之间的区分。也就是说，从对于道德的描述性解释（比如，道德习俗的自然历史或者道德情感的形成机制）中无法推论出任何关于道德辩护（比如，是否应该继续恪守某一道德习俗或者某个道德判断是否为真）的结论。而外部怀疑论者却试图穿越解释和辩护之间的分界，想要从关于道德现象的事实研究推论出关于道德辩护的规范结论。

首先，如此理解的休谟原则还是会牵扯到上面提到的问题，即这里所说的"推论"是演绎的推论还是非演绎的推理？如果是演绎的推论，上面的论点在这里依然适用，亦即无论是错误怀疑论者还是地位怀疑论者，都没有试图从关于道德现象的描述性研究中演绎地推论出任何一阶道德的规范结论。

其次，假如这里所说的"推论"也包括非演绎的推理，那么，休谟原则就会变成：关于道德的描述性研究不能以任何方式影响对一阶道德的辩护。然而，如此理解的休谟原则是有问题的。请考虑下面这个思想实验②：

假设科学家早已发明出一种神奇的"道德药丸"，这种药丸不仅会导致人们持有特定的道德判断，还会让服用过道德药丸的人忘掉自己曾经服用过它。假设某天你从某个医生那里得知，你之所以

---

① Dworkin R. Justice for hedgehogs. Cambridge：Harvard University Press，2011：46.
② 这个思想实验改编自乔伊斯的一个例子，参见 Joyce R. The evolution of morality. Cambridge，MA：MIT Press，2006：179。

相信"堕胎在道德上可以被允许"**仅仅**是因为你一直在服用某类道德药丸，只是道德药丸的药效使你并不记得曾经服用过它。假设医生说的完全属实。虽然这一事实无法直接使得"堕胎在道德上可以被允许"这一判断为假，它能否取消或者至少削弱你相信"堕胎在道德上可以被允许"的理由？

答案是肯定的。原因在于，通过医生的话你了解到，"你如何获得某个道德信念的过程"与"该道德信念是否为真或者是否合理"无关，你以一种与信念真假完全无关的方式获得了相关信念。无论该道德信念是否合理或者是否为真，你都会相信此信念。在这一点上，你并没有否定该信念的自由。这时候，你当然有理由怀疑你的信念并不合理或者并不为真。换言之，你相信它的理由或者对它的辩护至少被削弱了。

这个思想实验表明，对道德判断之起源的因果解释可以影响到对一阶道德信念的辩护。换言之，全然否定解释和辩护之间联系的休谟原则是错的。这并不是什么新鲜的发现。哲学史上试图打破解释和辩护之间界限的最有名尝试大概来自尼采①。尼采指出，基督教道德事实上产生自一群人对另外一群人的怨恨和敌意，而这一历史解释之所以会威胁到基督教道德的辩护基础，是因为基督教道德自有其对自身以及自身权威的理解，并且这种理解被当时的人们普遍接受。在当时人看来，基督教道德是高高在上、自成一体并且符合理性的规范系统，不太可能由任何不同于它自身的因素来解释，更不可能由怨恨和敌意这样的负面情绪所解释。相反，诸如怨恨、敌意和自负这样的情绪恰恰是基督教道德所要纠治的对象。也就是说，对基督教道德起源谱系的揭示能够摧毁其辩护基础，是因为基督教自身的谱系与其自我理解是相违背的②。与之相似，假如外部怀疑论能够揭示，关于道德的日常观点蕴含了一系列与我

---

① 参见 Nietzsche F. On the genealogy of morality. New York：Cambridge University Press，1994。

② 参见 Williams B. Truth and truthfulness. Princeton：Princeton University Press，2002：37-38。

们目前对于世界的最好解释格格不入的想法，那么，我们便有理由怀疑日常观点所承诺的道德真理是否真的存在。

综上所述，无论是德沃金的哪一种理解，休谟原则都无法合理地禁止非道德事实颠覆任何道德结论。

在反驳了德沃金对外部怀疑论或者元伦理学的质疑之后，我还要简单重申一下元伦理学研究的意义，并说明其与一阶道德实践之间的联系。通过揭示道德话语背后的种种预设，元伦理学研究可以告诉我们，我们的伦理规范有多少以及在多大程度上是取决于我们自己的，比如，有多少是通过我们个人或者集体的选择而被"发明"出来的，有多少是通过我们的理性探究而被"发现"的。通过探究伦理规范与其对象之间的关系，元伦理学可以进一步揭示，到底有没有一个作为伦理共同体的"我们"存在，以及"我们"是谁。通过了解这些，返回日常道德实践的我们可以理解道德权威的真实来源及其限度，可以优化我们获得道德信念的方式，可以更好地处理道德分歧，还可以决定是否以及如何把我们的道德传给下一代。元伦理学不会为具体的一阶道德问题提供确定的答案，我们也不能以演绎的方式直接从元伦理学理论中推论出一阶道德判断。但这并不妨碍元伦理学自有其对于伦理生活的意义，更不意味着元伦理学是基于一个错误。

第六章　规范陈述如何可以为真？

　　由于自然科学在当代世界的权威地位，非自然的存在，也就是那些通常认为无法被科学探究所了解或者承认的存在，在本体论上便面临着丧失合法性的危险。以女巫为例。一般认为，女巫的存在违背自然科学，因为相信女巫存在的人同时认为女巫可以给自然世界施加因果的影响，比如女巫不与人接触便可使人得病，但这样的因果关系与科学解释是不相容的。现代科学诉诸微生物感染或者基因遗传等因素就可以解释人类为什么会得病，而完全不需要假设女巫的存在。但是，假如有人声称，某种非自然的存在并不拥有任何因果效力，并不导致任何自然事件发生，这是不是就意味着这种非自然的存在就没有任何问题呢？并非如此。既然这种非自然的存在没有任何因果效力，也就是说，它无法因果地解释任何经验现象，那我们为什么还认为它是真实存在的呢？这种存在与真实的自然世界又是什么关系呢？还有，如果我们人类无法与这种存在产生任何因果的联系，我们又如何能够确定它是存在的呢？这些都是麦基的"怪异性论证"所牵涉到的问题。

　　根据一种被普遍接受的看法，一套话语如果有真值条件的话，被它谈论或者量化的对象必须在世界之中存在①。一旦我们认为一套话语可以为真,并且这套理论承诺了某种不可还原的对象的存在,那么,那些对象就在我们的本体论中占据了一席之地。因此,如果非自然主义的道德实在论者认为,我们的道德陈述有真假可言并且有些确实是真的,那么他们便承诺了非自然的道德事实或者道德属性的存在。而这意味着,他们必须接受"怪异性论证"的挑战。然而,在《论重要之事》(*On What Matters*)的第二卷,德雷克·帕菲特提出了一种名为"非形而上学的认知主义"(Non-Metaphysical Cognitivism)②的独特立场。根据这一立场,规范陈述(包括道德陈述)可以在"最强的意义上为真",但这"既不需要(相应的规范事实或者规范属性)作为自然属性在时空世界中存在,也不需要它们在现实的某个非时空部分存在"③;规范真理所涉及的理由"在一种独特的、非本体论的(non-ontological)意义上存在"④。很明显,如果这种立场能够成立,帕菲特就提出了一种寂静主义实在论版本:承诺客观道德真理的存在无需招致额外的本体论负担,因而也就不必应付外在的形而上学挑战。本章旨在考察帕菲特提出的寂静主义方案。在深入阐释其基本主张的基础之上,我将试图表明:第一,没有合适的真理理论能够与帕菲特的立场相适配,从而导致帕菲特无法解释真的规范陈述与假的规范陈述之间的实质性区别;第二,帕菲特并没有提供一个对于"非本体论意义上的存在"的合理说明。因此,本章的结论是,帕菲特的寂静主义实在论版本也是失败的。

一、帕菲特的本体论

日常生活中,我们会在不同的意义上谈论"存在"。大概没有人会

---

① 参见 Rayo A. Ontological commitment. Philosophy compass,2007,2 (3):428-444。
② 后来又被帕菲特称为"非实在论的认知主义"(Non-Realist Cognitivism)或者"非形而上学的非自然主义"(Non-Metaphysical Non-Naturalism),参见 Parfit D. On what matters: vol. 3. Oxford: Oxford University Press,2017。
③ Parfit D. On what matters: vol. 2. Oxford: Oxford University Press,2011:486.
④ Parfit D. On what matters: vol. 2. Oxford: Oxford University Press,2011:480.

反对,像河流、橡树、玫瑰花和牧羊犬这样的事物是存在的,因为我们可以与这些事物产生真实的因果联系。比如,我们不仅可以直接看到、摸到甚至闻到玫瑰花和牧羊犬,它们的存在也会通过各种各样的因果作用影响着我们的生活。与此相对,多数人都会认为像"圆的方""五条边的正方形"这样的东西是不存在的,因为这些东西的概念中就蕴含着自相矛盾。与此类似,像"粉红色的9"和"绿色的习惯"这样的东西也是不存在的,因为数字和习惯不可能拥有任何颜色。

然而,假如我说"9到13之间存在着一个质数11",这句话显然是真的,但11(或者其他数字)在什么意义上存在呢?它并不处在时空之中,我们无法看到或者摸到它,因此,相比玫瑰花或者牧羊犬,我们似乎并不是那么确信11是真实存在的。还有,我们相信牛顿发现的万有引力定律是存在的,它反映了有质量的物体之间的相互吸引关系。既然如此,它似乎就不如有质量的物体那般真实存在,因为它的存在依赖于有质量的物体的存在①。但相比数字和物理规律,一首歌(比如《一无所有》)或者象棋规则的存在就显得更不真实了。因为,歌曲或者象棋是人发明出来的,没有人的创作两者都不会存在,但物理规律在人类存在之前就已经存在了,人类只是发现了它们。假如人类及其所创造的文明不存在了,我们可以说,那首歌或者象棋就随之消失了,但物理规律不会消失。

还有一些更复杂的情况,比如我说:"明天下雨的可能性是存在的",这句话当然可以是真的,即使明天没有下雨,这句话仍然可以为真。这是否意味着只要我们预测某事可能发生,某事发生的可能性就存在呢?似乎不是,因为我们的预测要基于一定的根据。比如,在今天下了一整天的雨、夜间多云或者天气预报说明天有雨的情况下,明天下雨

---

① 当然,这一点是有争议的。如果我们把万有引力定律表达为一个条件句,比如"如果存在两个有质量的物体,那么,这两个物体之间的引力等于引力常量乘以两物体质量的乘积再除以两物体之间距离的平方",那么,万有引力定律的存在似乎就不再依赖于有质量的物体的真实存在。因为它表达的是一种纯粹的物理关系,这种关系可以不在任何一个可能世界中示例或者实现出来,但这并不妨碍它是存在的。

的可能性才是存在的。在很多时候，事件发生的可能性是独立于我们的看法和意图的。然而，假如明天确实可能下雨但事实上没有下，那么明天可能会下的雨存在吗？我们好像更没有把握了，相比事实上发生了的事件，可能事件的存在显然没有那么真实，它们仿佛存在于另一个（可能的）世界中。

  以上只是非常初步的本体论讨论，但已经足够帮助我们理解帕菲特所引入的两个本体论立场："实现主义"（Actualism）与"可能主义"（Possibilism）。根据帕菲特的界定，实现主义认为："存在便是实现，因此并不存在仅仅可能存在的东西。"① 换言之，存在就意味着在某个特定的时空中被实现出来，事实上没有实现出来的事物是不存在的。按照这种理解，玫瑰花、牧羊犬、象棋甚至万有引力定律与实现了的可能性都是存在的，但数字以及明天可能会下的雨就不存在了，因为它们并不在任何确定的时空中。与实现主义相对，可能主义认为："存在仅仅可能但永远无法实现的事物。有些事情可能发生，但事实上并没有发生，有些东西可能存在，但事实上没有存在。"② 可能主义与实现主义并不是完全相互排斥的，因为可能主义者也承认已经实现了的事物是存在的，只不过那不是存在的全部。可能主义者认为，仅仅可能的事物也是存在的，只是与实现了的事物的存在方式不同。因此，按照可能主义的看法，玫瑰花、牧羊犬、歌曲、象棋、万有引力定律以及明天的雨都是存在的，但数字是否存在仍然不是很清楚，因为数字既没有在某个特定的时空中实现，也不是仅仅可能存在而已。

  帕菲特支持可能主义，因为在他看来，我们显然可以比较各种可能事件，尤其是各种可能的行动，并选择让某个事件而不是另一个事件发生。假如仅仅可能但没有实际发生的行动并不存在，这就意味着我们的行动选择的对象并不存在，这会导致我们的整个行动思虑过程变得无法

---

① Parfit D. On what matters: vol. 2. Oxford: Oxford University Press, 2011: 467.
② Parfit D. On what matters: vol. 2. Oxford: Oxford University Press, 2011: 467.

理解。除此之外，帕菲特关于存在还持有一种"多元意义观点"（plural senses view）：

> 我们可以在一种宽泛的、一般的意义上断言有某些事物，或者某些事物是存在的。我们也可以在其他更窄的意义上使用这些词。例如，如果我们说某些事物在我称为"狭窄的实现主义"的意义上存在，我们的意思是，这些事物正在作为时空世界的一个具体部分而真实存在着。①

帕菲特认为，关于存在的断言可以有不同的意义。在"宽泛的、一般的"意义上，只要我们对于某物拥有"肯定的真"（true positive）信念②，它就是存在的，而实现主义者所认定的存在只是一种狭窄的意义上的存在。因此，实现主义者承诺了关于存在的"单一意义观点"（single sense view），他们认为，"'有'和'存在'必须总是在单一的意义上使用"③。与之相对，"多元意义观点"与可能主义相适合。只要我们相信事物可以在不同意义上存在，我们便很容易接受仅仅可能的事物也是存在的，因为关于可能发生的事件，我们显然可以拥有肯定的真信念。在帕菲特看来，仅仅可能的事物和具体的事物都是存在的，而只有具体的事物才在"狭窄的实现主义"的意义上存在。

因此，帕菲特在本体论上持有一种相当宽容的立场，只要我们可以对之产生真信念的对象都可以存在。帕菲特并不认为某类对象存在与否的问题特别重要，他关心的是各类对象如何存在，尤其是抽象对象如何存在④。抽象对象，比如数字、逻辑规则、理由等，既不是存在于时空中的具体存在，也不是仅仅可能的存在。但帕菲特认为，抽象对象不仅在"宽泛的、一般的"意义上存在，还可以在"另一个宽泛的意义上真

---

① Parfit D. On what matters: vol. 2. Oxford: Oxford University Press, 2011: 469.
② 之所以需要是肯定的信念就是要排除"上帝不存在"这样否定的信念。
③ Parfit D. On what matters: vol. 2. Oxford: Oxford University Press, 2011: 469.
④ Parfit D. On what matters: vol. 2. Oxford: Oxford University Press, 2011: 474.

实存在"①。但是在什么意义上呢？帕菲特的回答是："在一种独特的、非本体论的意义上存在。"② 但什么是所谓"非本体论的意义上"的存在呢？区别于"本体论的意义上"的存在，如果某类对象在非本体论的意义上存在，那么，"有一些关于它们的主张在最强的意义上为真，但这些真理没有任何本体论上的暗示"③。也就是说，如果某类对象在本体论的意义上存在，那么不仅有关于它们的真信念，而且那些真信念会要求世界上包含某些事物使得那些信念为真。典型的本体论的意义上的存在就是在所谓"狭窄的实现主义"的意义上存在，比如玫瑰花、牧羊犬、象棋和万有引力定律。而所谓"非本体论的意义上"的存在则并不要求世界上包含什么事态而使得关于它们的信念为真，关于它们的信念可以因其自身而为真，"那些真理只需要为真就可以了"④。

整体来看，帕菲特似乎区分了三种不同意义的存在。第一种是宽泛的、本体论的意义上的存在，比如时空中的具体对象；第二种是宽泛的、非本体论的意义上的存在，比如某些抽象对象；第三种则是仅仅可能的存在⑤，比如可能明天下但明天没有下的雨。基于这种对于存在的划定，帕菲特将自己的元伦理学立场称为"非形而上学的认知主义"。之所以是一种认知主义，是因为帕菲特坚信道德判断是可以为真或者为假的信念，并且，道德信念独立于我们的看法、意图、态度，"在最强的意义上"为真或者为假。然而，帕菲特同时相信，规范真理的存在并不要求任何实质性的本体论承诺，不要求世界包含什么奇特的实体、属性或者关系与它们对应，以使得规范信念为真。根据非形而上学的认知主义，比如我说"你有理由去捐款"（或者"存在你去捐款的理由"），

---

① Parfit D. On what matters：vol. 2. Oxford：Oxford University Press，2011：745.
② Parfit D. On what matters：vol. 2. Oxford：Oxford University Press，2011：480，719.
③ Parfit D. On what matters：vol. 2. Oxford：Oxford University Press，2011：479.
④ Parfit D. On what matters：vol. 2. Oxford：Oxford University Press，2011：482.
⑤ 帕菲特曾表示过，他自己并不完全清楚可能但没有实现的存在是否要求世界包含任何事物以对应关于它们的真信念。参见 Parfit D. On what matters：vol. 2. Oxford：Oxford University Press，2011：480.

假设这句话为真，那么你去捐款的理由便是存在的，同时这个理由的存在不包含任何本体论的暗示。帕菲特总结道：

> 在涉及理由的意义上，有些论断具有不可还原的规范性，并且在最强的意义上为真。……由于这样的论断可以为真，这些涉及理由的属性不需要作为自然属性在时空世界中存在，也不需要在现实的某个非时空部分存在。①

不难发现，帕菲特的非形而上学的认知主义蕴含了一种寂静主义实在论：首先，道德判断表达了客观上可以为真或者为假的规范信念；其次，规范判断的存在是因为其包含了涉及理由的、不可还原的规范概念，其为真或者为假是其自身领域的内部问题；最后，客观的规范真理并不要求世界上存在实体、属性或者关系作为规范信念的使真者（truth-maker），因此并不包含任何实质性的本体论承诺。在辩护自己的立场之前，帕菲特首先批评了与非形而上学的认知主义相竞争的主要元伦理学立场，包括非认知主义，错论或者虚无主义，分析的自然主义与非分析的自然主义，以及"形而上学的非自然主义"，也就是强硬的实在论。有趣的是，帕菲特对于形而上学的非自然主义的批评和麦基的"怪异性论证"非常类似。帕菲特认为，给世界的基本结构之上额外添加一层规范元素"太奇特了而无法与科学的世界观相容"，并且，即使这层规范元素确实存在，我们也不清楚我们如何能够获得关于它们的知识②。但帕菲特自己的非形而上学的认知主义真的可以躲开麦基的批评吗？帕菲特拥有一个融贯的元伦理学立场吗？我对此深表怀疑。接下来，我将提出两个对帕菲特观点的质疑。在我看来，帕菲特既没有解释清楚不可还原的规范陈述可以在何种意义上为真，也没有说清楚什么是所谓"非本体论的存在"，结果就是，他的立场实际上是模棱两可的，

---

① Parfit D. On what matters: vol. 2. Oxford: Oxford University Press, 2011: 486.
② 参见 Parfit D. On what matters: vol. 2. Oxford: Oxford University Press, 2011: 465, 486.

在准实在论和某种错论之间徘徊。

二、规范领域的真理概念

根据帕菲特的非形而上学的认知主义，规范陈述可以在"最强的意义上"为真，并且我们已经发现了一些真的规范陈述，这些陈述表达了必然的、不可还原的规范真理。但规范陈述到底在什么意义上为真才能没有任何实质性的本体论承诺呢？或者，在帕菲特那里，真的规范陈述与假的规范陈述之间到底有什么区别呢？尤西·苏坎嫩（Jussi Suikkanen）在2017年的一篇文章中列出了几种主流的真理理论，试图为帕菲特的立场寻找合适的真理概念，最后却发现并没有哪种真理理论能够与非形而上学的认知主义相适配①。我非常同意苏坎嫩的思路和结论，只对他文章中的一些论证细节有不同的意见。在本章这一部分，我尝试复述他的讨论，在与他有分歧的地方提出自己的想法。

1. 符合论

符合论（Correspondence Theory）是与实在论天然相连的真理理论，其基本的想法是：真命题之所以为真，在于其符合事物的真相。但这一表述实在过于笼统，以至于其他关于真理的理论也可以接受。因此，我们需要深入符合论的细节。具体来说，根据真理符合论，真（或者假）是命题所具有的实质性（而不仅仅是语法上的）属性，并且是一种关系属性；某命题为真意味着，现实（reality）中的某部分与该命题的内容处于一种符合的关系。假设"我们有理由为灾区儿童捐款"这一规范命题为真，根据符合论的主张，这一命题中的概念，包括"我们""理由""灾区儿童""捐款"必须指称外在现实中的相应构成部分，不仅如此，这些概念的组合所构成的命题结构和外在现实中相应部分的结

---

① 参见 Suikkanen J. Non-realist cognitivism, truth and objectivity. Acta anal, 2017, 32 (2): 193-212.

构必须是一种同构或者可类比的关系。在这一前提下，如果现实中确实存在那种结构，换言之，现实中真的存在相应的事实，那么，"我们有理由为灾区儿童捐款"这一命题才为真。

如此理解，符合论无法与帕菲特的非形而上学的认知主义相容。因为帕菲特明确否认，像"我们有理由为灾区儿童捐款"这样的规范真理需要世界之中包含什么规范事实或者规范属性使之为真。既然如此，规范命题为真就不在于它与现实中的真正事实相符合。事实上，帕菲特也承认这一点。真理符合论在他那里被称为"真理实在论"（Alethic Realism），这种观点认为，"所有的真理之所以是真理，都在于它们正确地描述了现实中某部分真实的样子"①。帕菲特明确表示，接受非形而上学的认知主义就意味着拒斥真理实在论。

2. 融贯论

融贯论（Coherence Theory）是另一种流行的真理理论。根据融贯论的想法，真理也是命题所具有的关系属性，但并非命题内容与外在现实之间的符合关系，而是命题本身与一个命题集合的归属关系。具体来说，融贯论者认为，某个命题是真的，当且仅当这个命题属于达到最大融贯性的命题集合。如何刻画融贯性并不是容易的问题，但鉴于我们当前的目的，我们只需要知道，最大融贯性并不仅仅意味着逻辑上一致或者没有矛盾，因为如果那样的话，真理便会变得很廉价②。

让我们假设 S1 是一个已经达到最大融贯性的命题集合。S1 不必是我们现在已经相信的命题集合，它可能包含我们经历了漫长而理想的探索过程之后在未来才会相信的命题。假设"我们有理由为灾区儿童捐款"这一规范命题属于 S1。在融贯论者那里，这就意味着"我们有理

---

① Parfit D. On what matters: vol. 2. Oxford: Oxford University Press, 2011: 745.
② 假设有两个彼此矛盾的命题 P 和 Q，P 和 Q 虽然都不属于命题集合 S，但 P 和 Q 都可以在逻辑上与 S 一致。假如融贯性就是逻辑一致性的话，融贯论者就会认为 P 和 Q 都是真的，但这是不可能的。参见 Künne W. Conceptions of truth. Oxford: Oxford University Press, 2003: 381–393。

由为灾区儿童捐款"是一个规范真理。但帕菲特会同意融贯论者对于规范真理的解释吗？答案是否定的。因为根据帕菲特的非形而上学的认知主义，规范真理是独立于我们的信念、欲望或者其他态度的**必然**真理①，而融贯论无法保证这一点。考虑到总会有命题与 S1 中的命题不同甚至矛盾，所以，除了 S1 之外，可能存在其他达到最大融贯性的命题集合，比如 S1 中所有命题的否定命题所组成的命题集合。在这些其他的命题集合中，总会有一个（或者更多）不能与"我们有理由为灾区儿童捐款"相融贯。假设 S2 就是这样的命题集合，它不仅达到了与 S1 一样的融贯程度，并且，"我们没有理由为灾区儿童捐款"这一规范命题属于 S2。按照融贯论者的看法，"我们没有理由为灾区儿童捐款"也是一个规范真理。如此一来，规范真理便丧失了必然性，而落入了某种规范相对主义：规范真理的真相对于人们在现在或者未来所达到的具有最大融贯性的信念集合，离开了单个的达到最大融贯性的信念集合，没有规范真理可言。而这是帕菲特的非形而上学的认知主义无法容忍的。

3. 实用论

和融贯论、符合论类似，真理实用论（Pragmatist Theory）也认为真理是命题所具有的关系属性，但不是命题本身与其他命题之间的关系，而是命题与有利或者有用的结果之间的关系。具体来说，根据实用论的看法，某命题为真，当且仅当它是有用的，也就是说，行动者根据它来行动会带来有利的结果②。如此理解，"我们有理由为灾区儿童捐款"这一规范命题如果为真的话，相信这些理由真的存在的行动者会成功地带来有利的结果。

然而，实用论的真理观同样会导致相对主义。因为对某个命题的信念是否能够成功地带来好的结果取决于行动者所处的具体情境以及行动

---

① 参见 Parfit D. On what matters: vol. 2. Oxford: Oxford University Press, 2011: 307, 326, 643, 749.

② 具体阐释请参见 Engel P. Truth. Chesham: Acumen Press, 2002.

者自身的欲望和意图，在某种情境能为某类行动者带来好结果的信念，未必能给处在不同情境的不同行动者带来好的结果。即使相信"我们有理由为灾区儿童捐款"在多数时候能让多数行动者获益，也肯定存在某些例外情况，相信"我们有理由为灾区儿童捐款"使得行动者非但不会获益反而会利益受损。根据实用论的主张，在那些例外情况中，"我们有理由为灾区儿童捐款"就不是真的。因此，真理实用论与必然的规范真理也是不相容的，所以也就和帕菲特的非形而上学的认知主义无法相容。

4. 紧缩论

与上面三种理论不同，真理紧缩论（Deflationist Theory）并不把"真"当成一种实质性的属性来理解，而是着重阐释"真"这个谓词的意义。一般来说，紧缩论者并不认为作为谓词的"真"能给句子的意义带来什么实质的改变，相反，"真"只是一个"透明的谓词"（transparent predicate）。也就是说，句子"p是真的"和句子"p"的意思是一样的。虽然如此，但"真"仍然在日常交流中扮演了重要的角色，比如，它能让我们以一种便捷的方式来表达对于命题或者命题集合的赞同，还可以帮助限定谈论对象的范围。紧缩论者认为，了解到"真"的这些语法功能便足以让我们了解真理本身了，因为"真"并不指称任何真正的属性或关系。

众所周知，当代的非认知主义者往往以一种紧缩论或者最小主义的方式来理解道德真理，以容纳我们日常语言中随处可见的关于道德真理的谈论。帕菲特显然知道这一点，但他仍然将是否承认规范陈述表达真理作为区分认知主义与非认知主义的标准①。这似乎意味着，帕菲特相信，规范陈述的"真"并不仅仅扮演语法功能，更是一种真正的属性。让我们后退一步，假设帕菲特不用规范真理来区分认知主义与非认知主

---

① 参见 Parfit D. On what matters: vol. 2. Oxford: Oxford University Press, 2011: 380-381。

义，转而用规范陈述所表达的心灵状态来区分两者（即认知主义者认为规范陈述表达信念，而非认知主义者认为规范陈述表达类似于欲望的意动状态），这时，帕菲特可以依赖紧缩论来解释规范真理吗？答案仍然是，不能。

一方面，假设帕菲特把紧缩论应用于规范真理，那么，他就会认为，"我们有理由为灾区儿童捐款，这是真的"就和"我们有理由为灾区儿童捐款"是完全一样的意思。但他会如何理解进一步的规范事实呢？这里有两个选择，他要么也用一种紧缩论的方式理解规范事实，要么不用，转而把规范事实理解为需要做出本体论承诺的真正事实。但两种方式都会遭遇难题。苏坎嫩认为，如果帕菲特用紧缩论的方式理解规范事实，那么他的非形而上学的认知主义将和形而上学的认知主义（或者强硬的实在论）没有区别。理由在于，如果"我们有理由为灾区儿童捐款，这是真的"这句话的意思和"我们有理由为灾区儿童捐款"相同，那么形而上学的认知主义者也不需要做出额外的本体论承诺，不需要认为存在实质性的规范事实使得规范真理为真，而后面这一点恰恰是帕菲特不同意形而上学的认知主义的地方。但我不同意苏坎嫩的看法。即使非形而上学的认知主义与紧缩论组合在一起，也可以与形而上学的认知主义区别开来。区别正在于，形而上学的认知主义者不会接受关于规范真理或者规范事实的紧缩论，这正是他们的本体论与帕菲特的理论不同之处。在我看来，如果帕菲特把非形而上学的认知主义与紧缩论结合起来，那么，他的观点反倒与同样接受紧缩论的非认知主义或者准实在论（Quasi-Realism）很接近了。因为准实在论者也可以自由地谈论规范真理与规范事实，而不用承担任何本体论的代价。为了不往我们的本体论中引入新的实体、属性或关系，或者为了坚持自然主义的世界观，既然我们可以认为"我们有理由为灾区儿童捐款，这是真的，这是事实"就等于"我们有理由为灾区儿童捐款"，那么为什么像"好""坏""对""错"这样的道德概念不和"真""事实"一样只扮演语法功能呢？如果这些我们都在使用的道德概念背后没有任何本体论的暗示，那么，非形而上学的认知主义和准实在论又有什么区别呢①?

另一方面，假设帕菲特放弃了关于规范事实的紧缩论，而将规范事实理解为构成外在世界一部分的真实存在。为了坚持他的非形而上学的认知主义，他必须认为如此理解的规范事实并不真的存在，否则，他就要和他所批评的形而上学的认知主义一样，给世界的基本结构额外添加一层规范元素。因此，帕菲特就会相信"我们有理由为灾区儿童捐款"在紧缩论的意义上表达了真理，即使世界之中没有相应的规范事实使其为真。如果是这样的话，非形而上学的认知主义便和保留主义的错论（Conservationist Error Theory）难以区分。上一章提到，为了解决"接下来该怎么办"问题，错论的支持者们提出了各种不同的方案。保留主义方案认为，即使错论为真，我们也不必抛弃我们的道德话语，相反，我们完全可以保留已有的一阶道德信念②。和非形而上学的认知主义者一样，保留主义的错论支持者也接受并且继续谈论一阶规范真理，同时不相信世界上存在任何真正的规范事实。因此，保留主义的错论支持者也相信"我们有理由为灾区儿童捐款，这是真的"，并且在知道没有真正的规范事实使其为真之后，仍然持有那个信念。如此一来，帕菲特的非形而上学的认知主义和保留主义的错论如何区分呢？很明显，帕菲特不会想做一个错论的支持者③。

因此，无论帕菲特接受还是放弃关于规范事实的紧缩论，他的非形而上学的认知主义都会遭遇困难：要么混同于准实在论，要么与保留主义的错论难以区分。而无论是准实在论还是保留主义的错论，都是帕菲特不愿意接受的。因此，他也要拒斥关于规范真理的紧缩论。

5. 认知论

关于真理的认知理论（Epistemic Theories of Truth）开始于这样

---

① 参见 Ingram S. I can't relax! you're driving me quasi!. Pacific philosophical quarterly, 2017, 98 (3): 490-510。
② 参见 Olson J. Getting real about moral fictionalism//Shafer-Landau R, ed. Oxford studies in metaethics. Oxford: Oxford University Press, 2011。
③ 参见 Parfit D. On what matters: vol. 2. Oxford: Oxford University Press, 2011: 619-620。

一个观察：不同的话语领域都有其自身的认知规则，这些规则各自决定了属于那些领域的命题是否能够得到辩护或者是否有根据[1]。在一个特定的领域内部，是否断言（assert）某个属于该领域的命题取决于我们是否有充分的相关证据，而相关证据的裁量标准是由该领域内部的认知规范决定的。因此，各个领域内部的认知规则似乎就与命题的真有着内在的联系。

然而，我们都知道，有证据或者有理由断言某个命题不同于这个命题为真，因为，由于我们的认知能力或者条件所限，我们有充分证据相信的命题仍然可能是假的。有鉴于此，有哲学家主张，即使我们承认真理与得到辩护（或者有根据）之间的区别，我们也可以借助不同领域内部的认知规则来确立一种要求更高的认知标准，这种标准超出了仅仅有根据或者得到辩护的限制，可以用来说明不同领域内部的真理性质。在这个方向最具代表性的尝试来自克里斯宾·赖特。赖特提出的更高的认知标准被他称为"超级可断言"（superassertibility）。简言之，一个命题是超级可断言的，当且仅当存在一些我们可以获知的信息能够为它辩护，并且这种辩护可以经受住"对于其根源的任意细致审查，并且，在我们所掌握的信息经历了任意的延伸增加或者其他方式的改进之后仍然有效"[2]。在赖特看来，超级可断言的命题可以满足我们对于真命题的所有日常要求，因此，至少在某些领域中，我们可以把真命题理解为超级可断言的命题。我们的问题是，帕菲特可以用超级可断言理解规范真理吗？

乍看起来，赖特的想法与非形而上学的认知主义挺契合的，因为两者都想在不预设真理背后的形而上学实在的同时还能有意义地谈论真理。但事情没有这么简单，问题出在超级可断言所要求的条件。根据赖

---

[1] 参见 Putnam H. Reason, truth, and history. New York: Cambridge University Press, 1981; Wright C. Truth and objectivity. Cambridge, MA: Harvard University Press, 1992。

[2] Wright C. Truth and objectivity. Cambridge, MA: Harvard University Press, 1992: 48.

特的说法，某个命题可以具有超级可断言的属性，首先必须存在可以为之辩护的信息。但"辩护"的意思是拿出好的理由以提供支持，而理由与其支持的命题之间的关系是典型的规范关系，理由与辩护也是典型的规范概念。换言之，在对"超级可断言"的定义中就包含着对规范真理或者事实的预设，尽管是关于认知的规范真理。那么，帕菲特会如何理解认知的规范真理呢？

帕菲特有两个可能的选项。第一个选项是选择不同于非形而上学的认知主义的其他理论来理解认知的规范真理，这就意味着帕菲特的非形而上学的认知主义并不适用于所有的规范领域，而仅仅适用于伦理或者实践领域。但这种不一致是需要解释的，尤其是，帕菲特需要解释为什么他对伦理领域中其他元伦理学立场的批评不适用于他这时对认知规范性所持有的立场。比如，为什么关于认知规范性的自然主义立场就不会错失掉规范性？或者，关于认知规范性的强硬的实在论立场不会再次引入奇怪的规范实体、属性或者关系？

第二个选项当然是对认知规范性仍然持有非形而上学的认知主义立场。也就是说，帕菲特会认为，关于"什么样的信息可以为规范命题（提供认知的）辩护"这一规范问题，存在必然的真理，并且这种真理的存在也不会招致额外的本体论负担。然而，如何理解这种非形而上学的认知的规范真理呢？为了保持前后一致，帕菲特会再次调用关于真理的认知理论，调用诸如"超级可断言"这样的方式来理解认知的规范真理。然而再一次，帕菲特又会遭遇到如何解释关于辩护的规范真理的问题。这样一来，他便会陷入无穷的倒退。

总结一下，由于"超级可断言"的定义中包含着认知的规范真理，所以，如果帕菲特试图借助超级可断言来说明规范真理的性质，那么他需要首先解释认知的规范真理的性质。如果他选择不同于非形而上学的认知主义的方式来解释认知的规范真理，他就有无法自洽的风险。鉴于他对于实践领域的其他元伦理学立场的批评，他需要论证，为什么对于认知规范性采取那些立场就可以避开他的那些批评。如果帕菲特转而用非形而上学的认知主义或者超级可断言来解释认知的规范真理，那么，他需要再一次解释超级可断言中预设的规范真理，从而陷入无穷倒退。因此，关于真理的认知理论也很难与帕菲特的立场相适配。

6. 原始论

最后剩下关于真理的原始论（Primitivism）。根据原始论，真理是一个无法分析、无法定义的基础概念①。这种对于真理的理解类似于帕菲特对于理由（reason）的理解。在帕菲特看来，理由是规范领域中最基本的元素，就好像原子是物理世界的基本元素一样，无法再被分析为其他的东西②。然而，即使认为真理在概念上无法分析、无法定义，也可以认为"真理"所指称的属性是命题与外在现实、其他命题或者有利结果之间的实质性的关系属性。换言之，真理概念的原始论是与关于真理的符合论、融贯论或者实用论相容的。因此，为了不落入后面的那些真理理论，帕菲特也必须持有一种关于真理属性的原始论。而这意味着，在帕菲特那里，真理属性需要是一种非关系性的、不可还原的基本属性。根据上面的讨论，帕菲特不能接受关于真理的紧缩论和认知论，因此，在他那里，真理又必须是一种实质性的客观属性。结果便是，真理属性成为一类自成一体的属性，和摩尔所说的内在价值（intrinsic value）非常类似③。然而，如果是这样的话，我们就不太清楚帕菲特的非形而上学的认知主义为什么可以优于形而上学的认知主义或者强硬的实在论了。因为一开始，帕菲特声称，可以在不引入奇特的规范属性的同时保证客观的规范真理，但现在他承诺了一种同样奇特的真理属性，这一属性和强硬的实在论者所承诺的规范属性一样很难与科学所发现的自然世界相容。这时，他对强硬的实在论的批评又同样适用于他自己的

---

① 参见 Asay J. The primitivist theory of truth. New York: Cambridge University Press, 2013。

② 参见 Parfit D. On what matters: vol. 2. Oxford: Oxford University Press, 2011: 266。

③ 参见 Moore G E. Principia ethica. Cambridge: Cambridge University Press, 1903: 66 - 72。

立场了。

除此之外，作为一种真理理论，原始论需要解释我们对于真理的各种非常确信的日常直觉，比如，一个命题不能既真又不真，命题的真没有程度之别，真理是理性探究的合适目标，真命题能正确地表征事实，有的命题能够得到辩护但未必为真，理性的人应该接受真信念，等等。这些几乎没有什么争议的直觉不仅告诉了我们真理的一般特征，而且还揭示了真理与事实、辩护、探究、信念等观念之间的联系。上面提到的符合论、融贯论、实用论、认知论都在试图解释真命题为什么能够体现这些日常直觉所包含的特征，并将其解释的优劣视为评判其自身优劣的标准。然而，原始论却抗拒对于真理的进一步解释，尤其拒绝用其他的观念（比如事实、辩护、理性探究）来解释真理属性的特征。至多只是承认，真理就是拥有这些特征，仅此而已。这就使真理这一属性变得很神秘，就像帕菲特的非形而上学的认知主义把规范真理弄得很神秘一样。

综合上面的讨论，我们并没有找到一种合适的真理理论能够为帕菲特的非形而上学的认知主义提供真正有效的辩护。而这意味着非形而上学的认知主义遭遇到一个真正的难题：如何有意义地解释真的规范陈述与假的规范陈述之间的实质性区别？上面的讨论表明，这一基本问题给帕菲特的理论造成了很大的挑战。

三、非本体论意义上的存在

一般来说，如果你相信某个陈述表达了客观真理，那么，你的本体论中一定会有相应的存在。比如，你相信"校园里的花都开了"为真，那么，你的本体论中就会有"校园""花"，以及花可以拥有的"开"这一属性。同样，如果你相信"因为捐款给急需要帮助的人是件好事，所以我有理由为灾区儿童捐款"这一规范判断为真，那么，你就会相信"急需要帮助的人""捐款""灾区儿童""我"，以及规范属性"好"和规范关系"理由"的存在。换言之，你所理解的世界中必须有这些事物的一席之地。然而，帕菲特却说，我们可以相信规范陈述客观上为真，同时却无需做出本体论的承诺。当然，他不会否认"急需要帮助的人"、"捐款"、"灾区儿童"甚至"我"的存在，因为这些事物本来就可以在现实世界中存在，但由于其所持有的"多元意义观点"，他会否认"好"和"理由"这些规范对象与"捐款"或者"灾区儿童"一样在"狭窄的实现主义"的意义上存在，而只是在一种"独特的、非本体论的意义上"存在。但这是什么意思呢？为什么要在我们的本体论承诺之外加一层所谓的"非本体论"承诺呢？

帕菲特提供了一个例子和一个类比，来让我们接受"非本体论的意义上的存在"。让我们先来看看他给的类比[①]。根据帕菲特的看法，我们普遍接受存在关于数学或者逻辑的必然真理，并且，数学或者逻辑命题在表达必然真理的同时并不为这个世界增添独立存在的实体或者属性，比如数字或者可能世界。在这一点上，规范真理和数学或者逻辑真理一样，也不需要世界上额外增加什么独立对象使其为真。而这就是规范真理在非本体论的意义上存在。

帕菲特的类比并不能成立。第一，帕菲特的说法并不准确，因为确实存在关于数学对象的柏拉图主义者[②]和模态实在论者[③]。他们认为，必然的数学或者逻辑真理背后存在着同现实世界中其他事物一样真实的数学或者逻辑对象。第二，更为重要的是，规范真理与数学（或者逻辑）真理之间有一个关键的差异，这个差异使得后者可以没有实质性本体论承诺的理由并不适用于前者。让我们考虑一个数学真理：

配对公理 如果存在集合 X 和 Y，那么存在另一个以 X 和 Y 为元素的集合。

[①] 参见 Parfit D. On what matters: vol. 2. Oxford: Oxford University Press, 2011: 475-485。

[②] 参见 Quine W V O. Word and object. Cambridge, MA: MIT Press, 1960; Shapiro S. Philosophy of mathematics: structure and ontology. New York: Oxford University Press, 1997。

[③] 参见 Lewis D K. On the plurality of worlds. Malden, Mass: Wiley-Blackwell, 1986。

对于能看懂集合论中的配对公理的人来说，这个公理看起来显然为真。也就是说，一个能看懂这个公理的人不需要任何关于其他领域的知识，也不需要去做任何关于世界上存在什么的探究，就能确认这个数学陈述为真。这似乎意味着这个数学真理并不包含任何关于本体论的预设①。假定事实确实如此，但如何解释这一点呢？一个合理的解释是这样的：配对公理蕴含在关于集合（以及集合的元素）的概念中，也就是说，仅仅通过拆解"集合"这一概念中显而易见的内容就可以使掌握"集合"这一概念的人确认到配对公理为真。这正是配对公理的真无需额外的本体论承诺的原因。逻辑真理的情况也一样。请考虑下面这个论证：

P1　张三是个单身汉。

P2　如果某人是单身汉，那么他没有结婚。

C　张三没有结婚。

很明显，这是个演绎论证，只要前提为真，结论必为真。并且，我们无需做任何本体论的探究就可以确认这一点，因为它只涉及命题内容之间的逻辑关系。换言之，确认数学真理或者逻辑真理，只涉及分析出已掌握概念的内容或者命题内容之间的逻辑关系。这大概是这两种真理的存在可以不需要在世界上额外增加什么实体或者属性的原因。

但问题在于，确认规范真理仅只需依赖概念分析或者逻辑吗？显然不是，否则最优秀的应用伦理学家就是数学家或者逻辑学家了。规范真理是实质性的，无法仅仅通过分析规范概念（比如"理由"）的内容而得到。假设张三认为，由于用弹弓攻击流浪猫会给猫带来痛苦，所以我们没有理由用弹弓攻击流浪猫，而李四却认为，由于用弹弓攻击流浪猫会给猫带来痛苦，所以我们都有理由用弹弓攻击流浪猫。张三和李四之间的道德分歧无法通过分析"理由"这一概念来解决。很明显，李四是错的，但李四的错并不在于其不掌握"理由"这一规范概念，而更可能

---

① 斯坎伦就持有这一观点，详见下一章的讨论。

在于他没有意识到，无端地给动物施加痛苦是件坏事，或者，李四是个麻木无情的人，或者干脆就是个邪恶的人。因此，规范真理的获知方式和数学或者逻辑真理是有区别的，掌握概念的内容或者逻辑规则并不能保证一个人认识到规范真理。而这意味着，即使数学或者逻辑真理可以免于外在的形而上学质疑，它们得以幸免的原因也不适用于规范真理。所以，帕菲特的类比不能成立。

让我们再来看一下帕菲特给出的例子：

> 之前有一个由雷恩设计的宫殿，用以取代被烧毁的怀特霍尔宫，但这个宫殿并没有修建，从未真正存在过。①

根据帕菲特的看法，对于例子中所说的宫殿，持"单一意义观点"的人只能说：既然曾经存在过的宫殿由于从未被建造，所以一直就不存在。但这明显是自相矛盾的，因为这里的两个"存在"是同一个意思。

然而，这个批评实在很弱，因为持"单一意义观点"的人或者实现主义者可以轻松避免这种矛盾。比如，实现主义者可以说：例子中所谈论的宫殿从来就没有存在过，存在的至多只是设计师雷恩头脑中对于那座宫殿的构想；当然，假如那些构想被付诸实践，那座宫殿是可以存在的，但仅仅可能存在的东西并不真的存在。很明显，"可能存在"中的"可能"只是用来修饰"存在"的，"那座宫殿是可能存在的"不可以分析为"那座宫殿是可能的，且是存在的"。说"那座宫殿可能存在但不存在"相当于说"关于那座宫殿的构想可能实现，但事实上没有实现"，其中并不包含任何矛盾，即使"存在"的每一次出现都是单一的意思。因此，帕菲特的例子并不足以让我们接受"多元意义观点"，更不足以让我们理解何为"非本体论意义上的存在"。

如果我们没有办法充分理解何为"非本体论意义上的存在"，帕菲特的策略就没有办法回应道德非自然主义一开始所遭遇到的形而上学挑

---

① Parfit D. On what matters: vol. 2. Oxford: Oxford University Press, 2011: 470.

战。一开始的挑战是，非自然主义者所承诺的具有客观规定性的规范真理或者规范事实太奇怪了，不同于任何科学所发现的事实或者属性，因此难以在当代人普遍接受的自然主义世界观中占有一席之地。而帕菲特的回应策略则是，在自然对象所处的本体论层次之外增加一个非本体论的存在层次，再把规范真理和规范事实的存在归入那个层次。这当然不会让像麦基这样觉得规范事实或者客观价值奇怪的人满意。第一，麦基需要有人来解释，独立于任何人的看法、态度或者意图却可以提供理由甚至动机的东西为什么可以真实存在，而不需要有人告诉他客观价值以何种方式或者何种样态存在，何况那种独特的方式或者样态并没有被解释清楚。第二，即使如帕菲特所说的那样，客观价值或者理由只在非本体论的意义上存在，那么，非本体论的存在层次将会因为有客观价值那样的存在而同样很奇怪。帕菲特需要给出一个恰当的理论来解释和辩护那个非本体论的存在层次。第三，假如"非本体论意义上的存在"就是"不包含任何本体论暗示的存在"，并且假设帕菲特成功地解释了（实际上并没有）为什么有些存在可以没有任何本体论的暗示，那么，麦基或者当代的准实在论者没有理由不承诺客观价值或者理由的"存在"。也就是说，帕菲特的本体论似乎就与麦基以及准实在论者的本体论没有实质上的差异，因为他们都认为客观价值或者规范事实不可能容纳于我们的本体论之中。而这意味着，在本体论上，帕菲特的"非形而上学的认知主义"与麦基的错论以及准实在论也没有实质上的差异。考虑到错论的支持者与准实在论者也可以有意义地谈论规范真理和规范事实，所以，我们想知道，非形而上学的认知主义与准实在论和错论（尤其是保留主义的错论）到底有什么实质上的区别呢？

第七章　理由就不需要本体论承诺吗？

多数道德实在者，包括自然主义者和非自然主义者，都做出了本体论承诺。也就是说，他们都持有一个这样的道德本体论主张：道德真理以真实存在的道德事实或者道德属性为基础，这些道德事实或者道德属性就像科学所发现的自然事实或者自然属性一样，构成了客观世界的一部分或者一方面。然而，寂静主义实在论者却拒斥这一本体论主张。根据他们的看法，客观的道德真理无需规范领域之外的形而上学支撑，而只需实质性的一阶规范推理及其结果就可以建立起来。如此一来，道德事实或者道德属性便不再以形而上学的方式理解，而是完全依赖于规范领域内部的标准，只存在于一种"非本体论"的意义之上。但问题是，寂静主义实在论者真的可以在不做出实质性的本体论承诺的同时解释道德真理所具有的客观性和规范性吗？我对此表示怀疑。为了辩护我的怀疑，前面三章已经分别批评了寂静主义实在论的三种论证思路，本章将讨论第四种具有代表性的论证思路，也就是蒂姆·斯坎伦的理论，即"理由基础主义"（Reasons Fundamentalism）。

本章不仅会批判性地考察斯坎伦的论证细节，还会对他以及其他寂静主义实在论者提出一个整体性的挑战，即"对称性问题"。我会尝试论证，对于寂静主义实在论者而言，打破两套内部融贯的道德话语的对称性是较为困难的，如此一来，他们若想要捍卫道德的客观性，则需承诺道德事实或者规范事实可以在规范领域的内部推理之外存在。此外，本章还会检讨和批评斯坎伦对于随附性问题的解答，因为作为形而上学挑战的一部分，如何解释道德属性与自然属性之间的随附关系是道德非自然主义者必须面对的难题，也是寂静主义实在论者绕不开的挑战。我的结论是，斯坎伦并不能解释对非自然主义构成挑战的全局随附，因为他既没能证明纯粹规范事实所具有的形而上学必然性，又没有充分的理由取消全局随附所涉及的形而上学问题。

一、斯坎伦论关于理由的事实

思考斯坎伦的如下一段话，可以很好地引导我们进入问题：

> 道德信念的对象并不是在我们之外的、位于空间或者其他地方的事物。因此，（不同于关于物理世界的信念，）我们可以合理地认为，道德信念的对象是这样的一类存在：仅仅通过正确地思考它们，我们便可以发现其真理。①

声称"道德信念的对象并不存在于任何地方"似乎明显是错的。例如，我们都相信"随意撒谎是错的"，我们的这个道德信念以存在于这个世界之中的一类人类行为（即随意撒谎）为对象，就如同"地球是椭圆的"这一科学信念以地球为对象。对此，斯坎伦会做出如下回应：道德信念的对象并非那些在世界之中存在的事物，而是那些事物之间的规范关系（normative relation），也就是理由关系。简而言之，当我们说"随意撒谎是错的"时，我们实际上是在说"理性行动者有充分的理由拒绝随意撒谎"②。

---

① Scanlon T M. Metaphysics and morals. Proceedings and addresses of the American Philosophical Association，2003，77：8.
② 更为完整的说法是，说"随意撒谎是错的"，便是说"自愿合作且充分知情的理性行动者有理由去反对任何批准这一行为的原则"。参见 Scanlon T M. What we owe to each other. Cambridge，MA：Harvard University Press，1998：chapter 4.

对于斯坎伦而言，只要我们有足够的理由来为自己的道德信念辩护，那么"就不会再有任何有趣的关于道德的本体论问题了"①。然而，这相当于将关乎道德的本体论问题转移至理由之上。对此，我们完全可以进一步追问：何为理由？为何理由可以不存在于任何地方？

事实上，斯坎伦非常乐于将元伦理学的讨论重点置于规范理由之上，因为他主张，规范领域中最基础的要素便是理由，其他规范要素都可以被理由替换而没有损失②。除此之外，斯坎伦还认为，关于理由的真理或者事实独立于任何人对于其的看法而客观存在③，并且，关于理由的事实无法被还原为任何自然事实。尽管如此，作为寂静主义实在论者，斯坎伦坚持，关于理由的事实（或者规范事实）并不要求任何额外的本体论承诺④。他说：

> 对于不可还原的规范真理的信念并不包含对于任何特殊实体的本体论承诺。可以成为理由的事物并非特殊种类的实体，而只是普通事实，且在很多情况中只是关于自然世界的事实……规范真理的独特之处并不在于成为理由的事物，而在于像"作为某事的理由"或者"是充分的或者决定性的理由"这样的**规范关系**。⑤

如其所言，那些被**我们引用来作为行动理由的事实**通常只是普通的自然事实。例如，我将"我口渴了"这一生理事实作为去商店买水的理由，我将"我不喜欢她"这一心理事实作为拒绝她的求婚的理由。需要注意的是，使麦基觉得奇怪的是**关于理由的事实**本身，而非这些"被我们引用来作为行动理由的事实"，因为真正具有规范性的是前者而非后

---

① Scanlon T M. What we owe to each other. Cambridge，MA：Harvard University Press，1998：2.
② 参见 Scanlon T M. Being realistic about reasons. Oxford：Oxford University Press，2014：1-2.
③ 也就是说，关于理由的真理独立于我们的信念和态度。
④ 但有时候规范事实也能成为理由。比如，"这个政策是不公平的"这一规范事实可以成为我投票反对这一政策的理由。
⑤ Scanlon T M. Being realistic about reasons. Oxford：Oxford University Press，2014：30.

者。斯坎伦显然意识到了这一点，因此他才说，那些理由所蕴含的规范关系而非那些能够作为理由的事实才是理由的实质（或者其"独特之处"）。也就是说，关于理由所蕴含的规范关系的事实才是真正的关于理由的事实。可是，这到底是一种怎样的事实呢？

在斯坎伦看来，所有关于理由的陈述都可以用 $R(p, x, c, a)$ 来表达。具体来说，p 表示被援引作为理由的（自然）事实，x 表示行动者，c 表示特定的环境条件，a 则表示行为或者态度。在斯坎伦看来，每一个关于理由的陈述都包含对于以下规范关系的断言："无论事实 p 是否发生，假如 p 发生，那么它就是处于环境 c 中的 x 做 a 的理由。"① 该断言是否为真既不依赖于 p 是否真实发生，亦不依赖于 x 是否真的处于环境 c 中，甚至不依赖于 c 所代表的环境条件是否真的存在或者 x 是否真的存在。因此，被它断言的是一种纯粹的规范关系，其中无涉任何对于非规范事实的判断②。斯坎伦相信，构成理由陈述中真正的规范内容并不是别的，正是此种纯粹的规范关系。所以，在他那里，有关理由的事实（或者规范事实）所指即是关于这种纯粹的规范关系的事实。换句话说，正是关于这种纯粹的规范关系的事实使得理由陈述（或者规范判断）为真或者为假。为求行文的简洁，我在下文中将用"关系事实"来简称这种纯粹的规范关系。分析至此，我们便面临如下问题，既然斯坎伦认为关系事实这一规范判断使真者（truth-maker）是客观存在的，并且无法被还原为任何自然事实，那么，我们为何无需对此做出额外的本体论承诺呢？

斯坎伦的答案如下：

> 只要关于某个领域的陈述不和其他领域的陈述相冲突，那么，其真值便可以由那个领域的内部标准适当地决定。数学问题，包括数与集合是否存在的问题，可以通过数学推理得到解决；科学问

---

① Scanlon T M. Being realistic about reasons. Oxford: Oxford University Press, 2014: 36-37.

② 因此，斯坎伦把这样的断言称为"纯粹规范判断"（pure normative claim）。

题，包括玻色子（bosons）是否存在诸问题，可以通过科学推理得到解决；规范问题（包括理由是否存在的问题）可以通过规范推理解决，等等。①

这是什么意思呢？举例言之，"9 和 13 之间存在一个质数"这个数学陈述的真值可以通过简单的数学运算来决定。具体来说，通过将 9 至 13 之间的所有自然数与其他自然数相除即可发现，9 至 13 之间存在一个自然数只可被 1 和它自身整除。由此可得，"9 和 13 之间存在一个质数"的数学陈述为真，换言之，9 和 13 之间确实存在 11 这一个质数。需要注意的是，为了得出这个结论，我们并没有去探究世界的构成，也没有研究任何本体论问题，而只是根据数学领域内部的标准进行了简单的数学推理。在这个意义上，11 存在与否是数学领域内部的问题，由数学领域的内部标准决定。同样，斯坎伦认为，关系事实是否存在也是规范领域内部的问题，由规范领域的内部推理决定，而并不要求这个世界额外存在什么规范实体或者属性。比如，对于"小明是否有理由选择哲学作为大学专业"这个问题，我们只需要了解小明的兴趣爱好、能力禀赋、职业设想，以及小明父母的期望等要素便可以决定。假如小明对哲学毫无兴趣，也不擅长抽象推理，那么，他便没有理由选择哲学作为专业。也就是说，小明（包括他的各种内部和外部条件）和哲学之间并不存在理由所表示的关系事实。因此，和内格尔一样，斯坎伦也认为，关于关系事实（或者理由）是否存在的判断本身就是规范判断，不需要任何额外的本体论承诺。

然而，斯坎伦在这里似乎并没有理解问题所在。规范领域内部的推理关注的并不是理由是否存在的问题，因而也解决不了关于理由的本体论问题，它至多只能帮助我们发现理由。假如规范推理真的能够帮助发现理由的话，那么，根据道德实在论的主张，那也是因为世界上真的存

---

① Scanlon T M. Being realistic about reasons. Oxford：Oxford University Press，2014：17.

在理由所表示的关系事实,并且规范推理所遵循的模式能够以某种方式反映关系事实的本质①。换言之,规范推理只是预设了理由或者关系事实的存在,而没有证明它的存在。回到小明的例子。小明选择哲学作为大学专业的理由必须先(在一个普遍的意义上)存在,我们才能借助规范推理来判断他是否有那个理由。事实上,麦基也不会否认规范推理的有效性,但他会说,由于理由或者关系事实并不真实地存在于世界之中,所以,规范推理的有效性来自我们的共识,或者说是我们"发明"出来的,并不具有道德实在论所承诺的那种客观性。因此,规范领域的内部标准似乎无法消除关于关系事实的本体论质疑。斯坎伦也意识到了这个问题②,并且提出了一套关于存在标准的理论,即一套针对特定领域的本体论来做出回应。接下来,我们便来讨论他的这套本体论。

如上所述,寂静主义实在论的反对者认为,关系事实必须首先在世界中存在,我们才可以借助规范推理来发现关于它的真相。但怎样才算"在世界中存在"?是存在于科学所探究的物理世界才算"在世界中存在"吗?

在斯坎伦看来,没有超越各个领域的、普遍的存在标准,所有的本体论问题都应该是针对特定领域的。如其所言:"思考这些问题(即本体论问题)的最有意义的方式是不特别关注科学,而是把一系列领域都视为基础的领域,包括数学、科学道德和规范推理。"③ 此即是说,在判定某一对象是否存在时,先要确定其所属的领域,然后根据相关领域的内在标准来判定其存在与否。比如,物理对象之所以存在,是因为它们处于时空之中或者拥有因果效力;数之所以存在,是因为它们和其他

---

① 如谢弗-兰道所言:"在最基本的层面,所有的道德实在论者都支持这样一种想法:当人们做出关于何为对何为错的判断时,他们正试图如实地反映道德事实。"(Shafer-Landau R. Moral realism: a defense. Oxford: Oxford University Press, 2003: 11)

② 参见 Scanlon T M. Normative realism and ontology: reply to Clarke-Doane, Rosen, and Enoch and McPherson. Canadian journal of philosophy, 2007, 47(6): 877-897.

③ Scanlon T M. Being realistic about reasons. Oxford: Oxford University Press, 2014: 19.

的数处于适当的运算关系之中。对于具体的理由或者关系事实来说，只要规范领域的内部标准批准它们存在，它们就存在，而不需要满足任何进一步的存在标准。也就是说，假如有效的规范推理得出了"我们有理由废除奴隶制"这样的结论，那么，相应的理由或者关系事实是存在的。

根据斯坎伦的本体论，不同领域的事物实际上是在不同的意义上"存在"的，因为存在与否完全由该事物所属领域的内在标准所决定。但如果是那样的话，无论多么奇怪的东西似乎都可以存在，因为我们总可以为某物找到与其相配的领域。比如，女巫可以存在，因为她满足了西方童话领域的内部标准；孙悟空也可以存在，因为他满足了《西游记》领域的内部标准。有鉴于此，斯坎伦引入了一个条件来对领域的合法性施加限制，即：一个合法的领域"不应该拥有可能与其他领域（比如科学）的预设或者启示相冲突的预设或者启示"①。按照这个标准，西方童话领域和《西游记》领域都不是合法的领域，因为它们包含了太多与科学领域相冲突的预设或者判断，比如，"女巫有魔法，可以使人生病或者使奶牛停止产奶"，"孙悟空一个跟头可以翻十万八千里"，"人可以长生不老或者死而复生"，等等。相比之下，规范领域则是一个合法的领域，因为规范领域的研究对象是关系事实，上面已经提到，对于关系事实的判断并不涉及任何对于非规范事实的判断，所以便不会与别的领域相冲突。

斯坎伦的想法可被表述为一个能用以证明关系事实存在的论证：

  P1 只要某事物属于某个合法领域，且其存在能被该领域的内部标准所批准，那么它便存在。

  P2 只要某个领域不包含与其他领域相冲突的预设或者判断，那么它便是一个合法领域。

---

① Scanlon T M. Being realistic about reasons. Oxford: Oxford University Press, 2014: 27.

P3 规范领域不包含与其他领域相冲突的预设或者判断。

P4 关系事实属于规范领域，且存在被规范领域内部标准所批准的关系事实。

C 有些关系事实是存在的。

在斯坎伦那里，P1 表达了存在的全部意义，因此，关系事实不需要在任何别的意义上存在。换言之，关系事实的存在不需要任何额外的本体论承诺。由此可知，斯坎伦的本体论为他的寂静主义实在论奠定了基础。但斯坎伦的本体论合理吗？我的答案是否定的。问题主要出在 P2 上。

斯坎伦认为，一个合法的领域不能预设或者包含与其他领域相冲突的判断。但是，不同领域之间的冲突总是相互的，亦即，如果 A 领域与 B 领域冲突，B 领域也一定与 A 领域相冲突。那么，是 A 领域不合法还是 B 领域不合法呢？斯坎伦自己的例子是超自然领域和科学领域之间的冲突。根据他的说法，由于超自然领域包含很多不符合科学标准的因果判断，因此我们应该否认超自然领域的合法性，进而否认超自然实体的存在[1]。但为什么呢？根据超自然领域的内部标准，很多科学判断也是错的，为什么斯坎伦不据此认为是科学领域不合法呢？当然，我的意思不是说，我们应该认为科学领域不合法或者超自然领域和科学领域一样合法。我的质疑在于，如果斯坎伦不做额外的本体论承诺的话，他是否有理论资源来打破不同领域之间相互冲突的对称性（symmetry）。

斯坎伦似乎认为，我们之所以应该更相信科学，是因为科学的内部标准"在预测和解释关于世界的明显事实方面……被证明是成功的"[2]。那么，这种判断依据本身属于哪个领域呢？假如它属于科学领域，那

---

[1] 参见 Scanlon T M. Being realistic about reasons. Oxford: Oxford University Press, 2014: 21.

[2] Scanlon T M. Being realistic about reasons. Oxford: Oxford University Press, 2014: 20.

么科学判断与之相符便不足为奇。毕竟，超自然领域内的判断也可以轻松满足自身的标准。这种判断依据是否可以独立于科学和超自然领域，从而成为判断两者合法性以及相关实体是否存在的外在标准呢？斯坎伦必须排除这一可能性，因为他认为所有的存在标准都是内在于特定领域①。如此一来，斯坎伦的本体论便陷入一种两难困境：一方面，在面对相互冲突的领域时，为了打破冲突的对称性，他需要外在于相关领域的标准；另一方面，其内在于特定领域的存在标准又不允许他那么做。

也许有人会说，只要关于自然世界的因果判断被超自然领域所包含，超自然领域就应被看作科学领域的一部分，而非不同于科学的另一领域。因此，超自然领域的判断应该依照科学领域内部的标准。但斯坎伦从来没有提供一个区分不同领域的标准，并且似乎是有意为之。他说，"对于我来说，存在哪些领域的问题完全是开放的"，因为"关于领域的问题并不是它们是否存在，而是它们是否提供了一种有益的方式去讨论相关问题"②。如果是这样的话，为什么我们不能把科学视为超自然领域的一部分，因为那样不仅可能更符合科学发展的某段历史③，而且还可能帮助我们讨论某些关于宗教内部争端的问题？因此，科学和超自然领域之间的对称性仍然难以打破。

除此之外，原则上我们似乎可以想象出一个远离自然世界的超自然领域，其中的实体尽管拥有千奇百怪的属性，但它们既不存在于时空之

---

① 有人可能会说，那个标准可能隶属于一个专门研究存在的领域或者元领域（meta-domain）。但这一可能性被斯坎伦的本体论排除了。因为根据他的看法，存在与否完全由相关领域的内在标准决定。因此，即使关于存在的元领域真的存在，它也不会颁布任何实质性的超越特殊领域的存在标准。相反，它的内部标准是由各个特殊的领域决定的。很明显，并不是每一个领域的对象都可以"在预测和解释世界方面取得巨大成功"，所以，那个标准不可能成为研究存在的元领域的内部标准。

② Scanlon T M. Being realistic about reasons. Oxford：Oxford University Press，2014：23.

③ 既然哲学曾是神学的婢女，那么，以"自然哲学"的形态而存在的科学应该也曾服从过神学的规范。

中,也不与任何自然对象有因果联系。假如那个超自然领域也有融贯的内在标准,那么,根据斯坎伦的本体论,它的对象也是存在的,并且,其存在和自然对象或者数学对象一样真实,因为它们各自都只服从其所属领域的内在标准。斯坎伦也许可以接受这样的后果,因为他说,重要的"不是那些实体是否真的存在",而是"我们是否有理由去关注它们以及它们的属性"①。但对于多数哲学家来说,这样的后果无法接受,因为这无异于大大降低了存在的标准,甚至让"存在"这个概念变得琐碎而模糊②。

二、对称性问题

在这个部分,我将对斯坎伦的寂静主义实在论提出一个更为一般性的挑战。我把这个挑战称为"对称性问题"。在我看来,不仅斯坎伦,所有的寂静主义实在论者都会受到这一挑战的威胁。那么,什么是对称性问题呢?让我们来做一个思想实验。

假设有一个奇怪的社会,生活于其中的人们拥有一套奇特的道德话语。说它是道德话语,是因为其中也有类似"好"、"坏"、"对"、"错"及"理由"这样的概念,并且那些概念也同样具有指导行动的功能;说它奇特,则是因为那个社会的道德概念所指代的对象非常不同于我们道德话语中的相应概念所指代的对象。以"理由"这个概念为例(让我们姑且用"理由*"来表示那个社会的理由)。那个社会的人认为,当看到有人落水时他们有理由*直接走开,认为他们有理由*仅仅因为一个人的性别而决定其是否有接受教育的机会,还认为随时有理由*在公共场所大喊大叫,等等。尽管如此,那个社会的道德话语是非常融贯的,

---

① Scanlon T M. Being realistic about reasons. Oxford: Oxford University Press, 2014: 27.
② 参见 Enoch D, McPherson T. What do you mean "this isn't the question"?. Canadian journal of philosophy, 2017, 47 (6): 820 – 840; Wodak D. Why realist must reject normative quietism. Philosophical studies, 2017, 174 (11): 2795 – 2817.

也就是说，其内部有一套前后一致的标准来裁定关于理由＊的判断是否合适。很明显，那个奇怪社会的道德＊与我们的道德是冲突的。当然，这样的冲突并不意味着不存在关于道德的客观真理，因为那个社会的道德＊可能是完全错的。但问题在于，如何解释这一可能性？换言之，假设我们的道德话语和他们的道德＊话语都是完备且融贯的，如何在两者之间区分对错或者优劣，从而打破两者的对称性？这个便是我所说的"对称性问题"①。

可以预见，斯坎伦以及其他寂静主义实在论者会依靠规范领域内部的推理来解决对称性问题。他们会说，那个奇怪社会的人当然没有理由在看到有人落水时走开，因为，落水的人处于危险之中，非常痛苦，可能随时被淹死，并且一般情况下我们都有能力伸出援手，等等。这些都是我们去救落水人的好理由。因此，那个奇怪社会的人都错了，他们根本没有理由走开。然而，根据那个奇怪社会内部的规范推理，他们也可以说我们错了。比如，他们会说，我们当然有理由＊在看到有人落水时走开，因为河水是神圣的，被水淹死是人的最佳归宿，走开是对落水者的尊敬，等等。所有这些在我们听来不可思议的东西在那个奇怪社会中都是极其明显的常识，就好像"救人"在我们的社会是常识一样。也就是说，他们的理由＊在我们看来显然不是理由，我们的理由在他们看来显然不是理由＊。因此，我们和他们之间的对称性仍然没有被打破。

当然，斯坎伦很可能会坚持认为，在那个奇怪社会中流行的规范信

---

① 伊诺克曾构想了一个类似的思想实验，并指出，斯坎伦没把两种不同意义的"存在"区分开来，一种是背负着本体论承诺的强意义的存在（EXIST），另一种是基于各领域内在标准的弱意义的存在（exist）。因此，伊诺克认为，斯坎伦的观点实际上是一种虚构主义（Fictionalism）。参见 Enoch D. Taking morality seriously: a defense of robust realism. Oxford: Oxford University Press, 2011: 124-125。但在我看来，伊诺克对于存在的区分恰恰是斯坎伦的本体论所拒斥的。在斯坎伦看来，根本就没有超越不同领域的强意义的 EXIST，只有弱意义的 exist，因此也就没有伊诺克所理解的"虚构"和"真实"的对照。参见 Scanlon T M. Normative realism and ontology: reply to Clarke-Doane, Rosen, and Enoch and McPherson. Canadian journal of philosophy, 2007, 47 (6)。

念连同其规范推理方式都是错的,只有诉诸正确的一阶规范推理才能解释其错误的根源;因为"这是一个关于规范领域(即理由王国)的最佳理论的内容问题"①,与本体论或者形而上学无关。但这种看法似乎高估了规范推理(或者规范理论)的能量。我们知道,所有的推理都有起点,并且,推理最终停在何处很大程度上取决于其起点。因此,为了通过推理达到正确的终点,我们的推理必须从正确的起点开始。道德推理或者规范推理也不例外。亚里士多德十分强调一个人的成长环境及其所接受的教育在实践推理中的作用,因为这些因素决定了推理的起点。如其所言:

> 柏拉图曾问道,正确的推理应当从已知的东西出发,还是走向它?……我们当然应该从已知的东西出发。正因为此,如果我们想要研习高贵与正义的事物以及普遍的政治问题,我们需要在良好的习惯中成长。因为我们从某事为真的信念开始,如果那个信念对于我们足够明显,我们可以从它开始而不需要了解它为何为真。受过良好教育的人拥有或者很容易获得这些起点。(1095b, §§5-7)

依照亚里士多德的观点,合适的教养(upbringing)可以保证实践推理从正确的起点出发;如果一个人的起点错了,没有什么推理或者论证能够纠正他②。亚里士多德的这一看法得到了很多当代哲学家的赞同③。例如,麦克道尔(John McDowell)也认为,主张"通过推理就可以引

---

① Scanlon T M. Being realistic about reasons. Oxford: Oxford University Press, 2014: 29.
② 相关讨论请参见 Vasiliou I. The role of good upbringing in Aristotle's ethics. Philosophy and phenomenological research, 1996, 56 (4): 771-797。
③ 参见(比如)Williams B. Ethics and the limits of philosophy. Cambridge, MA: Harvard University Press, 1985: chapter 3; McDowell J. Might there be external reasons? //Altham J, Harrison R, eds. World, mind, and ethics. Cambridge: Cambridge University Press, 1995: 68-85; Wiggins D. A sensible subjectivism? //Stephen D, Allan G, Peter R, eds. Moral discourse and practice: some philosophical approaches. New York: Oxford University Press, 1997: 227-246; FitzPatrick J W. Robust ethical realism, non-naturalism and normativity//Shafer-Landau R, ed. Oxford studies in metaethics: vol. 3. Oxford: Oxford University Press, 2008。

导一个没有良好教养的人明辨是非"是"极其不合理的"①。因此，规范推理本身似乎无法解决不同起点之间的分歧。而我们和那个奇怪社会之间的分歧便属于这种情况，亦即，在最基本的层次上，他们的理由不同于我们的理由。

然而，即使正确的规范推理不能解决我们和他们之间的分歧，这也推不出没有客观的道德真理。因为，他们的推理起点可能就是错的，从错误的起点出发即使通过正确的推理过程也到达不了真理。斯坎伦可能会说，我们只有通过（新一轮的）规范推理才能确定这一点。但新一轮的规范推理又要依赖不同的出发点，却不能保证共识的达成。为了避免无穷倒退，道德实在论者必须在规范推理之外承诺客观的道德事实或者规范事实，比如，"人类的基本尊严"，"痛苦是坏的"，"爱与关怀是好的"，"己所不欲，勿施于人"，等等。这些基础性的规范在拥有合适教养的人那里只是再明显不过的事实，它们不是任何推理的产物，却构成了任何正确推理的合适起点。换言之，它们是评判人们的规范信念正确与否的最终依据，构成了规范推理需要反映的"现实的规范结构"（normative structure of reality）②。而这也正是道德实在论者需要做出实质性的本体论承诺的原因：既然承诺了客观的道德真理，那么，世界上就要存在客观的道德事实。

注意，这里的关键问题不是"如何通过正确的推理在事实上解决对称性问题"，而是"一个道德实在论者需要做出怎样的本体论承诺才能确定对称性问题可解"。寂静主义实在论者似乎无法很好地解释为什么对称性问题是可解的，因为在他们那里，规范事实的存在从根本上依赖于规范推理，或者说，规范事实仅仅是作为规范推理的产物而存在的③。

---

① McDowell J. Might there be external reasons//Altham J, Harrison R, eds. World, mind, and ethics. Cambridge: Cambridge University Press, 1995: 73. 亦参见 FitzPatrick W. Robust ethical realism, non-naturalism and normativity//Shafer-Landau R, ed. Oxford studies in metaethics: vol. 3. Oxford: Oxford University Press, 2008.

② 参见 Enoch D, McPherson T. What do you mean "this isn't the question"?. Canadian journal of philosophy, 2017, 47 (6): 820 – 840.

③ 用斯坎伦的话来说，"这些（规范）事实……只是'正确思想的反映'"（Scanlon T M. Being realistic about reasons. Oxford: Oxford University Press, 2014: 66）。

但这在斯坎伦眼中似乎并不构成一个问题，如其所言："假如我们无法说出对手的推理过程错在哪里，而只是说存在一个关于理由的形而上学事实，根据这一事实，我们对了他们错了。这是于事无补的。"① 的确，假如我们只是想要让那个奇怪社会意识到自己的错误，假设规范事实的存在确实于事无补，因为那无异于把我们的立场又重申了一遍。但如果这里的问题是要维护规范真理的客观性，"一个关于理由的形而上学事实"便正是道德实在论者所需要的。在我们无法说服我们的对手时，独立于道德话语和道德＊话语的规范事实能够帮助说明什么才是规范推理的正确起点，能够打破理由和理由＊之间的对称性，从而维护规范真理的客观性。我们也许永远都无法构想出一套论证来说服一个凶狠残暴但推理缜密的纳粹分子，但他仍然是错的，这是一个事实，独立于任何人的思想或者语言。并且，这一事实无法再次被还原为规范推理的结果，因为规范推理本身需要基于正确的规范起点以达到正确的规范结论。

三、非自然主义和随附性问题

根据斯坎伦或者其他道德非自然主义者的看法，道德属性或者事实所具有的规范性是自成一体的，这意味着道德属性以及所有具有规范性的属性都无法等同于或者还原为任何非规范属性，尤其是科学研究所发现的自然属性。然而，规范属性与非规范属性之间又有着紧密的关系。人们在为事物赋予相应的规范属性时似乎总是依照事物的非规范属性，而且，在非规范属性上不存在任何差别的两个事物，其规范属性之间亦难有差别。例如，当我们在判定面前的车是一部好车时，我们所依据的是这部车能耗低、动力强、故障少。若存在与这部车在能耗、动力、故障率等方面完全相同的另一部车，那部车也必定是一部好车。对于规范属性与非规范属性之间紧密的关系，哲学家们通常以"随附性"（su-

---

① Scanlon T M. Being realistic about reasons. Oxford：Oxford University Press，2014：27.

pervenience）概念来刻画①。属性 A 随附于属性 B，就意味着在 B 属性上不存在任何差别的两个事物在 A 属性上也不会有任何差别②。如果我们把这一论断理解为关于世界构造的形而上学判断，那么我们可以区分出两种意义的随附。

> 全局（global）随附：如果分别处于两个可能世界的事物拥有相同的非规范属性，那么，它们所拥有的规范属性也**必然**是相同的。

> 局部（local）随附：如果同一个世界中的两个事物拥有相同的非规范属性，那么，它们所拥有的规范属性也**必然**是相同的。

实际上，相较于局部随附，全局随附是多数元伦理学家更愿意接受的。其中一个关键原因是，非规范属性的外延实在太过广泛。如果时空位置也被我们视为非规范属性，那么根本不可能有任何非规范属性都相同的两个不同的对象存在于同一个世界之中。此即是说，在同一个世界之中，与某个对象在所有非规范属性上都相同的只可能是它自己。这样一来，局部随附的论断就变得很琐碎（trivial），因为一个对象当然和它自己拥有同样的规范属性③。并且，全局随附看起来极其合理，对它的

---

① 关于随附性概念的一个经典讨论，请参见 Kim J. Concepts of supervenience. Philosophy and phenomenological research, 1984, 45 (12): 153-176。

② 不同领域的哲学家面对不同的问题会对随附性概念有不同的表述, 我的表述仅仅勾勒了随附性的最基本内容。

③ 麦克·里奇（M. Ridge）把这一点清楚地指了出来。参见 Ridge M. Anti-reductionism and supervenience. Journal of moral philosophy, 2007, 4 (3): 330-348。但是，里奇认为，把关于随附性的论断表述为"规范属性随附于非规范属性"并不恰当。因为在他看来，描述主义者（descriptivist）可能会否认这一表述。比如，有些描述主义者认为，"好"就是"快乐"，并且"快乐"本身就是一种不可还原的属性。这样一来，"快乐"就成了规范属性，而不是非规范属性。而我们完全可以把不同数量的快乐分配到在其他方面完全相同的两个可能世界，因此，说"非规范属性都相同的两个可能世界必然拥有相同的规范属性"就是错的。然而，这种类型的描述主义如果能够成立，"快乐"这一属性不仅不能够还原为其他属性，而且还不能够随附于其他属性。也就是说，"快乐"这一属性必须能够独立于其他属性而自由变化，而这是极其不合理的。"快乐"这一心灵性显然随附于某些关于大脑神经的物理属性。此外，里奇之所以会否认"规范属性随附于非规范属性"的表述，是因为他要将随附性表述为一个分析真理（analytic truth），而这一点对于我的目的来说并不是必需的。我的目的是要把随附性表述为两类不同属性之间的形而上学关系，这种关系只要满足全局随附（亦即具有某种形而上学必然性）就足够了。

否认将意味着承认诸如这样的可能性：一个可能世界在其他方面完全等同于我们所处的世界，奴隶制在其中是正确的，应该得到赞美；或者，无论会有多痛苦，在其中的所有人皆有理由斩断自己健康的双腿。这类可能性听上去十分不可思议。由此可知，想象规范属性能够脱离非规范属性的制约而自由变动几乎是不可能的。因而，许多哲学家持有"全局随附蕴含在规范概念的意义之中"的观点，如果有人不承认这一观点，那么她或许并不能正确地使用规范概念。

但是，如果我们接受非自然主义的看法，将规范属性和非规范属性视为两类不同的属性，那么，我们似乎很难解释规范属性和非规范属性之间的全局随附关系①。原因在于，既然规范属性在根本上不同于非规范属性，为什么只要非规范属性不变规范属性必然也不会变呢？非规范属性如何能够把拥有独特规范性的属性锁定（fix）下来？这就是非自然主义者所遭遇的关于随附性的解释问题，我把它称为"随附性问题"②。

---

① 这个困难对于自然主义并不存在。因为，自然主义者认为，规范属性归根到底只是非规范属性的一种（即自然属性），因此，在自然属性方面没有差别的两个东西当然在规范属性方面也不会有任何差别。

② 随附性问题在不同的哲学家那里有不尽相同的表述。比如，麦基在解释其著名的"怪异性论证"时说："表达这种怪异性的另一种方式就是问，对于任何拥有某种客观的道德特质的东西来说，它的这种特质是如何与其自然特征关联起来的。'一个行为属于故意的残忍'——比如，仅仅为了取乐而引起痛苦——这个自然事实和'它是错误的'这一道德事实之间的联系是什么？这种联系不可能是蕴含（entailment）关系，亦即，不可能是逻辑的或者语义的必然性。然而，这两种特征不仅是一同出现，而且，（道德上的）错误必须以某种方式'随之而来'或者'随附'于自然特征。那个行为是错的，因为它属于故意的残忍。但到底是什么东西可以表达这里的'因为'呢？"（Mackie J. Ethics: inventing right and wrong. Harmondsworth: Penguin, 1977: 41）布莱克本更是把随附性问题改造成一个反对道德实在论的论证。参见 Blackburn S. Spreading the word. Oxford: Oxford University Press, 1984: 182 - 187; Blackburn S. Supervenience revisited//Essays in quasi-realism. New York: Oxford University Press, 1993: 130 - 148。其基本想法如下：（1）"道德属性随附于非道德属性"是一个概念真理（conceptual truth）；（2）任何纯粹的非道德描述都不可能在概念上蕴含（conceptually entail）道德描述（因为从"是"中推不出"应该"）；（3）道德实在论者无法解释为何（1）和（2）能够同时成立；因此，（4）道德实在论是错误的。尽管布莱克本的论证已经被证明并不适用于所有的道德实在论，尤其是自然主义的道德实在论，但随附性问题仍然对非自然主义构成挑战。参见 Ridge M. Anti-reductionism and supervenience. Journal of moral philosophy, 2007, 4 (3); McPherson T. Ethical non-naturalism and supervenience//Oxford studies in metaethics: vol. 7. Oxford: Clarendon Press, 2012: 205 - 234。本书的第九章对于此问题也有更进一步的讨论。

类似的问题在哲学的各个领域都会出现。例如，根据所谓"生机论"（Vitalism），有生命的存在从根本上不同于无生命的存在，所以生命这一属性不能还原为任何无生命的物理属性。但是，生机论者需要解释，为什么是否有生命的差别总是可以在物理属性的差别中找到根据。又如，心灵哲学中的二元论者（dualist）认为，物理状态无法充分解释心灵状态（尤其是意识状态），但他们也需要解释，为什么在物理状态上没有差别的两个事物在心理状态上也没有任何差别，亦即，为什么心灵属性随附于物理属性。可以说，非自然主义者、生机论者和二元论者所面对的是同一类型的问题，这类问题是要解释两类不同属性之间的一种特殊的形而上学关系。

面对随附性问题，非自然主义者的一个常见策略是寻找"共犯"（companions in guilt）。具体来说，他们尝试在其他领域中寻找两种具有随附关系的属性，然后论证这两种属性之间同样没有还原或者等同的关系。的确，在其他领域找到"共犯"对于非自然主义者而言并不难，比如上文提及的心灵哲学中的二元论者。但这并不意味着随附性问题得到了解决，就好像共犯再多也不等于无罪。因此，寻找共犯的策略更像是在逃避或者拖延问题。非自然主义者的另一个策略是借用其他领域对随附关系的说明来解释规范领域的随附性。例如，谢弗-兰道借助于心灵哲学中的"构成"（constitution）和"实现"（realization）概念，认为规范属性之所以随附于非规范属性，是因为每一个规范属性都由一系列非规范属性所构成；规范属性必然地随着非规范而变化，因为前者总是被后者所实现，但"构成"或者"实现"并不是"等同"，规范属性和非规范属性仍然属于两类，正如"一支铅笔在某一时刻的长度和重量被一种特殊的分子结构所固定和构成"[①]，而长度、重量等属性并不等同于分子结构的属性。在我看来，谢弗-兰道的解决方案或许是目前非自然主义者所能提供的最好方案，尽管这一方案可能会留有进一步的问

---

① Shafer-Landau R. Moral realism：a defense. Oxford：Oxford University Press，2003：77. 本书第九章会更加详细地介绍谢弗-兰道对于随附性问题的解决方案。

题。尤其是，既然他承认规范属性**完全**由自然属性所构成，那么，在形而上学上，我们似乎很难看出他的非自然主义与斯特金（Nicholas Sturgeon）和布林克（David Brink）等人所支持的非还原的自然主义有什么实质性的差别。接下来，我将批判性地考察斯坎伦所提出的另一个非自然主义方案。

四、斯坎伦论规范随附性

斯坎伦在《我们对彼此亏欠什么》（*What We Owe to Each Other*）一书中提出了一种关于道德对错的契约主义（Contractualist）理论。这一理论主张，一个行为在道德上是错误的就意味着，自愿合作并且充分知情的理性行动者有理由去拒斥批准这一行为的任何原则①。换句话说，斯坎伦是通过实践理由（practical reason）来解释道德对错的属性的。而他在《实在地看理由》（*Being Realistic about Reasons*）一书中又进一步将自己的立场命名为"理由基础主义"。因为，他认为，"关于理由的真理无法还原为或者等同于非规范的真理，比如关于由物理对象以及因果关系所组成的自然世界的真理。此外，本身不是关于理由的判断的理性或者理性能动性（rational agency）观念也无法解释关于理由的真理"②。此即是说，反映在关于理由的真理中的那种规范属性或者事实是基础性的，既不能从我们自身的视角中被建构出来，也无法被还原为任何自然属性或者事实。类似于摩尔对"好"的看法，斯坎伦主张"理由"这一规范概念无法被进一步定义。与摩尔不同的是，斯坎伦认为，理由是规范领域唯一的基础要素，其他的规范概念（比如"好"或者"应该"）都可以用理由概念来分析③。所以，如上所述，斯坎伦是

---

① 参见 Scanlon T M. What we owe to each other. Cambridge, MA: Harvard University Press, 1998: 147-188.
② Scanlon T M. Being realistic about reasons. Oxford: Oxford University Press, 2014: 2.
③ 关于斯坎伦和摩尔之间的比较，请参见 Stratton-Lake P, Hooker B. Scanlon versus Moore on goodness//Metaethics after Moore. Oxford: Clarendon Press, 2006: 149-168.

一个关于理由或者说关于基础规范事实的非自然主义者。

与此同时,斯坎伦意识到,非自然主义如果能够成立,他必须处理随附性问题。用他的话来说,他需要解释这一现象:规范事实"随着非规范事实的变化而变化,只要非规范事实不变,规范事实也不会变"①。而他采取了区分两种规范判断的策略。即在"混合的规范判断"(mixed normative claim)和"纯粹的规范判断"(pure normative claim)② 之间做出区分,并澄清了规范事实随附于非规范事实的情况到底出现在哪一种判断中。

让我们来看如下判断:

> 我感到口渴,桌上有一杯纯净水,那么,我有理由喝掉桌上的水。

因为这一判断本身蕴含了"我(确实)感到口渴"和"桌上(确实)有一杯纯净水"这两个关于自然世界的非规范判断,所以它属于典型的"混合的规范判断"。这一判断的真值(truth value)依赖于其中非规范判断的真假。如果我不是真的感到口渴,或者桌上的水并非纯净水而是被混入了有毒液体,那么我便没有理由喝掉桌上的水。由此可见,混合的规范判断所对应的规范事实(即"混合的规范事实")会随着其中包含的非规范事实而发生变化。在相关非规范事实一成不变的情况下,混合的规范事实亦不会变化。以上便是斯坎伦理解中的存在于规范领域的随附性现象。那么,如何解释这一现象呢?

在斯坎伦看来,混合的规范判断由两部分组成。除了相关的非规范判断之外,每一个混合的规范判断中还蕴含一个"纯粹的规范判断"。以上面喝水的混合的规范判断为例,其中纯粹的规范判断可以表述为:

---

① Scanlon T M. Being realistic about reasons. Oxford: Oxford University Press, 2014: 3.
② 此外,斯坎伦还利用这一区分来澄清"事实"与"价值"之间的两分。

假如某人感到口渴并且桌上有纯净水（无论事实上是否有这个人、无论他或者她是否真的感到口渴、无论桌上是否有纯净水），这些事实就会构成这个人喝掉桌上的水的理由。

这个判断之所以是"纯粹"的，是因为它并不蕴含任何关于非规范领域的判断，它并没有断言世界上是否真的有这个人，他或者她是否真的感到口渴以及桌上是否真的有纯净水。

纯粹的规范判断所描述的规范事实本质上是一种关系属性，即多个非规范事实之间存在的规范关系。如前文所述，对斯坎伦而言，可通过 $R(p, x, c, a)$ 来表示关于理由的判断。其中，p 表示某个非规范事实①，x 表示某个行动者，c 表示一系列特定的环境条件，a 则表示某个行为或者态度。$R(p, x, c, a)$ 说的是，在情境 c 中，p 是 x 做 a 的理由②。比如，"图书馆很安静是我选择在图书馆里写论文的理由"这个规范判断表述了一个在特定条件（c）下（包括"此时的我需要写论文""我写论文时不想被噪声打扰"等），"图书馆很安静"这一事实（p）与"我"（x）以及"在图书馆里写论文"（a）这个行动之间所具有的规范关系。而纯粹的规范判断所对应的就是 R 中诸元素之间的关系事实，可以表达为："无论事实 p 是否成立，如果 p 成立，那么它就是处在 c 条件下的某人做 a 的理由。"③ 根据斯坎伦的看法，正是纯粹的规范判断表达了 $R(p, x, c, a)$ 中的规范内容，是它赋予了 R 中的非规范事实规范意义；同时，"纯粹的规范判断的真理不依赖于、不随

---

① 上文提到，p 也可以指规范事实。比如，"这条法律不公平"这一规范事实可以成为我投票反对它的理由。但需要注意的是，即使在 p 指代规范事实时，为了解释 R 所对应的规范事实如何会随附于非规范事实，p 中必须包含对于非规范事实的判断。也就是说，p 必须至少是"混合的规范事实"。但斯坎伦并没有阐明这一点。

② 参见 Scanlon T M. Being realistic about reasons. Oxford: Oxford University Press, 2014: 30-32。

③ Scanlon T M. Being realistic about reasons. Oxford: Oxford University Press, 2014: 36-37.

着非规范事实而变化;纯粹的规范事实也不会'自己'变化"①。

因此,在斯坎伦看来,只有混合的规范事实才随附于非规范事实,因为只有在混合的规范判断中才包含对于非规范事实的判断,而一个混合的规范判断能否成立是由它所蕴含的非规范判断以及纯粹的规范判断共同决定的。再加上纯粹的规范事实是始终不变的,所以,混合的规范事实只能随着相关非规范事实的变化而变化。由于我们日常所做出的规范判断基本都是混合的规范判断②,规范事实随着非规范事实而变化的现象才会如此普遍。在斯坎伦看来,这一随附现象之所以让人们疑惑,是因为大家普遍认为,纯粹的非规范描述本身无法逻辑地蕴含(logically entail)任何规范描述(亦即,"是"中推不出"应该")。而一旦我们区分了混合的规范判断和纯粹的规范判断,并指出,只有混合的规范判断所反映的规范事实才随附于非规范事实,那个疑惑便迎刃而解了。因为混合的规范判断本来就包含对非规范事实的判断,相关的非规范事实变了,它的真值自然也要变。纯粹的非规范描述无法逻辑地蕴含的是纯粹的规范判断,只有纯粹的规范判断所对应的事实才不依赖于其他种类的事实。而且,正是纯粹的规范事实决定了混合的规范事实与相关非规范事实之间的依存和变化关系。如斯坎伦所言,"混合的规范事实依赖于非规范的事实,并且它们依赖于哪些非规范事实本身是一个规范问题,由纯粹的规范判断的真理所决定"③。

五、形而上学必然性与规范必然性

根据斯坎伦的说法,他关于日常经验中规范事实随附于非规范事实

---

① Scanlon T M. Being realistic about reasons. Oxford: Oxford University Press, 2014: 40-41.

② 在斯坎伦看来,类似"一个行为在道德上是错误的"这样的简单判断都是混合的规范判断。因为在他看来,判断某个行为在道德上是错误的,就是说它拥有某些属性,而这些属性可以提供理由来拒绝允许它的任何原则。

③ Scanlon T M. Being realistic about reasons. Oxford: Oxford University Press, 2014: 40.

的解释是对于"现象"的解释。他所要解释的是日常经验中规范事实随附于非规范事实的"现象"。这似乎意味着斯坎伦所要解释的不是多数元伦理学家所接受的全局随附,因为全局随附被理解为一种先验的必然真理。当然,我们可以从全局随附推论出随附现象:假如你不相信日常生活中一模一样的两个行为可以一个对一个错,很自然地,你也不会相信和种族灭绝一样的事件如果发生在别的时空就会变得美好,或者生理构造上与人类没有任何差别的生命不配拥有任何道德地位。但随附现象是否可以推论出或者等同于全局随附?这就不是一个很容易回答的问题①。无论如何,接下来让我们来探究一下斯坎伦的方案是否能够解释全局随附这一真正对非自然主义构成挑战的随附②。

请回忆我们在上面提到的全局随附:

> 如果分别处于两个可能世界的事物拥有相同的非规范属性,那么,它们所拥有的规范属性也**必然**是相同的。

假设 X 和 Y 两个人分别存在于两个可能世界,并拥有完全相同的非规范属性。根据斯坎伦的解释,关于 X 的某个规范判断 N 如果是真的,亦即,如果 X 拥有 N 所赋予的某个规范属性,那是因为关于 X 的某些非规范事实以及 N 中所蕴含的纯粹的规范事实是存在的。既然 Y 和 X 在非规范属性方面没有差别,那么,Y 也拥有 N 所赋予的那个规范属

---

① 斯坎伦似乎确信他的方案能够解决对于非自然主义构成威胁的随附性问题。

② 对于具体的随附现象,非自然主义者可以提出各种解释。比如,马修·克莱默(Matthew H. Kramer)认为,随附现象本质上是一种道德现象。他说:"当一个道德实在论者被要求解释随附性现象时,他或她应该注意到我刚才提到的诸因素。亦即,对于这一现象的合理解释是聚焦于现象背后的伦理根据的一种伦理解释。"(Kramer M H. Moral realism as a moral doctrine. Oxford: Wiley-Blackwell, 2009: 352-353)因此,我们之所以认为生理构造上与我们没有差别的生命也同样拥有道德地位,或者认为种族灭绝发生在哪里都是错的,是出于道德的理由,属于实质性的道德判断。事实上,如果斯坎伦仅限于解释日常的随附现象,他的理论和克莱默的理论是有几分相似的,因为他也认为,混合的规范事实依赖于非规范事实,并且它们依赖于哪些非规范事实本身是一个规范问题。因此,他似乎也能同意随附现象实质上是一种规范现象。但是,由于非规范判断和混合的规范判断分别对应两类不同的事实,斯坎伦对随附现象的解释又可以作为对两类事实之间的形而上学关系的一种说明。对此,斯坎伦并没有明确否认。

性,而这只能是因为,关于纯粹的规范事实的真理是必然的,适用于每一个可能世界。如果在 Y 所生活的世界里,N 所蕴含的纯粹的规范判断是假的,那么,Y 就可以与 X 在规范属性方面有差别。这样,全局随附就不成立了。因此,对于斯坎伦来说,解释全局随附的关键,在于证明关于纯粹的规范事实的真理在每一个可能世界都是真的。换言之,斯坎伦需要解释,为什么联系规范领域与非规范领域的纯粹的规范事实是必然而不是偶然(contingent)的。

事实上,这正是接受全局随附的非自然主义者共同面对的问题,亦即如何解释非规范事实与被它们所固定的规范事实之间的必然联系。而斯坎伦的方案是用纯粹的规范事实所具有的必然性来说明这种必然联系,因此可以说,他是把随附性问题还原为解释纯粹的规范事实的必然性的问题。可是,还原问题并不等于解决问题。如果纯粹的规范事实所拥有的必然性弱于全局随附所蕴含的必然性,那么斯坎伦的解释仍然是失败的。所以,现在的问题变为:纯粹的规范事实在何种意义上是必然的,它拥有的必然性能否满足全局随附的要求?

显而易见,要解决这个问题,我们既要了解斯坎伦所说的纯粹的规范事实拥有何种必然性,又要清楚全局随附所蕴含的是何种必然性。依照斯坎伦的看法,规范与非规范之间的随附关系实际上"属于规范问题,是规范必然性(normative necessity)的事例"①。此即是说,在斯坎伦看来,关于纯粹的规范事实的真理所具有的是一种"规范必然性"。此外,斯坎伦还表示,他对"规范必然性"的使用是和基特·法恩(Kit Fine)一致的。

基特·法恩在《必然性的种类》("The Varieties of Necessity")一文中认为,(某些)规范判断的必然性不同于、也无法还原为形而上学必然性。我相信纯粹的规范事实所具有的必然性便是他所说

---

① Scanlon T M. Being realistic about reasons. Oxford: Oxford University Press, 2014: 41.

的那种规范必然性的一例。①

问题在于,所谓的"规范必然性"究竟是什么?

法恩的模态多元论(Modal Pluralism)提出了三种形式的基本必然性:形而上学必然性(metaphysical necessity)、自然必然性(natural necessity)和规范必然性②。三者分别源于事物的同一性、自然秩序和规范秩序。而这三种形式的必然性分别适用于形而上学、自然科学和伦理学领域的探索。而且,其中每一种必然性都是自成一体的,都不能还原为其他形式的必然性。形而上学必然性是克里普克(Saul Kripke)和刘易斯(David Lewis)这样的"模态形而上学家"(modal metaphysician)所关注的必然性。拥有形而上学必然性的命题包括基本的逻辑真理(例如,$\forall x (x=x)$)、数学真理(例如,$5+7=12$)、概念真理(例如,红花是红的),以及基于对象本质(essence)的真理(例如,卡尔·马克思是人)等。这些真理的共同特征是,我们无法想象它们是假的。用"可能世界"的语言表达就是,它们在任何一个可能世界里都是真的。既然全局随附要求规范属性与非规范属性之间的联系适用于所有可能世界,那么,我们可以合理地认为,全局随附所蕴含的必然性是一种形而上学必然性。同时,这也解释了为什么有很多哲学家认为全局随附是一种概念真理。

相较而言,如万有引力定律等物理法则中的自然必然性便没有这么强。如法恩所说,"我们当然可以想象,因此这在形而上学上也是可能的,支配着我们宇宙运行的很多自然法则会失去效力,比如,物体之间的引力服从立方反比法则而不是平方反比法则"③。最后,规范必然性表达的是基本的规范原则,尤其是道德原则(比如,若无特殊情况,我

---

① Scanlon T M. Being realistic about reasons. Oxford: Oxford University Press, 2014: 40.

② 参见 Fine K. The varieties of necessity//Gendler T S, Hawthorne J, eds. Conceivability and possibility. New York: Oxford University Press, 2002: 253-281.

③ Fine K. The varieties of necessity//Gendler T S, Hawthorne J, eds. Conceivability and possibility. New York: Oxford University Press, 2002: 257.

应该信守诺言）中的必然性。即便法恩没有定义何为"规范必然性"，但他明确表达了，道德事实对于自然事实的随附正是在规范必然性的意义上成立的。

> 假设 D 是关于这个世界的完全的自然描述，那么我们倾向于对如此描述的世界做出某些道德判断——亦即，如此这般的（such-and-such）一个结果是不幸的，或者如此这般的行为是错的。但是，只要我们准备做出这样的判断，我们也会说，这些判断是真的并非偶然。在那些具体的环境中，那种结果**必须**是不幸的，那种行为**必须**是错的。①

乍一看，法恩的观点和斯坎伦的观点若合符节，两人都认为规范领域的随附性属于规范必然性。然而，问题的关键在于，法恩所理解的随附性并不是斯坎伦所要解释的全局随附。因为，在法恩看来，规范必然性是自成一体的一类必然性，不可以被还原为任何一种形而上学必然性；规范必然性并不要求随附关系在所有的可能世界都成立，那是形而上学必然性的要求。在这方面，规范必然性和自然必然性是类似的，"正如我们倾向于认为，如果一个台球在某些条件下撞击另一个台球，那么，另一个台球必须移动，因此我们也倾向于认为，如果我在某些条件下向某人做出承诺，那么我必须遵守诺言"②。同样，正如我们可以想象被撞击的台球不会发生位移，我们也可以想象，存在某个可能世界，在其中我们并没有信守诺言的道德义务。也就是说，法恩所理解的随附关系在形而上学上是偶然的，仅适用于和我们这个世界邻近的可能世界。让我们把这种随附关系称为"规范随附"，它可以表达为：

> 规范随附：若分属两个**邻近的**可能世界的事物拥有相同的非规

---

① Fine K. The varieties of necessity//Gendler T S, Hawthorne J, eds. Conceivability and possibility. New York: Oxford University Press, 2002: 267.

② Fine K. The varieties of necessity//Gendler T S, Hawthorne J, eds. Conceivability and possibility. New York: Oxford University Press, 2002: 267.

范属性，那么，它们所拥有的规范属性也必然相同。

很明显，规范随附不是全局随附，因为全局随附蕴含的是形而上学必然性而不是规范必然性。如果斯坎伦对"规范必然性"的使用真的和法恩一致，那么，诉诸规范必然性他只能解释规范随附而不能解释全局随附。这样的话，斯坎伦所赋予纯粹的规范事实的必然性就不足以说明全局随附所蕴含的那种必然性。因此，随附性问题就没有得到解决。

当然，斯坎伦可能误解了法恩，也就是说，他所理解的"规范必然性"其实和法恩并不一样。如果是这样的话，要解释全局随附，纯粹的规范事实所拥有的必然性（亦即斯坎伦所理解的"规范必然性"）就必须是一种形而上学必然性。在斯坎伦的论述中，确实有一段话能够暗示他正有此意：

> 纯粹的规范事实也不会"自己"变化……如果我们反思什么是纯粹的规范真理，这一点似乎是很明显的。但我认为，经过反思，我们不应该为此感到疑惑。既然在最明显的意义上——亦即，依赖于自然世界的偶然事实（的意义上）——纯粹的规范事实不是偶然的，那么，我们为什么要认为它们在某个其他意义上是偶然的呢？①

在这里，斯坎伦似乎要表明纯粹的规范事实拥有一种形而上学必然性。其论证过程是，根据定义，纯粹的规范事实不依赖于自然世界中的任何非规范事实，那么，它们在任何意义上都不是偶然的。也就是说，它们在形而上学是必然的。然而，这个推理是不成立的。即使某种事实不依赖于其他更为基本的事实，这也推不出关于这种事实的真理在所有可能世界中都为真。比如，即使牛顿的万有引力定律或者微观世界的某些物理规律是根本性的，无法得到进一步的解释，它们在形而上学上仍然是偶然的。根据法恩的看法，它们只拥有自然必然性。斯坎伦在这里混淆了无法解释的原始事实（brute fact）和拥有形而上学必然性的事

---

① Scanlon T M. Being realistic about reasons. Oxford: Oxford University Press, 2014: 41.

实，他似乎没有意识到原始事实完全可以在不同的可能世界中发生变化。因此，他只是说明了纯粹的规范事实属于无法解释的原始事实，但这并不意味着它拥有形而上学的必然性。

如果上面的论证是可靠的，那么，斯坎伦就不能通过证明纯粹的规范事实具有形而上学必然性而解释全局随附。但是，在斯坎伦对随附问题的讨论中，他流露出这样的想法，即全局随附是一个关于规范判断或者规范概念的概念真理。斯坎伦似乎认为，全局随附蕴含于规范判断的基本结构（即 R（p, x, c, a））之中，只要你理解基本规范概念（即理由）的内容，那么你就必须承认规范事实与非规范事实之间的全局随附关系。比如，他说：

> 规范对非规范的依赖关系非常不同于心灵对物理的依赖。**规范判断就是要对非规范事实（的规范意义）做出判断**。混合的规范事实随非规范事实而变，以及它们依赖哪些具体的事实，都由纯粹的规范真理所决定。而且，纯粹的规范真理"自己"不会变本身也是一个规范问题。相比之下，关于心灵现象的判断将心灵属性赋予物理状态，这一点并不是那些判断的**内容**的一部分，并且，关于"心灵作用"（mentalistic）的真理并没有**规定**哪些物理状态依赖并随它们而变化。①

斯坎伦还表示同意准实在论者布莱克本下面的观点：

> 准实在论者将会把（伦理属性和自然属性之间的）共变（co-variance）以及依赖关系的不对称视为对如下事实的反思结果：评价是基于一个对象的自然属性而做出的，没有这一限制，根本就没有任何可识别的伦理判断。②

根据这些说法，使用规范判断，就是基于事物的非规范特征来赋予

---

① Scanlon T M. Being realistic about reasons. Oxford: Oxford University Press, 2014: 39.
② Scanlon T M. Being realistic about reasons. Oxford: Oxford University Press, 2014: 41.

它们相应的规范特征。因此,只要事物的非规范特征不变,它的规范特征也必然不会变。这是蕴含在规范判断基本内容中的真理,根本无需解释。相比之下,我们无法通过对心灵判断(即关于心灵属性的判断,比如"我感到头疼")进行分析而发现心灵属性与物理属性之间的随附关系。心灵属性随附于物理属性的发现来自科学研究,对它的解释在于说明这两种属性在形而上学上的关系,亦即揭示两者相互作用的机制。而斯坎伦认为,对于规范属性和非规范属性之间的随附关系,我们根本无需这么做。只要我们搞清楚了构成规范判断 $R(p, x, c, a)$ 的基本元素及其关系,尤其是非规范判断和纯粹的规范判断在其中所扮演的角色,全局随附这一结论就可以从中分析出来。这样一来,斯坎伦对全局随附的看法就与斯特拉顿-莱克(Philip Stratton-Lake)和胡克(Brad Hooker)的看法如出一辙[1]。

这是一个概念真理:如果你有理由关心 A,那么必定有某个东西提供那个理由。(提供理由的)那个东西便是理由随附于其上的东西。如果你出去散步的理由是散步令人愉快,那么这个理由便随附于散步所带来的愉快。如果你骑自行车上班的理由是保持健康,那么这个理由便随附于骑车让你保持健康这一事实。理由随附于其他属性,这是因为必须有某些东西来提供理由。这没什么神秘的,也不需要进一步的解释。[2]

---

[1] 值得注意的是,斯特拉顿-莱克和胡克正是在辩护斯坎伦对"好"(goodness)的"卸责解释"(buck-passing account)时提出的这一看法。这不是一个巧合。斯坎伦认为,非规范属性与规范属性之间的联系之所以让人费解,其中一个原因就是,人们将目光集中于诸如"好"这样似乎是直接附着在自然对象上面的规范属性,而不是"理由"这种关系属性。而"卸责解释"正是要否认"好"具有直接提供理由的功能,而将"好"视为一种标示其他能够提供理由的非规范属性的符号。这相当于把"好"分析为"拥有某些能够提供理由的属性",因而,所有关于"好"的规范判断就都可以分析为关于理由的判断。如此一来,"好"与其他非规范属性之间的随附关系也可以通过对理由判断的分析来解释了。斯特拉顿-莱克和胡克似乎预先看到了这一点。

[2] Stratton-Lake P, Hooker B. Scanlon versus Moore on goodness//Horgan T, Timmons M, eds. Metaethics after Moore. Oxford: Clarendon Press, 2006: 164.

这一看法的核心，是把全局随附中两种属性或者事实之间的形而上学关系还原为两种概念或者判断之间的关系，进而论证此关系属于概念真理，可以通过对规范概念进行分析而得出。然而，并不是所有的概念真理都不需要进一步的解释。众所周知，概念是我们思想的内容，属于我们对世界的看法。而属性则是对象拥有的特征，属于世界的真实面貌。一般来说①，前者用来指称或者表现后者。正如我们的思想内容可能错误地反映世界的真相，我们的概念有时也并不对应真实的属性。比如，我们拥有关于妖魔鬼怪的概念，但世界上并没有妖魔鬼怪。因此，即使我们的概念中规定了规范属性与非规范属性之间的必然联系，这种联系仍然可能是不存在的。也就是说，规范属性与非规范属性之间可能并不存在全局随附所说的那种形而上学联系。让我用一个例子来阐明这一点。

假设在有人发现黑天鹅之前，所有的人都相信天鹅是白色的。在人们的概念中，天鹅和白色这两个属性是必然地联系在一起的。也就是说，"天鹅是白色的"是一个概念真理。有一天，有人看到了一只黑天鹅。在得知了这个消息之后，很多人的反应是承认自己错了，并修改了关于天鹅的概念。于是，天鹅不再是一种只可能是白色的鸟，天鹅和白色这两个属性之间的必然联系也就不复存在了。但有一些人不愿意修改自己关于天鹅的概念，他们认为，那只"黑天鹅"实际上并不是天鹅，而是另一种和天鹅十分相似的鸟。理由很简单，那只鸟是黑色的，而天鹅只能是白色的。很明显，这一理由是不充分的。我们很自然地会问，为什么天鹅必须是白色的？是什么在形而上学上解释了天鹅和白色这两个属性之间的必然联系？

同样地，虽然在斯坎伦对规范概念的分析中，规范属性全局随附于非规范属性，我们还是要问，是什么解释了这两种不同属性之间的随附关系？为什么规范属性非要被非规范属性所固定，而不能自由变动？这

---

① 当然，有的概念只是用来表达情感态度的。

恰恰是非自然主义者所面对的随附性问题。即使全局随附是一个概念真理，亦即，否定它就意味着没有正确地掌握规范概念，它也不同于"红花是红的"这类概念真理。因为"红花是红的"断言的只是一种属性与其自身的同一关系，而对于非自然主义者来说，全局随附涉及两种完全不同的属性之间的必然联系。仅仅指出这种联系是概念上的规定是不够的，除此之外，斯坎伦还需要在形而上学上解释为什么会存在这样的概念规定。因为，归根到底，随附性问题是一个形而上学问题，而不是概念问题。如果要把前者完全还原为后者，斯坎伦需要提供更多的理由。

第八章 为什么不强硬一点？

一般来说，建立一个元伦理学理论需要兼顾两种类型的考虑：一种来自作为道德话语使用者的道德行动者自身的道德经验，另一种考虑则是普遍的哲学考虑，比如形而上学和认识论方面的考虑。之所以如此，是因为元伦理学探索本身的性质。元伦理学通常被视为伦理学与哲学其他部门交会互动的领域，亦即，是直接的或者沉浸的道德经验接受哲学考察的领域。与两种考虑相应，我们可以在元伦理学研究中识别出两条进路[①]。第一条进路主要被独立于道德经验的哲学考虑所驱动，倾向于让普遍的哲学考虑来决定对道德经验的解释。让我们把这条路径称为"外在进路"。外在进路所产生的元伦理学理论经常蕴含着对直接道德经验的修正甚至拆穿，也就是说，根据那些理论对道德经验的解释，站在道德行动者的内部视角所确认到的某些道德经验或者直觉实际上无法得到辩护，或者说，我们的道德经验中蕴含着某种欺骗。

---

① 参见 Brink D. Moral realism and the foundations of ethics. Cambridge：Cambridge University Press，1989：chapter 2；Finley S. Four faces of moral realism. Philosophy compass，2007，2（6）：820 – 849；FitzPatrick W J. Ontology for an uncompromising ethical realism. Topoi，2016，37（4）：537 – 547。

在当代的元伦理学文献中，不少论证都诉诸本体论上的简洁（parsimony）这一哲学考虑来表明，我们应该放弃对道德客观性的信念，还有一些论证借助对道德信念的社会历史、心理学或者生物学解释，来削弱我们对客观道德真理的执念。麦基的"怪异性论证"当然是典型代表。另一个代表来自吉尔伯特·哈曼（Gilbert Harman）。根据哈曼的看法，我们只需要诉诸关于自身的心理事实，尤其是在成长过程中习得的道德感就可以解释我们为什么会拥有如此这般的道德信念，而完全不需要预设任何客观的道德事实或者道德属性[①]。如此理解，我们之所以相信某些而不是另一些道德信念为真，这是被我们所接受的教育和熏陶决定的。持有某些道德信念（并依照其做出判断并行动）本身便是在延续其所对应的教化，而正是那种教化所塑造的伦理视角产生了那些道德判断。在这个意义上，我们之所以相信某些道德判断为真只是因为我们相信它们。很明显，这与我们多数人的道德经验相悖。

相比之下，第二条进路更加看重作为道德行动者的内在道德经验，而不是普遍的哲学考量。让我们将之称为"内在进路"。根据内在进路，元伦理学探究不仅要从对于道德经验的反思出发，而且始终要受到我们对道德话语的直觉的限制，这种限制往往还要压倒外在的哲学考虑。这并不意味着内在进路会让我们的道德经验免于批判或者修正，比如我们可能发现道德视角内部的不融贯，但内在进路所导向的元伦理学理论会倾向于确证道德视角内部的直觉，尤其是会排除那些颠覆道德要求的客观性和绝对性的理论，无论那些理论在本体论上或者认识论上有多少优势。

当然，外在进路与内在进路之间并没有截然分明的界限，没有哪个合理的元伦理学理论可以完全无视道德视角内部的或者外部的考虑。一

[①] 参见 Harman G. The nature of morality: an introduction to ethics. New York: Oxford University Press, 1977: chapter 1. 值得一提的是，哈曼提出的只是一个挑战，或者只是开启了元伦理学的一个话题。他自己的元伦理学立场可以被视为某种版本的还原论自然主义，因为他相信道德事实最终可以还原为关于意图和共识的自然事实，并因此在解释经验现象中发挥作用。

方面，是道德经验划定了元伦理学研究的范围，元伦理学家当然不能无视我们的道德经验，否则他便改变了元伦理学的研究主题；另一方面，元伦理学家也无法完全抛弃更为广泛的哲学考虑，否则他的理论就有把主观印象或者幻象当成客观事实而照单全收的风险。因此，外在进路与内在进路的区分基本上是程度的问题，元伦理学家的任务就是在两种极端之间寻找平衡。比如，为了让自然世界容纳客观的道德价值，有些道德实在论者选择革新我们对于道德的日常理解，亦即，放弃一些我们关于道德的直觉（比如，道德必然提供行动理由），即使那些直觉是在我们使用日常道德话语时所坚信的①。

在我看来，道德非自然主义者坚定地站在了内在进路这一边，因为他们试图维护沉浸于道德话语的我们关于道德的几乎所有直觉，尤其是"道德要求具有绝对的规范效力"这一直觉，为此而不惜挑战流行的自然主义世界观。寂静主义实在论者也属于内在进路的阵营，尽管他们否认客观的道德价值会招致额外的本体论承诺，而想要把捍卫道德客观性的任务限定在规范领域内部。但寂静主义实在论者似乎走得太远了，远到甚至不想讨论规范领域之外的普遍哲学问题。例如，德沃金想要拒斥所有"声称站在整体的道德信念之外、基于与道德信念无关的前提或者态度而对道德整体下判断"② 的元伦理学理论。内格尔也说："对于它们（即关于道德的怀疑论立场）的回应必须来自道德内部而无法基于元伦理学的层次"③，甚至，"我们只有放弃关于实质性伦理学的元理论才能捍卫道德理由"④。这些说法基本意味着对外在进路的拒斥。我已经在前面几章批评了这种立场。我的看法是，对道德本质的探究需要在内在进路和外在进路之间取得平衡。换言之，我认可目前元伦理学的一般

---

① 参见（比如）Railton P. Moral realism. Philosophical review，1986，95（2）：163 - 207。
② Dworkin R. Objectivity and truth: you'd better believe it. Philosophy and public affairs，1996，25（2）：88.
③ Nagel T. The last word. New York: Oxford University Press，1997：vii.
④ Nagel T. The last word. New York: Oxford University Press，1997：125.

实践方式。

一、简要的回顾

之前几章的主题是对于寂静主义实在论的批评，尤其是站在强硬的实在论立场所提出的批评。在进入新的讨论之前，让我们首先回顾一下批评的主要内容。我试着以对话的方式来进行回顾，对话在寂静主义实在论者和强硬的实在论者之间展开，Q 代表前者，而 R 代表后者。

Q：奴隶制在道德上是错误的，这是一个事实，是真理。为了证明这一点，我们需要举出各种理由来反对奴隶制，比如，奴隶制将巨大的痛苦无端地施加给奴隶，奴隶仅仅被当作工具使用，没有人格尊严可言，维持奴隶制要求持续不断的暴力，等等。如果我们有决定性的理由反对奴隶制，那么奴隶制事实上就是错的。因此，"奴隶制是错的"这样一个道德事实的存在是由它与反对它的理由之间的规范关系决定的，我们只需要运用道德推理发现这种关系，而无需引入任何特殊的实体或者属性。

R：道德推理与存在问题无关。道德推理只是预设了反对奴隶制的那些理由（以及奴隶制的错）的存在，而没有真的证明其存在。道德推理试图发现能够证明奴隶制在道德上错误的理由，但对于道德实在论者来说，还有一个进一步的问题，即那些理由（以及奴隶制的错）是否在一个更普遍的意义上存在，或者说，它们是否在世界中真实存在。正确的道德推理只是预设了对于这个问题的正面回答，而没有正面回答这个问题。尤其是，正确的道德推理无法帮助我们决定（比如）错论是对的还是道德实在论是对的。麦基也不会否认关于奴隶制的道德推理，但他认为那些理由无法在世界中存在，并且，对于道德真理或者道德客观性来说，理由能否在世界中存在至关重要。一般的道德实在论者也同意，理由需要在更普遍的意义上存在，并且认为，理由在那个意义上确实存在。

Q：错论支持者和道德实在论者都错了。他们所说的"世界"并不清楚。"世界"指的是所有为真的语句所反映的事实吗？如果是的话，道德或者规范事实当然在世界中存在。"世界"指的是科学所发现的自然世界吗？如果是的话，道德或者规范事实不需要在那个世界中存在，因为它们不是科学事实。没有特定的单一属性使得所有事物都存在于同一个"世界"中。不同的事物有不同的存在方式。物理对象存在是因为它们处于时空之中或者有因果效力；数字存在是因为它们与其他数字拥有合适的算术关系。因此，存在的标准总是相对于不同领域而定的。道德或者规范属性是否存在，这是规范领域的内部问题，是一个规范问题。只要规范探究的内部标准认可某些理由的存在，那些理由便存在，而不需要在任何一个进步的意义上存在。如果正确的规范推理告诉我们，我们有理由反对性别歧视，那么，反对性别歧视的理由就存在，这就好像如果正确的数学推理告诉我们 9 到 13 之间存在一个质数 11，那么，11 就存在。

R："世界"指的是独立于任何特定人类视角或者立场的现实。它既不是无所不包，又不是空无一物，它具体包含什么是形而上学的核心议题。自然主义者认为，科学研究可以为我们提供一个世界中存在什么的标准，而非自然主义者则相信，世界中真实存在的事实或者属性并不局限在科学研究所可能发现的范围。比如，非自然主义者大卫·伊诺克认为，要在世界中真实存在就必须通过某种"不可或缺测试"（indispensability test）。物理对象存在于世界之中，是因为它们在解释我们的经验现象时扮演着不可或缺的角色，而规范事实同样存在于世界之中，是因为它们对于我们站在第一人称的视角来理解我们的实践慎思不可或缺①。实在论者要捍卫道德真理的客观性，就必须证明道德事实或者属性存在于独立于任何特

---

① 下一章会展开讨论伊诺克的观点。

定人类视角或者立场的世界之中。

Q：道德或者规范事实不应该以形而上学的方式理解。为了维护道德真理在我们道德行动者的视角中所具有的客观性，道德事实不需要在超出规范推理所能确立的意义之外存在。也就是说，道德价值应该以及可以具有的客观性就是实质性的规范推理所能赋予它的客观性，不多也不少。道德价值的客观性不能通过将其视为其他类型的客观事实来保证，也不需要引用其他领域的标准来检验。我们能依赖的只有关于价值或者理由的规范推理，而不是什么本体论承诺。

R：一个句子或者一个理论的本体论承诺可以被理解为其真值条件的一部分。也就是说，如果一个句子或者理论的真要求世界之中包含 F，那么，这个句子或者理论就有对于 F 的本体论承诺。如此理解，道德实在论者需要在本体论上承诺道德事实或者道德属性的存在，以作为道德陈述的使真者。

Q：本体论问题本质上是相对于领域而言的问题。只要某对象是真陈述所谈论的主题，它就存在。只要某陈述被其所属的合法领域的内在标准所认可，它就为真。只要某领域不包含与其他合法领域相冲突的陈述，它就是个合法领域。规范领域是个合法领域，其内在探究标准会认可很多规范陈述为真，而规范陈述的主题是要描述规范事实，尤其是关于理由的事实，所以规范事实或者理由是存在的，并且，它们的存在不需要满足其他别的标准。

R：如果道德事实最终是由规范推理的标准确立的，那么可能存在两套（或者以上）相冲突的道德事实，分别被不同的两套各自融贯的规范推理标准所认可。很明显，这两套不相容的道德事实不可能都客观存在，就像奴隶制不能既在道德上是错的，又应该被道德允许。但如果不引入外在于规范推理的事实，如何打破这种对称呢？

Q：这是规范领域内部的问题，只有诉诸规范推理才能决定哪套道德事实或者规范标准真的存在。即使现在我们还不知道答案，未来将会有更好的规范论证告诉我们哪套道德事实真实存在。

R：这高估了规范推理的效力，好像它能给我们客观道德真理所需要的全部。但任何一种推理都必须始于某处，规范推理也不例外。并且，规范推理的终点依赖于其起始点，要达到正确的终点，规范推理必须从正确的起始点出发。规范推理本身无法彻底弥合不同起始点所造成的差异。正确的规范推理所产生的结论如果是客观真理的话，那么，推理也要始于一个客观的规范事实。而这一根本的规范事实不会再是任何规范推理的产物，如果是的话，将会产生无穷后退的问题。根本的规范事实或者标准需要在一个超出规范推理所能够建立的意义上存在。因此，我们需要首先在本体论上承诺某些规范事实的存在，正是这些事实构成了规范推理的起点。

Q：假设我们充分运用了规范领域的最好标准进行推理都无法证明对方是错的，做出本体论承诺或者引入进一步的形而上学事实也不能改变什么。

R：改变什么？当然，引入进一步的形而上学事实不会帮助我们在道德论辩中取胜，对手不会被"看，我们的道德观点符合客观的道德事实"这样的说法说服。但这里讨论的不是如何处理一阶道德分歧的问题，而是如何解释道德客观性的元伦理学问题。具体的问题是，为了确证道德在我们直觉中所具有的客观性，我们需要在本体论上做出怎样的承诺。

二、强硬的规范性与客观性

然而，寂静主义实在论者可能还是会怀疑，在形而上学上承诺了独立于任何特定视角或者立场的规范事实是否真的可以解释更多的东西。因为他们完全可以同意，某些规范推理的出发点比其他规范推理更好，并且这是一个"事实"。他们也可以用"独立于立场的规范事实"来指称通过规范推理已经发现的以及未来将会发现的规范真理。区别仅在于，寂静主义实在论者是在一种非形而上学的意义上使用"事实"这个词的，亦即，那些"事实"的存在不会为世界增添任何额外的、自然或者非自然的实体、属性或者关系，也不需要通过其他领域的、普遍或者特殊的存在标准。"这些（规范）'事实'仅仅是真思想的反映。"① 那么，为什么规范事实或者属性必须在一个独立于任何视角、立场甚至思想语言的世界中存在呢？为什么规范事实的存在需要形而上学的辩护呢？坚持规范事实在世界中存在到底能解释道德话语的什么特征呢？这些问题的答案都与道德标准所具有的"强硬的规范性"（robust normativity）密切相关。

当代已有不少讨论涉及强硬的规范性与仅仅形式的规范性（formal normativity）之间的区分②。根据通常的理解，具有强硬的规范性的对象（道德和逻辑规则是典型的例子）能够给我们的行动或者态度提供绝对的理由，即不依赖于我们之前所有的偶然欲望、意图或者信念的理由，因而对我们有一种特殊的权威。与之相对，只要自身拥有可违背的正确性标准（比如游戏或者礼仪），都算拥有形式的规范性。茱蒂丝·汤姆森（Judith Thomson）的一个例子可以进一步阐明这一区分。

> 假设你在下国际象棋，下一步棋轮到你走。但你突然得知，如果你不平行移动你的象，几百人就会死！这时，你还有同样的义务不那么做吗？你还必须或者应该不那么做吗？这个问题就很蠢。③

假如汤姆森关于这个例子的直觉是对的，也就是说，在那种情况下仍然坚持遵守国际象棋的规则很蠢，那么，例子中就涉及两类具有不同规范

---

① Scanlon T M. Being realistic about reasons. Oxford：Oxford University Press，2014：66.

② 参见（比如）Copp D. Moral naturalism and three grades of normativity//Schaber P, ed. Normativity and naturalism. Frankfurt：Ontos-Verlag，2004：7-46；Thomson J J. Normativity. Chicago：Open Court，2008：chapter 6；McPherson T. Against quietist normative realism. Philosophical studies，2011，154（2）：223-240。

③ Thomson J J. Normativity. Chicago：Open Court，2008：90.

效力的要求：一类是像"你应该救几百人的生命"这样的道德要求，另一类则是像"国际象棋中的象只能沿斜线进退"这样的要求。虽然国际象棋的规则设定了判断走棋是否合法的标准，但即使违反了规则似乎也没有什么大不了。违反象棋规则的错误不会让一个人背负严重的内疚和自责，也不会让他的选择有什么严重的缺陷。他也许只是想尝试一种新的游戏。在这个意义上，国际象棋规则仅仅具有形式的规范性。借用史蒂芬·芬利（Stephen Finlay）的术语，形式的规范性仅仅是"相对于规则"的规范性（norm-relative normativity）①，只要有相关规则可以作为正确与否的标准，就有形式的规范性。因此，形式的规范性可以没有牢固的理性基础，一个人甚至可以凭空创造出一套规则出来。然而，"你应该拯救无辜生命"就不是任何人可以随意违反的规则。在上面的例子中，如果你选择继续遵守国际象棋规则而不去救数百人的生命，那么你就犯下了一个严重的错误，你的选择就会有重大的缺陷。道德②并不是人们可以选择玩或者不玩的游戏，也不是一套用以区分阶层或者增加认同的礼仪。道德是应用于我们行为的客观标准，是每个人都参与其中而无法逃避的"游戏"。道德所具有的这种强硬的规范性才是实在论者想要解释并确证的东西。

既然道德具有强硬的规范性，那么用以判断我们在道德上应该如何行动的理由标准也要具有强硬的规范性。回想我们在上一章提到的拥有奇怪理由*的社会。在那个社会中，理由*标准会辩护诸如"当看到有人落水时我们有理由*直接走开"这样的判断。即使理由*标准被那个奇怪社会中的人视为拥有强硬的规范性，就像我们对待自己的道德标准一样，即使理由*标准自身非常融贯，我们也会认为，理由*标准仅仅

---

① 参见 Finlay S. Recent work on normativity. Analysis, 2010, 70 (2): 332。

② 这里所说的"道德"不是哈特（H. L. A. Hart）所说的"实证道德"（positive morality)，后者只是"一个特定的社会族群事实上接受与共享的行为规范"（Hart H L A. Law, liberty, and morality. Oxford: Oxford University Press, 1963: 20)。这里的道德更接近于哈特所说的"批判道德"（critical morality)，是能够经得起理性反思、有适当理由所支持的基本行为规范。

拥有形式的规范性而已。我们自己的基本理由标准才具有强硬的规范性。但问题在于，如何解释这种差异？理由＊标准缺少了什么？

强硬的实在论者诉诸形而上学上客观存在的规范事实来解释强硬的规范性。我们的（至少某些基本的）理由标准之所以具有强硬的规范性，是因为它们正确地反映了规范事实。也就是说，客观存在的规范事实自身就蕴含了关于理性行动者应该如何行动的绝对命令，而我们关于理由标准的（某些）信念正确地描述了那些规范事实的性质，因而表达了我们所具有的绝对理由。作为理性行动者，我们无法否认那些理由以顺应自身的利益，就好像我们无法否认科学事实来顺应自身的偏见一样。我们的理由标准对于我们（以及那个奇怪社会）有一种特殊的规范效力，是因为它们的内容与外在的规范事实有一种符合的关系。具体来说，我们的理由标准典型地包含诸如"某个事实 p 是在 c 环境中采取行动 a 的理由"这样的判断。如果"事实 p 支持在环境 c 中做 a"这一关系事实确实存在于独立于任何特定人类视角或者立场的现实之中，那么包含于"某个事实 p 是在 c 环境中采取行动 a 的理由"这一判断中的规范效力便是强硬的，而不是形式的。因为，规范事实和自然事实一样在世界中存在，无法随意被创造，其强硬的客观性解释了理由或者道德标准的强硬的规范性。换言之，正是因为规范事实在一种强硬的形而上学意义上存在，相应的理由标准才具有强硬的规范性。以一种违背规范真理的方式行动当然有严重的问题，正如拒绝相信客观上为真的事实。

相比之下，虽然那个奇怪社会的理由＊标准也能判断哪些关于理由＊的主张正确与否，但理由＊标准并不反映（甚至并不旨在反映）在世界之中真实存在的规范事实。即使存在符合理由＊标准的"真"规范命题，并且在这个最小意义上，那些命题正确地描述了规范事实＊，但那些命题只拥有形式的规范性，因为它们所描述的事实＊和使得我们的规范判断为真的事实并不拥有一样的形而上学地位。那些事实＊只是从奇怪社会内部的理由＊标准中建构出来的，最终反映的只是一群（奇怪的）人的共识或者偏好。假如斯坎伦是对的，规范事实只在针对特定领域的意义上存在，那么，鉴于国际象棋领域并不包含与其他正当领域相冲突的判断，关于国际象棋规则的事实也将在同样的意义上存在。对于强硬的实在论者来说，这意味着我们的道德信念将和关于国际象棋规则的信念（以及奇怪社会的道德＊信念）一样，只拥有形式的规范性，因为并没有独立于规范推理的形而上学事实使其为真。

简言之，对于强硬的实在论者来说，强硬的规范性与仅仅形式的规范性之间的差别，是通过关于相关正确标准的事实所拥有的不同形而上学地位来解释的。强硬的规范性对应的是客观的、先于规范推理的规范事实，而仅仅形式的规范性对应的则是关于群体偏好、选择或者共识的事实。这种解释当然是一种形而上学解释，因此要遭遇到形而上学的挑战：我们有什么理由相信规范事实的存在？这种事实如何相融于自然主义的世界？规范事实与自然事实之间又有什么关系？这些问题无法通过一阶规范推理来解决。

然而，根据寂静主义实在论，规范事实不能以形而上学的方式理解，而只能以内在于规范领域的方式理解，亦即把规范事实的存在本身理解为一种由规范领域内部标准确立的规范主张。因此，上面提到的形而上学并不能为寂静主义实在论者所用。但根据设定，我们的理由标准和奇怪社会的理由＊标准都声称自己是唯一正确的标准，并且也确实被各自的追随者视为具有强硬的规范性。那么，为什么说只有我们的理由标准才真的具有强硬的规范性呢？很明显，寂静主义实在论者所能提供的解释肯定会诉诸某种我们的理由标准有而理由＊标准没有的特征，并且，这种特征不能反映关于理由标准的规范事实的形而上学地位。既然寂静主义实在论者所提供的解释是规范层面的解释，那么，这种特征必须在规范视角之内才能被确认到。比如，寂静主义实在论者可能会说，我们的理由标准之所以具有强硬的规范性，是因为它们可以得到进一步、更基本的理由的辩护。但理由＊标准也可以有与之对称的优势，亦即理由＊标准也可以得到进一步、更基本的理由＊的辩护。或者，寂静主义实在论者会说，我们的理由标准之所以具有强硬的规范性，是因为它们是在对我们的所有规范信念进行反思平衡的操作之后的最终结果。然而，只要反思平衡的方法无法消除不同伦理出发点所导致的差异并保证会同（convergence）①，理由＊标准也可以是那个奇怪社会成员进行反思平衡之后的最终结果。对称性问题又出现了。这当然不是巧合，因为对于每套仅仅拥有形式的规范性的标准来说，都存在拥有与之形式上对称的竞争者或者类似之物（考虑一下英式橄榄球、美式橄榄球和澳式橄榄球）。因此，对称性问题会出现在任何仅仅拥有形式的规范性的标准之上。而要证明我们的理由标准具有强硬的规范性正是要解决对称性问题。

寂静主义实在论者可能会反对说，形式上的对称并不重要，重要的是实质内容，我们的理由标准是因为其实质内容才具有强硬的规范性的。因此，只要我们的理由标准可以被具有如此这般的理由（而非理由＊）证成，或者是我们（而非那个奇怪社会）反思平衡的最终结果，它们就具有强硬的规范性。但这不等于说，强硬的规范性只可以在我们（而非他们）的伦理视角之内得到解释。但为什么呢？如果没有进一步的说明，这种回应只是预设了我们的道德话语及理由标准具有强硬的规范性，而没有对之进行论证。最终，寂静主义实在论者可能干脆放弃进一步解释强硬的规范性，而将之视为一种原始事实。他们当然可以这么做，但这将是寂静主义实在论者的一个代价或者缺陷，因为这等于放弃解释道德话语的一个不可商量的特征。在这一点上，作为一套元伦理学理论的寂静主义实在论输给了另一套理论，即强硬的实在论。当然，寂静主义是否会全面输给强硬的实在论，这还要取决于后者能否很好地回应对它的外在挑战，尤其是形而上学挑战。

---

① 斯坎伦也承认，反思平衡无法保证伦理信念的会同，参见 Scanlon T M. Rawls on justification//Freeman S, ed. The Cambridge companion to Rawls. Cambridge：Cambridge University Press, 2002：151-153. 此外，反思平衡方法的坚定拥护者诺曼·丹尼尔斯（N. Daniels）也认为，在价值多元的社会中想象通过反思平衡来达成伦理判断的会同只是"哲学家的美梦"。参见 Daniels N. Justice and justification：reflective equilibrium in theory and practice. Cambridge：Cambridge University Press, 1996：144-150。

三、克服内部挑战：规范概念与规范属性

为了解释我们关于道德话语客观性的诸多直觉，道德实在论者认为，我们的道德概念和道德判断旨在如实地反映外部世界的真实规范特征。例如，真诚地判断拐卖人口是错的，并不只是在表达我们的情感或者意图，也不只是在陈述一个关于社会共识或者文化习俗的事实，而是在表征这样一个独立于我们的思想或者态度的客观事实：拐卖人口这类行为拥有一种特定的道德属性，即是错的。然而，在判断某类行为事实上拥有某种道德属性的同时，我们也在做评价，并且，这样的道德评价在我们的实践生活中扮演着重要的角色。如果我们认为某个行为在道德上是错误的，我们往往就会有决定性的理由不去做它。如此一来，我们就会问，把某种属性归于某类对象这样的事实表征如何能够成为影响实践的评价呢？描述一个道德事实如何能够构成对于相关行为的赞成或者反对呢？道德属性为什么会与行动理由相关？这些问题源于我们的道德经验，因为在直觉上，我们的道德判断似乎既是在描述，又是在评价。在这个意义上，这些问题构成了对于道德实在论的内部挑战。

有多种不同的属性都与评价相关。例如，如果我们评价一辆汽车是好车，那么我们会列举出这辆车所拥有的一些属性，比如动力强、省油、空间大等。然而，单单列举出这些使得这辆车是好车的属性并不足以让我们将之评价为好车。某个人可能同意这辆车确实拥有那些自然属性，但可能同时并不认为这辆车是好车，也许因为他并不把汽车当作交通工具而是当作艺术品，或者因为他对于汽车的功能一无所知。当然，多数人都会认为动力强、油耗低可以使得一辆汽车成为好车，但即使是这种情况，我们也不会认为仅仅列出这些属性就完成了评价，甚至，就算是我们完全列举出了相关的自然属性也不行。为什么呢？因为，除了提及那些自然属性之外，把一辆车评价为好车意味着那些自然属性赋予了这辆车一种规范意义（normative significance），使之值得我们的认同

和推荐，或者存在认同和推荐的理由。这一规范意义使得"好"这一规范属性不同于那些使其为好的自然属性。也就是说，具有"好"这一规范属性，是因为拥有相关的自然属性而拥有正面的规范意义，而不仅是拥有那些自然属性而已。

道德评价亦是如此。当我们评价某个行为在道德上是对的，我们不只是在描述使之为对的各种属性。例如，即使享乐主义版本的功利主义是对的，也就是说，当且仅当某一行为（相比其他的行为）能够给整体带来最多快乐时，它才是对的，在我们判断某个行为是对的时，我们也并不只是说这个行为拥有使快乐最大化这一属性。很明显，只有我们在使用道德概念（比如"好""坏""对""错""善良""残忍""卑鄙"等）时我们才在进行道德评价活动。即使我们相信，一个行为的对错完全取决于其所带来的后果对于总体快乐的影响，说一个行为是对的也并不只是在重复它所带来的后果。说一个行为是对的仍然是在赋予其一种（稍微不同于"好"的）规范意义，只是，这一规范意义的存在，是因为使得该行为对的诸多自然属性存在①。虽然道德属性（"对"）依赖于自然属性（"使快乐最大化"）的存在，甚至，道德属性就是由自然属性所构成的，但是，是规范意义而非"使快乐最大化"这一自然属性直接解释了道德评价为什么会有指导行动的特征。也就是说，能够提供给我们绝对的理由去行动的是"这在道德上是对的"（或者"这是在道德上应该做的"），而不是"这会使快乐最大化"。因此，道德属性和自然属性似乎有着质的差别，道德属性不可以等同于自然属性，即使前者的存在依赖于后者，或者后者构成了前者。

在我看来，以上的论点解释了摩尔开放问题论证为什么具有直觉上的吸引力。摩尔的论证思路②是这样的：首先，评价概念（比如"好"）

---

① 在多数情况下，都是各种自然属性使得某对象具有特定的道德属性。但有时候，规范属性也可以构成道德属性。比如，有时候我们会说，某个政策在道德上是对的，是因为它促进了社会公平。

② 参见 Moore G E. Principia ethica. Cambridge：Cambridge University Press，1903：chapter 1.

当然是有意义的，这意味着评价概念指称外部对象。其次，评价概念要么是可以定义的，要么是不可以定义的；如果是可以定义的，那么，对于评价概念的定义要么会用到（别的）评价概念，要么完全是"自然主义的"，亦即定义项不包含任何评价概念。最后，任何对于评价概念的自然主义定义都会产生"开放问题"，也就是说，无论定义项指代怎样的自然属性，我们总是可以有意义地问："被定义的评价概念所指称的对象就是那些自然属性吗？"对于这样的问题，即使充分理解相关概念的人也无法给出完全确定的回答。所以，评价概念不可以用完全自然主义方式来定义，这意味着最基本的评价概念是无法定义的，还意味着评价概念所指称的属性不是自然属性。根据上面的论述，摩尔式的问题之所以是开放的，是因为指称自然属性的概念缺乏基本评价概念所具有的规范意义，或者，自然属性缺乏规范属性所具有的规范意义。

当然，这不是对开放问题论证的唯一解释。另一种有影响力的解释来自非认知主义或者表达主义①。这种解释认为，关于规范概念的定义之所以总是会产生开放问题，是因为我们关于规范属性的谈论只是表达了我们关于自然属性的非认知态度（比如情感、意图或者命令），而原则上我们总是可以对相同的自然属性持不同的态度。这一看法曾受到菲利帕·富特（Philippa Foot）的批评②。在富特看来，我们当然不能对特定对象持任意的态度，我们可以持有的态度受到了对象真实属性的约束。比如，如果没有特殊的解释，我们不能说："这是一辆好汽车，因为它根本就开不走。"但更为重要的是，不论我们对某一对象持有或者可以持有何种态度，这些非认知态度的差异都不是产生开放问题的原因。因为，即使把对于某对象可以持有的所有非认知态度都集合起来共同构成对于某一评价概念（比如"好"）的定义，我们还是可以有意义地问："能够持有所有这些不同的态度就是好吗？"对于任何一种非认知

---

① 参见 Stevenson C. Ethics and language. New York：AMS Press，1944。
② Foot P. Moral arguments. Mind，1958，67（268）：502 - 513；Foot P. Moral beliefs. Proceedings of the Aristotelian society，1959，59：83 - 104.

态度，我们似乎都可以问："我们应该持有这种态度吗？"或者问："持有这种态度对吗？"因此，诉诸非认知态度来解释评价概念与自然概念之间的差异似乎行不通，因为非认知态度本身也会受到评价概念的约束。评价概念所包含的规范意义既不可以还原为任何一种非认知态度，也不能还原为持有不同非认知态度的可能性。

然而，对于当代的多数自然主义者来说，摩尔的开放问题论证最多证明了评价或者规范概念①不同于自然概念，或者说，规范概念不可以完全被自然概念分析，但摩尔的论证并不能表明规范概念所指称的规范属性不是自然属性②。因此，我们不能从概念层面的讨论直接得出关于形而上学层面的结论。虽然在概念的层面，"好"不同于"使快乐最大化"或者其他自然概念，但在形而上学层面，"好"可能就是"使快乐最大化"，就好像"水"是"H_2O"一样。这一看法中所蕴含的关于概念和形而上学两个层面的区分当然是成立的，但这推不出规范属性真的能（像水还原为 H_2O 一样）还原为任何自然属性。如自然主义者彼得·雷尔顿所言：

> 即使摩尔的"开放问题"论证无法被用来直接反对关于某人的好的（自然主义）诠释，只要这种诠释并不声称自己所表达的是概念真理，但通过追问摩尔式的问题，仍然可能对这样的自然主义诠释构成反对。因为对于任何一种用 Q 来改造 P 的定义或者还原 P 的理论尝试来说，如果有人能证明 Q 无法把握到 P 概念中的某些核心成分，这都将构成挑战。这将使得"我能看到这是 Q，但这是 P 吗？"这一问题具有真正的说服力，而不仅仅是可能性而已。③

---

① 我承认，"评价"和"规范"在语义上存在差别，并且这种差别在某些语境下可能是重要的。但就目前的讨论而言，这一差别并不重要，因此，"评价"和"规范"在本章中是可以相互替换的。

② 参见（比如）Brink D. Moral realism and the foundations of ethics. Cambridge：Cambridge University Press, 1989；Sturgeon N. Moore on ethical naturalism. Ethics, 2003, 113 (3)：528-556。

③ Railton P. Naturalism and prescriptivity. Social philosophy and policy, 1989, 7 (1)：158.

这里所说的自然概念所把握不到的"某些核心成分"就是规范意义，或者规范性。说某个对象拥有某个规范属性，这是在表征某个事实。或者更确切地说，是在表征关于该对象的（自然）属性所具有的规范意义的"元事实"，比如，该对象的属性是好的或者坏的，是否构成了善或者恶，是否能够辩护某类行为或者为某类行为提供理由，等等。即使这样的规范意义是因一系列的自然属性而获得的，规范意义本身也不等同于自然属性，自然属性只可以拥有或者实现规范意义而已①。

如果以上的论述是合理的，那么，那些试图将关于自然属性的规范意义还原为自然属性的理论方案便威胁到了我们的道德评价，至少威胁到了我们日常对于道德评价的理解。假如"道德上的对"这一属性就是（比如）"使整体的快乐最大化"这一自然属性，就像水是 H_2O 一样，那么，在把行为评价为对（或者错）的时候，我们事实上是在谈论那些行为是否将整体的快乐最大化了，只不过是使用了不同的概念，即"道德上的对"。不仅如此，道德概念"道德上的对"还有误导性，因为其语义会产生摩尔式的开放问题，阻碍我们发现"道德上的对"事实上就是将快乐最大化。可以预见，如果把道德概念都替换成可操作的自然概念，我们在处理"道德"议题时会变得更加清晰和高效。要是这样的话，为什么不把"道德上的对"，以及"善恶""义务""应该""理由"等道德概念清除出我们的语言呢？在我看来，这样的提议用在水即 H_2O 的事例上似乎是可以接受的。当我们发现水就是 H_2O 之后，原则上我们可以摆脱"水"这个概念而只使用"H_2O"去指称我们原本用"水"来指称的东西。这似乎并不会对我们的认知和实践活动造成什么大的影响，而只是改变用词习惯而已。然而，假如把所有的道德概念都从我们的语言中清除出去，那么道德评价就不复存在了。也就是说，假如我们

---

① 参见 Dancy J. Nonnaturalism//Copp D, ed. The Oxford Handbook of Ethical Theory. Oxford: Oxford University Press, 2006; Parfit D. On what matters: vol. 2. Oxford: Oxford University Press, 2011: 328-341; Enoch D. Taking morality seriously: a defense of robust realism. Oxford: Oxford University Press, 2011: 104-108。

用关于总体快乐增减的概念替换道德概念，结果就是，用以约束我们言行的普遍规范和理由，一切崇高、邪恶、舍生取义、突破底线都只是对总体快乐的计算而已，那些在我们的实践慎思中独立于欲望和快乐的规范考虑，归根到底也只是幻觉或者工具而已。在水的事例中，我们只是换了一个词来继续谈论水，水还在那里，不增不减。但在道德的例子中，当我们用指称自然属性的概念来谈论道德时，道德就消失了①。

当然，道德自然主义者会提出比享乐主义的功利主义更加复杂精致的还原方案，但上面的论点依然成立：把道德属性还原为自然属性会威胁甚至取消道德评价这一实践活动。对于彻底抛弃内在进路的自然主义者来说，这也许是可以接受的，但对于想要保留道德评价的自然主义者来说，真的困难是，关于规范性的属性（而非具有规范性的属性）如何可以被完全自然化。

我愿意承认，并不是评价活动中所涉及的所有规范属性都不可以在形而上学上还原为自然属性。在非道德评价中，至少有一些相关的评价标准是可以用指称自然属性的语词来表达的。这时，规范属性可以被视为自然属性。例如，锋利且耐用可以使得一把刀成为好刀，这是因为，相比不锋利且不耐用的刀，锋利且耐用的刀可以更高效地完成我们赋予刀的功能，而我们创造出来的刀之所以拥有这种功能，又与我们的需求和意图相关。其中所涉及的所有属性似乎都可以自然化，因此好刀的好也可以还原为自然属性。然而，道德评价与非道德评价似乎非常不同。把某个行为或者政策评价为道德上是错的，并不是先确定将其所属的类别被创造出来的目的，然后参照那目的将它视为那类事物中有缺陷的或者不合格的成员。说某个行为或者政策道德上是错的，是在说它在道德上有缺陷或者就是错的，而不管它或者同类对象所要达到的目的是什么，甚至

---

① 有些哲学家认为这并不是坏事（参见 Garner R. Abolishing morality. Ethical theory and moral practice, 2007, 10 (5): 499-513）。抛去关于这种观点本身的严重问题不论，在当代的文献中，并没有哪个自然主义的道德实在论者会真的主张废除道德概念。

不管它有没有目的①。道德标准的规范意义似乎非常不同于人工制品优劣标准的规范意义,不同之处在于,道德标准会产生绝对理由或者义务,这些理由或者义务的规范效力并不依赖于任何行动者先在的意图和欲望。不应该杀人取乐,就是不应该杀人取乐,不论任何人怎么想,也不论杀人者的杀人欲望有多强烈。与此相对,很难想象"某个行为所拥有的某些特征提供了行动的绝对理由"这一事实如何可以是一个自然事实。

在当代的文献中,确实有几种想要把强硬的规范性自然化的方案。但每一种方案都有严重的问题。例如,信奉新亚里士多德主义的自然主义者主张,规范人类行为的道德标准可以从人类这一物种所特有的目的或者功能中推论出来,而这些目的或者功能是以纯粹自然主义的方式刻画的,诉诸的是生物学或者行为学上的事实②。如此理解,道德基本上成为一种服务于特定目的或者功能的人造物,而类似于其他人造物③。然而,问题在于,无论这些理论家所最终选定的生物目的或者功能是什么,我们总是可以继续追问:为什么我们必须严肃看待这些目的或者功能,以至于让它们来提供绝对的行动理由?或者,那些服务于生物目的的性情或者做法是否真的能够得到辩护?这样的问题无法通过诉诸我们事实上拥有的生物特征来回答。例如,即使科学理论证实,绝大多数男性天生就有随意移情别恋的倾向,尽管这种倾向是生物演化的产物,服务于繁衍人类后代的目的,这也不能证明,男性真的有理由去顺应这种倾向行动。这里的要点是,科学理论所揭示的事实无法直接产生约束行动的规范标准,相反,那些事实上存在的生物目的或者功能本身需要经过理由的辩护才能指导我们的生活实践。因此,我们并不清楚道德标准如何可以从生物学或者生物行为学中推论出来。

另一个试图将道德属性自然化的方案来自康奈尔实在论(Cornell

---

① 请回忆上文关于强硬的规范性和仅仅形式的规范性之间的区分。
② 参见 Hursthouse R. On virtue ethics. Oxford: Oxford University Press, 1999; Foot P. Natural goodness. Oxford: Clarendon Press, 2001。
③ 当然,道德不是某个人或者某群人创造的,而是经历了复杂的历史磨合过程的社会创造。

Realism)。根据这种方案，虽然道德属性不可以还原为非道德的自然属性，但道德属性本身是一种复杂的自然属性。如理查德·博伊德（Richard Boyd）所言："行为、政策、性格特征在道德上是好的，只要它们倾向于促进人类益品（human goods）的实现，或者帮助发展和维持它们自身的统一性所依赖的自我平衡机制。"① 按照这种说法，"道德上的好"只是"因果地产生促进各种彼此关联、动态平衡的人类益品之实现的倾向"这一复杂的自然属性。只要所涉及的人类益品和其中的复杂关系都可以用自然主义的方式解释，那么，这样一种理论似乎就可以将"道德上的好"这一道德属性完全自然化。然而，如果我们在生活中都有理由去追求那些益品的话，那些益品本身一定要基于强有力的理由。不仅如此，实现那些益品的方式也要受到实质性的道德考虑的约束。因此，为了解释道德要求的规范效力，"促进……动态平衡的人类益品之实现"这一复杂的自然属性需要预设实质性的规范属性。而这些更基础的规范属性又能成为怎样的自然属性呢？即使如康奈尔实在论者所相信的那样，道德属性事实上因果地约束了我们对于道德概念的使用，这也是无济于事的。面对应该如何行动、如何生活的问题，为什么我们事实上使用概念的方式如此重要？这里的问题是，道德要求所具有的规范性是否可以用纯粹自然主义的方式来解释，而不是某个语义学理论是否能够解释道德概念的指称是如何确定的。因此，康奈尔实在论的自然主义方案也无法解释强硬的规范性。

毫无疑问，自然主义的各个方案都需要更加细致深入的讨论，我在这里只是提纲挈领地指出其主要问题②。我想说的要点应该是很清楚

---

① Boyd R. How to be a moral realist//Sayre-McCord G，ed. Essays on moral realism. Ithaca：Cornell University Press，1988：203.

② 相关讨论请参见 Shafer-Landau R. Moral realism：a defense. Oxford：Oxford University Press，2003；Dancy J. Nonnaturalism//Copp D，ed. The Oxford handbook of ethical theory. Oxford：Oxford University Press，2006；Parfit D. On what matters：vol. 2. Oxford：Oxford University Press，2011；Enoch D. Taking morality seriously：a defense of robust realism. Oxford：Oxford University Press，2011；FitzPatrick J W. Skepticism about naturalizing normativity：in defense of ethical nonnaturalism. Res philosophica，2014，91（4）：559-588。

的，即试图将强硬的规范性完全自然化的方案很难避免不在某一点上引入或者预设具有强硬的规范性的事实或者属性。我们的道德概念中所蕴含的规范意义不同于任何自然事实所承载的规范意义。因此，道德属性和自然属性更有可能是两**类**不同的属性，而这正是所有道德非自然主义者所共享的信念。

在道德话语的使用者和实践者那里，道德要求所具有的规范效力独立于任何行动者对于它的看法，所有人的生活都要受到道德要求的约束。而道德非自然主义者的基本动机便是维护道德要求的这种规范性，在他们看来，一旦把道德事实或者属性还原为其他种类的事实或者属性，道德的规范性就会受到损失。有一些基本的道德事实，比如，痛苦是坏的，快乐是好的，人身自由应该被保护，公平很重要，强权不是公理，自利并不是唯一的伦理考虑，等等，被非自然主义者视为自成一体而不可还原的规范事实，尤其不可以还原为任何自然事实①。综合以上的讨论我们可知，为了调和道德话语内部关于道德表征与道德评价之间的张力，非自然主义者可以给出如下的方案：

> 通过赋予道德属性来表征事实本身就是在评价，这是因为道德属性是关于不可还原的规范意义的属性，而不可还原的规范意义正是道德评价的核心。

根据道德非自然主义，如果我们不想放弃或者修改日常概念中对道

---

① 康奈尔实在论者也主张，道德属性不可以还原为其他自然属性，因此，康奈尔实在论有时也被称为"非还原的自然主义"。但需要注意的是，康奈尔实在论者之所以认为道德属性不可还原，主要是因为道德属性的示例太过于复杂，以至于没有哪个其他科学分支的概念可以代替道德概念。此外，道德属性之所以仍然是自然属性，是因为它们在解释自然世界的经验现象时不可或缺。参见 Sturgeon N. Moral naturalism//Copp D, ed. The Oxford handbook of ethical theory. Oxford：Oxford University Press，2006。因此，伦理学是和心理学或者生物学一样具有独立地位的自然科学。用菲茨帕特里克（W. FitzPatrick）的话来说，康奈尔实在论者"更多是被关于语义学以及解释的考量所驱使，而并不关注如何把握伦理属性与伦理事实所具有的规范或者评价本质"（FitzPatrick J W. Robust ethical realism, non-naturalism and normativity//Shafer-Landau R，ed. Oxford studies in metaethics：vol. 3. Oxford：Oxford University Press，2008：181)。而这正是康奈尔实在论与道德非自然主义之间的差别。

德评价的理解，我们便有理由相信，世界上存在某些无法被非规范的概念完全把握的属性和事实。然而，弗兰克·杰克逊（Frank Jackson）认为，承诺无法还原的规范属性存在是多余的，因为这就好像，行为的诸多构成其对错依据的自然特征并不足以辩护或者拒斥那些行为①。但这是对于日常道德经验的曲解，因为如此一来就变成：

> 我看到某个行动会拯救一个人却导致很多人丧命，但这并不足以辩护我不去做那个行动。真正重要的是，那个行动拥有一种额外的（不可还原的）属性，而只有伦理概念才能把这一属性识别出来。②

毫无疑问，上述图景确实不符合我们的道德经验。使得某行为在道德上是错的各种自然属性（比如"会拯救一个人却导致很多人丧命"）当然足以使之为错，并且能够直接为任何人选择不去做它提供辩护。但是，承诺不可还原的规范属性存在并不是为了做任何一阶辩护工作，而是为了解释那些自然属性之所以会使行为变错的辩护效力，更确切地说，是为了解释这种辩护效力的客观性。当一个人引用"会拯救一个人却导致很多人丧命"来为不采纳某个行动辩护时，我们也许会问：为什么是这个自然属性而不是其他属性具有如此的辩护效力？而道德实在论者的答案最终必定是：这是因为这一自然属性在道德上是相关的或者具有相关的规范意义。而正是这一规范意义或者相关性无法完全自然化，我们才需要承诺不可还原的规范事实或者属性来说明其客观性，以保证"会拯救一个人却导致很多人丧命"确实在道德上很重要并且确实可以辩护某些行为。

借助"什么使得道德判断为真"与"什么辩护了道德判断"之间的区分，我们可以换种方式把同样的论点表述一遍。乍看起来，这一区分

---

① 艾伦·吉伯德（A. Gibbard）也有类似的批评，请参见 Gibbard A. Thinking how to live. Cambridge, MA: Harvard University Press, 2003: 16.

② Jackson F. From metaphysics to ethics: a defence of conceptual analysis. Oxford: Oxford University Press, 1998: 127.

似乎有些奇怪。假设你知道某个行动会导致很多无辜的民众失去生命，所以选择不去做它。你的选择当然是可以得到辩护的。如果我问你："那个行动是错的，为什么这一点是真的？"你很可能会说："因为它会夺走很多无辜的民众的生命！"在日常语境中，你的回答听起来完全没有问题。据此，我们似乎可以得出结论：那个行动在道德上是错的，使得这一点为真的是它所导致的后果。而这似乎意味着，使得道德判断为真的考虑正是可以为之辩护的考虑。且慢！首先，杀死很多无辜的生命使得那个行动是错的，这当然没错。但这并不足以使得"那个行动是错的"这一道德陈述客观上为真。如上文所述，把某个行动评价为在道德上是错的，并不只是陈述使得其为错的诸多属性而已。张三可能将"杀死很多无辜的生命"这一属性归于某个行动，却并不把那个行动评价为错的，也许就是因为张三是个邪恶的人。但毫无疑问，张三是错的。杀害无辜是错的，这一点客观上为真。如何解释这一事实呢？张三显然知道那个行动可以导致很多无辜生命的死亡，也就是说，他在认识使得那个行动为错的自然属性上没有犯错。张三的错误在于，他没有意识到或者没有真正领会到那些自然属性的规范意义。因此，使得"杀死很多无辜的生命是错的"这一道德判断为真的东西必须包括关于"杀死很多无辜的生命"的规范意义的事实。我们的道德论断所要直接表征的，正是这些关于规范意义的事实。即使我们不会引用这些事实来进行一阶道德辩护，我们对客观道德真理的承诺本身就预设了这些事实。

与杰克逊的批评类似，最近，梅丽斯·埃杜尔（Melis Erdur）也试图站在道德视角的内部去质疑承诺独立的、不可还原的规范事实是否合适。她写道：

> 把独立的道德实在作为道德真理的最终来源，这一想法使得任何道德错误总是取决于某种独立实在所包含的指令的存在！……我们会问：如果种族灭绝和奴隶制仍然造成同样多的苦难和伤痛，但并不存在独立的实在规定它们是错的，那它们就不错了吗？合适的说法难道不应该是"即使没有独立的实在规定它们是错的，种族灭

绝和奴隶制仍然是错的"吗?①

埃杜尔指出，提出这样的反事实问题并不是要质疑是否必然存在独立的道德事实。在道德实在论者那里，道德事实当然是必然存在的，因此这些反事实问题都基于一个错误的预设。埃杜尔真正想要质疑的是："把独立的道德实在作为种族灭绝之所以错的最终原因，这在**道德上**是否说得通?"② 在这个意义上，她是站在道德视角的内部提出了一个反对道德实在论的道德论证。

埃杜尔有一点说得没错：即使世界上存在一种特殊的道德实在，上面写着"种族灭绝是错的"，它也不会告诉我们种族灭绝为什么是错的。来自道德事实的指令并不是让我们相信很多事情之所以错或者之所以对的理由。但这并不能证明道德实在论是错的。实在论者也同意，种族灭绝之所以是错的，主要是因为它所带来的巨大伤痛和灾祸。道德实在论者承诺独立的道德实在，并不是要辩护任何一阶道德判断，而是要解释，像伤痛和灾祸这样的事实为什么确实与道德相关，为什么会构成我们反对种族灭绝的理由，尽管这世界上一直都会有人不在乎特定族群的需求和利益，哪怕这些人并没有自相矛盾。其中一个解释是这样的：我们需要依赖一系列的理由标准来说明为什么种族灭绝所带来的巨大伤痛构成了我们反对它的决定性理由；如果种族清洗在道德上是错误的，那么那些理由标准对于所有理性行动者都有一种特殊的规范性；这就要求"伤痛是坏的、应该消除的"或者"伤痛提供理由"本身是一个基本的事实，是一种独立实在，而理由标准的规范性便来自其与独立实在的符合，或者说来自其为真。

因此，承诺独立的道德事实并不是要它在道德视角内部做什么特殊的工作，或者说，道德事实的客观存在本身在道德上并没有什么特殊的

---

① Erdur M. A moral argument against moral realism. Ethical theory and moral practice, 2016, 19 (3): 597.

② Erdur M. A moral argument against moral realism. Ethical theory and moral practice, 2016, 19 (3): 597.

意义。在道德上重要的事实只是那些我们引用来作为理由进行道德推理的、具体的自然事实或者规范事实。道德实在论者只是主张，我们需要借助形而上学的客观实在来说明这些具体的事实所具有的特殊规范意义。即使由于某些形而上学的原因，关于规范意义的客观事实不可能存在，这也不会使得种族灭绝变成对的，而只会使我们对种族灭绝的道德判断更加依赖于我们自身的视角。这种变化是关于一阶道德判断的元伦理学地位或者客观性的变化，而不是关于道德判断的实质内容的变化。假如关于规范事实的本体论承诺无法应对外部的形而上学挑战，我们可能会接受寂静主义实在论的主张，认为道德判断的真假完全由规范领域内部的推理所确立。或者，我们可能退到某种版本的表达主义，继续判断种族灭绝是错的，甚至相信这是一个真理或者事实。总之，在二阶元伦理学立场和一阶道德判断之间没有一条直接相通的路径。

根据埃杜尔的判断，道德实在论的错误在于，"它把道德事实对于道德判断的独立性放到了过高的位置，以至于其他的因素，包括真正使得事物对或者错的要素都丧失了重要性"，但"像奴隶制、种族灭绝、折磨婴儿这样的事情不必是**独立地**错才能成为**真正地错**"[①]。在我看来，承诺独立的道德实在不会让反对奴隶制或者种族灭绝的理由丧失重要性，客观道德事实的引入并不是要去代替那些实质性的理由。但我确实相信，如果道德规范对于种族灭绝或者折磨婴儿这样的暴行的禁止要拥有我们通常所赋予它的规范性，亦即我们关于种族灭绝或者折磨婴儿的道德判断要具有强硬的规范性，道德事实必须在一个相当独立的意义上存在。

让我们再来考虑一下关于国际象棋规则和道德规则之间的对比。象棋规则所拥有的（形式）规范性并不会因为其（事实上）最终依赖于我们的偏好和选择而消失，因为我们通常不会认为象棋规则需要对所有的

---

① Erdur M. A moral argument against moral realism. Ethical theory and moral practice, 2016, 19 (3): 598-599.

理性行动者都有约束力，而不管他们事实上拥有怎样的欲望或者意图。但如果有人说，种族灭绝是不是错的或者是否存在决定性的理由反对种族灭绝，最终取决于我们的偏好和态度，这种说法会引起我们的反感。因为，作为道德话语的使用者，我们的道德经验告诉我们，种族灭绝的错以及使之为错的理由并不取决于我们的偏好和态度。否认这一点便是在削弱道德的规范性，在降低道德的客观性。在道德真理和我们之间似乎存在一种形而上学的独立关系，这种关系嵌在我们对于道德的日常理解之中，正因为如此，道德实在论者才会在本体论上承诺独立的规范事实。在这个意义上，独立的规范事实在道德上是说得通的。

当然，我们不能简单地把蕴含在日常道德经验中的那种独立关系视为不可怀疑的，我们需要借助元伦理学层面的探究去检验那种关系。这正是元伦理学重要的原因。通过揭示道德话语背后的种种预设，元伦理学研究可以告诉我们，我们的道德有多少以及在多大程度上不是取决于我们自己的，有多少是通过我们的理性探究而被"发现"的，有多少是通过我们个人或者集体的选择而被"发明"出来的。如果基本的道德标准是被我们发现的，其存在独立于我们的发现，确认这一点并不会干扰我们的道德判断，也不会取消我们持有某些道德判断的理由。恰恰相反，我们对于某些道德判断的信心会因此而增强。

总结一下，道德非自然主义者之所以在本体论上承诺了不可还原的规范事实或者属性，是因为他们维护我们作为道德行动者的道德经验，拒绝在道德要求所具有的强硬的规范性和客观性方面做出妥协。但这一本体论承诺似乎与自然科学所揭示的世界格格不入，而这正是道德非自然主义所遭遇的外部挑战。

第九章 道德非自然主义如何可能？

一、再探形而上学挑战

由于其卓越的解释力、预测力及其快速的进步与迭代，自然科学在现代社会取得了巨大的成功，甚至已经成为人类新知识的最可靠来源。人们对于科学进步的**信心**鼓励了一种独特的世界观：宇宙中所有真实存在的实体、属性和关系最终都会被科学（尤其是物理学）确认到；无法在完美的科学理论中占有一席之地的实体、属性和关系都不是真实存在的。根据这种世界观，作为认识世界方式的（完美）科学成为决定世界中存在着什么的裁决者。这种看法的一个极端版本便是所谓"物理主义"（Physicalism），其认为，所有的真实存在都是物理的存在，最终都会被物理学所承认。

然而，暂且不论目前没有人知道完美的科学是什么样子，也不论人类是否真的有可能发现完美的科学①，也就是说，无论这种世界观是否

---

① "科学永远在进步，没有完成的那天"的想法既不是无法理解的，也不是无法接受的。

有什么实质性的内容，我们都需要注意，这种世界观本身不是任何一种科学理论。科学研究不会对不在自身研究范围之内的对象做任何论断，更不会对无法纳入自身研究范围的对象做论断，甚至，不做这类论断正是科学精神的要求。而科学研究的直接对象是经验现象，是可以通过直接或者间接的方式被经验到的事物，而不是经验以外的事物。因此，科学研究本身不会对经验以外的事物及其特征做实质性的判断，更不会让自己作为全部真实存在的裁判。科学研究关注的是对经验现象的解释，主要依赖的是数学、观察和实验，似乎也无法得出关于经验之外的事物是否真实存在的结论。试想，什么样的观察实验可以支持"只有物理对象才真实存在"这样的结论？

如果科学不会也无法支持物理主义这样的世界观，这不仅意味着这种世界观本身不是科学，而是一种哲学主张，一种形而上学观点，似乎还能表明，这种世界观是自我挫败的（self-defeating）。因为，既然任何科学理论都无法支持"只有科学对象才真实存在"的结论，这意味着，这个结论自身所要表达的事实无法被纳入科学研究之中，那么，根据这个结论的内容，它所要表达的事实就不是真实存在的，而这意味着这个结论本身为假。换句话说，如果像物理主义那样的形而上学观点是真的，那么，它就是假的①。

然而，尽管物理主义不是物理学，也无法被物理学所直接证实，但物理学以及其他自然科学的巨大成功确实冲击了人们对世界的认知，并鼓励人们用科学的方法及结论去确定世界的真相。尤其是，当代哲学家对于物理主义的辩护常常是基于从科学研究中抽象出来的方法、原则或者结论，这就使得物理主义的主张常常会有科学研究为其背书。正因为如此，像物理主义这样的形而上学立场才会被如此多的哲学家所接受，并已经在当代成为一种占据主导地位的哲学思潮。因此，如果这样的形

---

① 其命运类似于逻辑实证主义者所提出的关于意义的证实原则（Verification Principle），其大意为：一个陈述如果有意义，那么它必须要么是分析的，要么可以被经验所证实或者证伪。

而上学立场会对道德非自然主义构成挑战，那么非自然主义者需要对之进行回应。在目前的元伦理学讨论中，按照谢弗-兰道的总结，道德非自然主义会遭遇到三个形而上学挑战[①]，而它们最终都指向了同一个结论：由于科学所发现的世界无法容纳自成一体的客观道德价值，所以道德价值并不是真实的客观存在。尽管如此，将那三个挑战区分开来仍然是有意义的，因为它们分别有相当不同的内容，解决了其中一个并不能保证能解决另外两个。

第一个形而上学挑战来自我们反复提到的"怪异性论证"[②]。这个论证的要点在于，指出道德实在论者所承诺的道德事实（或者属性）可以独立于行动者先在的意图与欲望，并为其提供绝对的行动理由，一旦行动者正确地认识到相关的道德事实，他就会有动机，甚至有压倒性的动机去按照道德的要求行动，而这种具有客观指令性的规范事实是极其怪异的存在，不可能通过科学研究得到确认，因此道德事实是不存在的。

第二个形而上学挑战可被称为"随附性论证"，在本书的第五章也有提及，其大意是：非自然主义者无法解释在道德属性与自然属性之间存在的难以否认的随附关系。几乎没有人会反对这样一个事实，事物的道德属性是被其拥有的自然属性所决定的，或者某事物之所以拥有某个道德属性是因为其拥有某个或者某些自然属性。然而，根据非自然主义者的看法，道德属性是不同于自然属性的独特存在，与自然属性分属两类，那么，如何解释两者之间的这种随附关系呢？这个问题又可以被区分为两个不同的子问题：第一，如何解释道德领域整体上随附于自然领域[③]？第二，如何解释某类或者某个特定的道德事实随附于某些特定的自然事实？

第三个挑战被谢弗-兰道称为"因果论证"（causal argument），其大意为：我们可以从科学研究中提取出一个决定本体论承诺或者关于真

---

① 参见 Shafer-Landau R. Moral realism: a defense. Oxford: Oxford University Press, 2003: 82-83。

② Mackie J. Ethics: inventing right and wrong. Harmondsworth: Penguin, 1977: 38。

③ 参见 Blackburn S. Moral realism//Casey J, ed. Morality and moral reasoning. London: Methuen, 1971。

实存在的标准，那就是判断某个对象是否拥有因果效力，是否可以因果地解释经验现象的发生。如果可以，那么我们就有理由认为其真实存在，而非自然主义者所承诺的，即道德事实与属性都不具有因果效力，因此并不真实存在。根据因果论证，我们完全可以不借助道德事实或者属性而因果地解释世界上发生的一切，所以，非自然主义者的本体论承诺是多余的①。

在我看来，非自然主义者有力地回应了这三个挑战，其中，对于"因果论证"的最好回应来自大卫·伊诺克②，对于"随附性论证"的最好回应来自谢弗-兰道③。至于"怪异性论证"，我将尝试通过扩展"自然世界"这一概念而提出一种"现实世界的强硬实在论"予以回应。通过讨论这些回应，我们可以洞见道德非自然主义这一哲学立场的深度和广度，而这对于把握道德非自然主义所蕴含的深意至关重要。接下来我将分别阐释这三个回应。

二、伊诺克的"慎思不可或缺论证"

1. 哈曼的挑战

在《道德的本质：伦理学导论》（*The Nature of Morality*：*An Introduction to Ethics*）的第一章，吉尔伯特·哈曼（Gilbert Harman）邀请我们来对比两个例子，一个是科学的例子，另一个是道德的例子④。假设一个物理学家通过实验看到云室里的一条蒸汽轨迹，根据她的实验设计以及背后的物理知识，她得出结论："有一个质子通过了云室。"原

---

① 参见 Harman G. The nature of morality: an introduction to ethics. New York: Oxford University Press, 1977: chapter 1。

② 参见 Enoch D. Taking morality seriously: a defense of robust realism. Oxford: Oxford University Press, 2011。

③ 参见 Shafer-Landau R. Moral realism: a defense. Oxford: Oxford University Press, 2003。

④ 参见 Harman G. The nature of morality: an introduction to ethics. New York: Oxford University Press, 1977: 3-9。

根据物理学家的理论，对于发现蒸汽轨迹这一实验现象的最佳解释便是，确实有一个质子在实验中从云室通过。假如对于蒸汽轨迹的最佳解释并不需要借助质子的存在，那么，这个实验现象便不会提供理由让物理学家相信有质子通过了云室。假设你看到一个少年在一只猫身上浇了汽油，并将其活活烧死，你立即就会判断："这个少年做了一件在道德上错误的事情。"如何最好地解释你的这一判断？我们似乎并不需要借助作为客观存在的"错"，而只需要诉诸你的道德感这一心理事实，你的道德感又可以进一步诉诸你的成长环境、教养、社会文化等因素来解释。也就是说，对于解释你的道德判断来说，世界上是否客观存在"错"这样的道德事实是不相关的。因此，即使所有人都判断甚至都看出了那个少年做了一件错事，我们也没有理由认为相关的道德事实是客观存在的。

据此，哈曼论证道，既然道德事实无法扮演相关的因果解释角色，而可以因果地解释经验现象又是我们相信某事物真实存在的必要条件，那么，我们没有理由相信道德事实真实存在。我们可以如此总结哈曼的论证：

P1　仅当F可以在对于经验现象的最佳解释中扮演不可或缺的角色时，我们才有理由相信F是真实存在的。

P2　道德事实或者属性在对于经验现象的最佳解释中无法扮演不可或缺的角色。

C　道德事实或者属性并不真实存在。

面对哈曼的挑战，作为道德实在论者的道德自然主义者对于P1普遍没有异议，原因在于，道德自然主义者分享着与哈曼一样的世界观，他们同样尊重从科学研究中抽象出来的决定本体论承诺的标准，即因果解释标准。因此，自然主义者对于哈曼的回应聚焦于P2，他们竭力试图证明，道德事实或者属性确实可以扮演不可或缺的解释角色[①]。与之

[①] 参见 Sturgeon N. Moral explanations//Essays on moral realism. Ithaca，NY：Cornell University Press，1988：229-255；Zhong L. A unificationist vindication of moral explanation. Philosophical forum，2011，42（2）：131-146。

相对，道德非自然主义者普遍承认，道德事实确实没有不可或缺的因果解释效力，因为它们本来就不是用来给外在经验现象提供因果解释的，因此，非自然主义者普遍拒斥 P1。在很多非自然主义者看来，接受 P1 实际上就等于否定了非自然主义，因此是乞题的①。然而，伊诺克对于哈曼的回应则向前进了一步。在拒斥 P1 的同时，伊诺克把 P1 的合理性提取出来，并将其视为一个普遍原则的特殊应用，在此基础之上，他正面论证了客观规范事实的存在，其论证思路构成了那个普遍原则的另一种应用而与 P1 并行不悖②。在解释伊诺克的回应方案之前，我想对哈曼的挑战本身做两点说明。

第一，哈曼的挑战中有两个关键词，一个是"最佳解释"，另一个则是"不可或缺"。在日常生活中，什么算作好的解释很多时候是要依赖于情境而定的，尤其是要看讨论参与者的知识背景、兴趣以及认知局限，因此，对于一个博士生来说是好的解释，对于一个 8 岁孩子则未必。但如果我们关心的是"最佳解释"，则需要从具体的讨论情景以及讨论者的偶然认知特征中抽象出来，转而考虑一些构成好解释的普遍特征，比如简洁、深度、整合力、预测力等，而最佳解释就是最好地示例了这些普遍特征的解释。基于我们对于人类理性能力的信心，我们甚至可以把这些普遍特征视为一个理论是否反映了真理或者客观事实的可靠标志，如此理解，最佳解释便是最符合事实的解释。因此，相对于日常情境中的解释，何为最佳解释基本上是一个客观议题。此外，对于决定何物真实存在来说，标准不在于"可以"或者"能够"在最佳解释中扮演一定的角色，而是要扮演"不可或缺"的角色。换言之，最佳解释要求某事物必须存在，该事物才能真实存在。所以，哈曼的意思是，道德事实或者属性对于经验现象的解释来说并不是必需的。

---

① 参见 Nagel T. The view from nowhere. New York：Oxford University Press，1986；Shafer-Landau R. Moral realism：a defense. Oxford：Oxford University Press，2003；Parfit D. On what matters：vol. 2. Oxford：Oxford University Press，2011。

② 参见 Enoch D. Taking morality seriously：a defense of robust realism. Oxford：Oxford University Press，2011：chapter 3。

第二，如果哈曼关注的是对科学信念或者道德信念的解释，他通过类比而得出的差异并没有那么明显。正如一些哲学家已经指出的，不论一个人所持有的信念对象是什么或者内容如何，我们总是可以仅仅借助他已有的信念网络来解释他为什么持有这个信念，而不需要诉诸外部世界的真实存在作为原因①。在物理学家的例子中，我们只需要借助物理学家关于实验的背景信念以及她通过实验观察而获得的信念，就可以解释她为什么相信有一个质子从云室中穿过。也就是说，如果这个物理学家没有那些信念，不管外在世界的真相如何，她都不会认为实验中有一个质子从云室中穿过。道德的例子也是一样的，如果没有相关的道德信念，你也不会认为那个少年做了一件道德上错误的事情。因此，哈曼关于科学和道德的对比并不像看起来那么合理。尽管如此，如果我们相信我们的感官经验至少可以用某种方式反映物理世界的真相（否则我们将会陷入彻底的怀疑论之中），而这又是因为物理世界与我们的感官系统之间存在客观的因果作用，那么，我们似乎确实更有理由相信，是质子的存在导致了云室中蒸汽的轨迹，或者，对于实验现象的最佳解释确实必须承诺质子的真实存在。然而，在道德的事例中，我们确实难以相信，是客观的"错"的存在导致那个少年做出了错误的事情，或者导致我们认为那个少年做出了错误的事情。诸如（道德上的）"对""错""好""坏"这样的属性本身（而不是我们关于它们的信念或者它们所随附于其上的自然属性）如何能够因果地产生其他经验现象？这一点确实难以理解。

2. 解释的不可或缺与慎思的不可或缺

伊诺克也不相信客观的规范事实或者属性可以因果地解释经验现象，在他看来，即使有人能证明这一点，这也只能为自然主义的道德实在论提供支持。因此，作为一个非自然主义者，伊诺克对于哈曼的回应

---

① 参见 Wright C. Truth and objectivity. Cambridge, MA: Harvard University Press, 1992: 190-191; Audi R. Moral knowledge and ethical character. New York: Oxford University Press, 1997: 115。

聚焦于其论证的第一个前提，即 P1。在伊诺克看来，P1 之所以具有直觉上的吸引力，是因为它符合一个极其合理的方法论原则，即精简原则（Principle of Parsimony），其大意可以概括为：若无必要，勿增实体。也就是说，若没有充分的理由在我们的本体论承诺中增加额外的对象，那么就不应该增加额外的对象。很明显，这里关键的问题是，何为充分的理由？P1 给出了一个充分的理由，亦即如果增加的对象可以在解释经验现象中扮演不可获得的角色，那么，我们就应该认为其存在。但这是唯一充分的理由吗？

在伊诺克看来，P1 实际上应用了"通往最佳解释的推理"（IBE），即对于某个值得解释的对象，如果可以从对于该对象的最佳解释中推论出某物存在，那么我们就有理由认为该物存在。伊诺克指出，这种论证实际上只是一种更为普遍的论证模式，这种论证模式就是"不可或缺论证"（indispensability argument），其大概的意思是：对于某个值得理解的对象或者领域来说，如果某物对于该对象或者领域的最佳理解不可或缺，那么我们就有理由认为该物存在。然而，如果通往最佳解释的推理不是不可或缺论证的唯一应用，那么 P1 也不会是精简原则的唯一应用。再进一步，如果我们可以找到不同于经验现象且值得理解的对象，并且能够证明，某类存在对于该对象的最佳理解不可或缺，那么我们就有理由相信该类存在的真实性。伊诺克的论证便是沿着这种思路进行的，因此，其论证的要点是：解释上的不可或缺并不是满足不可或缺论证的唯一选项，或者，解释上的不可或缺不是赋予对象本体论地位的唯一标准。

为了证明这一点，我们需要对"不可或缺"这个观念本身有更深入的了解。伊诺克区分了两种不可或缺，一种是工具不可或缺（instrumental indispensability），另一种是内在不可或缺（intrinsic indispensability）。前者适用于在某个计划或者活动之中起作用的事物，后者则适用于计划或者活动本身。前者的意思是，"某物对于一个计划是工具不可或缺的……只要它的消失危害了（或者至少充分削减了）我们一开始从事这项计划的理由,换言之,抵消了我们一开始觉得这个计划具有吸引力的理由"①。后者的意思则是,"某个计划是内在不可或缺的,当且仅当……它在相关意义上属于理性非可选(rationally non-optional)"②。换句话说,如果某个计划是内在不可或缺的,作为理性的人,我们不得不从事这个计划。有了工具不可或缺和内在不可或缺这一区分,我们就可以把不可或缺论证更加精确地表述如下:

> 对于某个内在不可或缺的计划或者活动来说,如果某物对于该计划或者活动是工具不可或缺的,那么我们就有理由在本体论上承诺该物存在。

如此理解,在伊诺克看来,P1 的合理性便在于:

> 对于解释经验现象这一内在不可或缺的计划来说,如果某物对于最好地解释经验现象是工具不可或缺的,那么我们就有理由在本体论上承诺该物存在。

伊诺克也认同,科学家所从事的解释经验现象的活动是内在不可或缺的,换言之,作为理性的人,我们有内在的不可抑制的冲动去解释世界呈现给我们的经验现象,我们无法拒绝理解自然世界。因此,假如质子的存在对于理解自然世界来说工具不可或缺,换言之,如果没有了质子,整个相关的物理理论都会失去其原有的吸引力,那么我们就应该认为质子真实存在。但问题在于,解释经验现象是不是唯一的内在不可或缺的计划或者活动?

伊诺克的回答是否定的,他认为,作为理性存在者,还有一项计划或者活动是内在不可或缺的,那就是"慎思计划"(Deliberative Project)。如其所言:

---

① Enoch D. Taking morality seriously: a defense of robust realism. Oxford: Oxford University Press, 2011: 69.

② Enoch D. Taking morality seriously: a defense of robust realism. Oxford: Oxford University Press, 2011: 70.

> 由于我们**本质上**是慎思的生物……换言之，我们**无法**避免询问自己应该如何行动，应该相信什么，如何推理，应该在乎什么。当然，对于个别的事情我们可以选择停止慎思，并不是所有人都是实践哲学家。但对于我们来说，完全退出作为整体的慎思计划却不是一个选项。即使它是我们的一个选项，它似乎也不是一个**理性的**选项。①

虽然在上述引文中伊诺克提到了"应该相信什么"，但根据我的理解，他头脑中的慎思计划指的是"通过理性慎思选择如何行动"。慎思计划不同于解释计划，因为它是行动者站在第一人称的视角考虑影响行动的所有相关因素及各自的权重之后做出理性的行动选择，其要回答的典型问题是："考虑到所有相关因素，我们应该如何选择？或者，如何选择最说得通（make best sense）？"而解释计划则是解释者站在第三人称的视角面对令其感兴趣的经验现象，在搜集所有相关证据并判断各自的可信度之后对那一现象做出理性的解释，其要回答的典型问题是："考虑到所有与之相关的证据，如何解释或者如何理解这一现象？"根据普通人的日常经验，相比理性地解释经验现象，我们似乎更离不开理性地决定如何行动，或者，两者至少同样重要。事实上，两者是紧密相关的：对于经验现象的解释可以直接被用来决定如何行动，而对于行动的决策又离不开对于周遭经验现象的理解。因此，似乎很难找到什么理由来支持解释计划是内在不可或缺的，却不能用之来支持慎思计划也是内在不可或缺的。

如果慎思计划确实是内在不可或缺的，为了证明客观的、不可还原的规范事实或者属性是真实存在的，伊诺克的下一个任务便是表明，规范事实或者属性对于慎思计划来说是工具不可或缺的。既然慎思计划是第一人称的活动，那么，我们需要回忆一下在第一人称视角下进行理性

---

① Enoch D. Taking morality seriously: a defense of robust realism. Oxford: Oxford University Press, 2011: 71.

慎思的感觉。伊诺克邀请大家把自己代入这样一个例子①：假设你在大学里学习法律，逐渐感到自己对于法律的热情并没有之前想象的那么高，你在考虑是否要转而学习哲学并且以后从事专业的哲学研究，因为你始终摆脱不掉对于哲学的兴趣。这时，你需要考虑很多问题，比如：从事与法律相关的工作真的会让你厌烦吗？研究哲学真的会给你带来持久的乐趣吗？你能申请上好的哲学研究生项目吗？你有多大概率能成为一个好的律师或者好的哲学家？从事哲学研究比做律师会少赚多少钱？你有多么在乎钱？相比法律，哲学能够给世界带来哪些改变？你在乎那些改变吗？你是否要考虑父母的期望？等等。

在考虑这些问题的时候，我们似乎会预设这些问题是有答案的，尽管答案可能很模糊，很难精确地给出。我们知道，有些答案比另一些更对或者更好。尤其是，当我们到达慎思的尾声需要做出最后抉择的时候，我们似乎需要预设（甚至我们知道），在考虑到这些诸多的因素之后肯定有一个选择是更对的或者更好的。更为重要的是，处于第一人称的视角，我们似乎非常确定，决定哪个选择更对或者更好的标准不是我们自己创造的。换言之，在慎思的过程中，我们试图发现正确的答案，而不是发明正确的答案，更不是任意地选择一个答案。我们相信，我们最终应该采取何种选择是受相关理由决定的，我们应该采纳有最强理由支持的选择。在这个方面，实践慎思与关于外在世界客观真相的理论慎思一样，两者都旨在找到独立于慎思行为本身的、我们更有理由采纳的答案。

因此，伊诺克指出，在慎思时，我们实际上承诺了相关理由的客观存在。但这并不意味着任何慎思者都会明确地意识到或者相信理由的存在，而是说，但凡有人真的是在进行慎思这么一项活动，那么他都将不得不预设相关理由的存在。如果他明确否定自己在慎思时预设相关理由

---

① 参见 Enoch D. Taking morality seriously: a defense of robust realism. Oxford: Oxford University Press, 2011: 72。

的存在，那么他就是不自洽的，或者是不理性的。也就是说，慎思的本质要求相关理由的客观存在。而那些相关理由的客观存在是典型的规范真理或者规范事实，因此，我们可以推出，为了理解慎思计划这一内在不可或缺的活动，对于客观的规范真理或者规范事实的承诺是工具不可或缺的。而根据不可或缺论证，我们就应该在本体论上承诺客观的规范事实的存在，就像我们应该在本体论上承诺质子的存在一样。

有人可能会质疑，实践慎思真的需要承诺客观的规范事实吗？仅仅诉诸我们所拥有的各种欲望为什么不行？换言之，伊诺克只是采取了某种对于实践慎思的特定理解才导致其认为实践慎思必须预设规范真理或者事实的。对此，伊诺克的答复是：

> 当你允许自己通过诉诸一个欲望来结束慎思的时候，你实际上承诺了这样一个判断：你的欲望使得相关行为成为最能说得通的行为选择。这要么是因为……存在一个一般性的理由去满足你的欲望，要么是因为你认为有理由仅仅就是拥有相关的欲望。无论是哪种情况，即使现在你就拥有这些欲望，你仍然承诺了一个规范真理。①

也就是说，即使最终你通过诉诸欲望给出了慎思的答案，但站在第一人称的慎思视角，你还是承诺了相关的欲望可以构成支持那个答案的理由，而这仍然是一个规范事实。"欲望导致你做出了那个选择"这个描述顶多只是站在第三人称视角对于你行动的解释，只有在那个视角其才能为真②。而处于第一人称视角，如果你真的在进行慎思，欲望本身永远都不能彻底地回答慎思问题，欲望只是你慎思的材料，是你反思的对象。换言之，在慎思中你知道，欲望只是欲望。只有你在慎思中确认到

---

① Enoch D. Taking morality seriously: a defense of robust realism. Oxford: Oxford University Press, 2011: 75.
② 独立于视角的客观性与真不可混同，依赖于某个特殊视角，甚至在其他视角中无法理解的判断也可以为真。参见 Moore A W. Points of view. Oxford, GB: Clarendon Press, 1997: chapter 1.

欲望与行动之间的规范关系，欲望才有可能成为慎思问题的答案。而这种规范关系便是理由，也就是规范事实。

3. 从元规范实在论到元伦理实在论

我们可以这样来简单地总结伊诺克的论证：

  P1 对于某个内在不可或缺的计划或者活动来说，如果某物对于该计划或者活动是工具不可或缺的，那么我们就有理由在本体论上承诺该物存在。

  P2 慎思计划是内在不可或缺的。

  P3 客观的规范事实对于慎思计划是工具不可或缺的。

  C 我们有理由在本体论上承诺客观的规范事实的存在。

然而，即使这个论证是可靠的，伊诺克也只是证明了客观的规范事实或者理由的存在，而没有证明客观的道德事实或者属性的存在。当然，没有人会否认道德事实是规范事实的一种，但除了道德事实之外，还有很多对于慎思来说不可或缺的其他规范事实。更重要的是，伊诺克也承认，道德真理或者道德事实对于慎思计划来说并不是工具不可或缺的[①]。也就是说，对于理解实践慎思来说，道德的规范事实与非道德的规范事实之间的区分似乎是不相关的。这也非常符合我们的直觉：只要我们知道，存在着相关理由可以决定我们的选择是否对错，我们就可以进行理性的实践慎思了，而不需要知道那些理由是不是道德理由。上面提到的转专业的例子似乎很清楚地表明了这一点：影响我选择研究哲学（或者选择与某个人结婚）的理由或者理由标准为什么一定是道德考虑呢？

然而，尽管伊诺克的"慎思不可或缺论证"只是捍卫了元规范实在论（Metanormative Realism），而没有直接捍卫元伦理实在论（Metaethical Realism）或者非自然主义的道德实在论，但对于应对道德非自然主

[①] 参见 Enoch D. Taking morality seriously: a defense of robust realism. Oxford: Oxford University Press, 2011: 88。

义遭遇到的形而上学挑战，尤其是哈曼的"因果论证"来说，慎思不可或缺论证却是直接有效的。如上所述，形而上学挑战的要点在于指出，由于科学所发现的世界无法容纳自成一体的道德价值，因此道德价值并不是真实的客观存在。而道德价值之所以无法相融于自然世界（或者之所以自成一体），主要是因为其具有科学所发现的甚至所能发现的任何存在都不具有的强硬的规范性。然而，似乎所有客观的规范事实都具有强硬的规范性。不仅"你不应该为了取乐而折磨小猫"这个道德事实具有强硬的规范性，"教学楼冒出的黑烟给了你相信教学楼发生火情的理由"这个非道德的规范事实也具有强硬的规范性。也就是说，无论你愿不愿意相信教学楼着火了，一旦你亲眼看见有黑烟从教学楼里冒出来，你就有理由相信教学楼着火了。事实信念与相关证据之间的规范关系是应用于我们认知的客观标准，是作为理性的认知者所无法逃避的"游戏"，甚至这种规范关系的规范性比道德的规范性更客观、更强硬。所以，如果形而上学挑战的提出者认为道德事实在形而上学上非常奇怪，那么，出于同样的原因，其他的规范事实在形而上学上也会非常奇怪①。如伊诺克所言，"关于道德的形而上学担忧似乎只是关于更为普遍的规范性的形而上学担忧之一例"②。

　　回到哈曼的挑战。我们似乎可以把哈曼的少年折磨猫的道德事例替换为伊诺克的专业选择事例，而保留其论证的力量。假设在思考权衡之后，你最终选择转而学习哲学，并决定现在就开始准备申请一个顶尖的哲学研究生项目。你相信自己做了最有理由去做的判断或者正确的判断。如何最好地解释你的这一判断？根据哈曼的看法，我们仍然不需要借助作为客观存在的"最有理由"或者"正确"，除了经验事实之外，我们只需要诉诸关于你的一系列心理事实，包括你的兴趣爱好、特长、

---

　　① 关于这一点的更深入讨论，请参见 Cuneo T. The normative web: an argument for moral realism. New York: Oxford University Press, 2007.
　　② Enoch D. Taking morality seriously: a defense of robust realism. Oxford: Oxford University Press, 2011: 89.

思维方式、性情等,而这些又可以进一步诉诸你的基因、成长环境、社会文化等因素来解释。也就是说,对于解释你的专业选择的判断来说,世界上是否客观存在着"理由"或者"正确"这样的规范事实是不相关的。即使所有人都赞同你的选择,我们也没有理由认为相关的理由是客观存在的。因此,按照其思路,哈曼关于科学事例与道德事例的对比实际上只是科学事例与规范事例之一例。

如此理解,其论证的漏洞也变得十分明显。即使在科学事例中,我们的理论慎思也预设了相关实验证据与客观事实之间的规范关系,如果没有承诺这一纯粹的规范事实,物理学家也不会相信有质子通过了云室。也就是说,即使对于经验现象的解释这个内在不可或缺的活动来说,客观的规范事实都是工具不可或缺的。同样,在第一人称的实践慎思视角中,你的兴趣爱好或者特长等之所以被你视为影响决策的相关因素,是因为它们与你的行动选项有客观的规范关系,也就是作为理由的支持关系或者反对关系。而伊诺克的"慎思不可或缺论证"则重在指出,如果实践慎思与理论慎思同样值得被尊重,那么实践理由与理论理由将拥有相同的本体论地位。进而,如果道德慎思与理论慎思同样值得被尊重,那么道德理由与理论理由也将拥有相同的本体论地位。

一旦我们留意到,对元伦理实在论或者非自然主义的道德实在论的形而上学挑战同时也是对元规范实在论的形而上学挑战,并且承认,伊诺克的"慎思不可或缺论证"有效地回应了对元规范实在论的形而上学挑战,我们似乎就要承认,"慎思不可或缺论证"也有效地回应了对元伦理实在论的形而上学挑战。试想,如果我们已经有理由让客观的规范事实加入我们的本体论,而客观的道德事实之前之所以被拒绝加入是因为其拥有和规范事实一样的奇怪特征,那么,我们现在为什么没有理由在本体论上承诺客观的道德事实的存在呢?与此类似,既然我们已经有理由让质子这**类**存在加入我们的本体论,那么,我们为什么没有理由在本体论上承诺更多特殊的质子的存在呢?

有人可能会说,道德事实与非道德的规范事实有一个重要的区别,那就是，道德事实所提供的理由是绝对的（categorical），亦即道德要求所提供的理由，其规范效力独立于行动者的任何偶然欲望与目的。相比之下，其他规范事实所提供的理由则不是绝对的，比如，"工具-目的"的规范原则（大意为，如果你想要目的 E，那么你就应该采取能够实现 E 的最有效手段），其规范效力就依赖于行动者所想要达到的目的。而正是这一重要区别，使得伊诺克的"慎思不可或缺论证"无法为客观的道德事实的真实存在辩护。因为，无论你拥有什么样的偶然动机，道德理由都适用于你，正是这一点使得道德事实在形而上学上格外可疑。

关于这个质疑有很多东西可说，伊诺克本人也做出了相当迂回曲折的回应①。但在我看来，作为非自然主义的道德实在论者，最直接有效的回应是，否认上述关于道德事实与非道德的规范事实之间的区别。也就是说，我认为，只要是客观的规范事实，无论是道德的还是非道德的，都会提供绝对理由。以"工具-目的"的规范原则为例，这个原则实际上并没有依赖行动者所拥有的任何偶然目的，而只揭示了目的与工具在理性行动者那里的规范联系，亦即只要你确实拥有某个目的，无论其具体的内容如何，在其他条件都不变的前提下，你就有（一定的）理由去采取能够达成该目的的最有效手段。这一规范联系本身的效力并不依赖于你的任何偶然欲望或者意图。假如你没有采取达成某目的的最有效手段，这可能是因为该手段违背了你的其他（更为重要的）目的，或者该目的被你的其他目的压倒，也可能是因为你并不是真的想要实现该目的，或者干脆是因为你不理性。但所有这些情况都没有取消"工具-目的"原则的规范效力，也就是说，工具理性的理由依然适用于你。如果我们同意，非道德的规范事实与道德事实都具有强硬的规范性，实际上便等于承认了所有客观的规范事实都会提供绝对理由。因此，上述质疑所预设的区别是不存在的。

---

① 参见 Enoch D. Taking morality seriously：a defense of robust realism. Oxford：Oxford University Press，2011：93-97。

我们可以换一种方式来表述同样的论点。上面的质疑实际上认为，非道德的规范事实所拥有的规范效力，实际上都依赖于行动者的偶然欲望或者意图。但这是一个错误。如上所述，即使是行动者先在的欲望或者意图最终决定了其实践慎思的答案，但站在第一人称的慎思视角，行动者还是承诺了那些欲望或者意图可以构成支持那个答案的理由，而这仍然是一个客观的规范事实。在实践慎思中，偶然的欲望或者意图只是规范事实实际发挥作用的原料，是规范事实决定了欲望或者意图与行动选择之间的联系，而这种联系不可能回过头来又取决于偶然的欲望或者意图。恰恰相反，这种联系提供了规范欲望或者意图的理由。因此，既然一个人已经接受了元规范实在论，他就应该也接受元伦理实在论。至少，他应该承认，伊诺克的"慎思不可或缺论证"有效地回应了对元伦理实在论的形而上学挑战，尤其是哈曼的"因果论证"。

三、谢弗-兰道论道德随附性

1. 布莱克本的随附性论证

如本书第五章所述，道德实在论者尤其是非自然主义的道德实在论者在解释道德属性与非道德属性之间的共变或者随附关系时会遭遇困难。西蒙·布莱克本将这一点发展成一个反对道德实在论的论证[①]。根据布莱克本的说法，道德实在论者普遍会接受在道德评价与非道德描述之间的"缺乏蕴含关系主张"(the lack of entailment thesis)，而这导致他们无法解释道德与非道德之间的随附关系，因为随附性关系与"缺乏蕴含关系主张"是不相容的。根据"缺乏蕴含关系主张"，非道德描述并不蕴含唯一的道德评价，这意味着，拥有完全相同的描述特征的两个

---

① 参见 Blackburn S. Moral realism//Casey J, ed. Morality and moral reasoning. London: Methuen, 1971; Blackburn S. Spreading the word. Oxford: Oxford University Press, 1984; Blackburn S. Supervenience revisited//Essays in quasi-realism. New York: Oxford University Press, 1993: 130-148。

行动可以一个在道德上是对的,一个是错的。而随附性说的是,如果某一系列的描述特征实现了或者同时示例了某个道德属性,那么,这一系列的描述特征总是会实现或者示例同样的道德属性。用布莱克本的话说,不可能存在这样的"混合世界":在那个世界中,拥有同样描述特征的自然事态却拥有不同的道德属性。而"缺乏蕴含关系主张"却让我们对于混合世界的禁令难以理解。

对于这个论证,谢弗-兰道的回应很直接。在他看来,道德实在论者在形而上学的层面都会拒斥所谓"缺乏蕴含关系主张"。具体来说,无论是自然主义者还是非自然主义者的道德实在论者,都认为道德属性与非道德属性(或者描述属性)之间存在一种形而上学的必然关系。比如,还原论的自然主义者认为道德属性与某些自然属性在形而上学上是同一的,而道德描述只是对于某些自然属性的内部性质的另一种表征方式,既然如此,自然属性完全相同的两个行动在形而上学上不可能一个是对的,一个是错的;虽然非还原论的自然主义者认为道德属性不可以还原为其他特定的自然属性,但道德属性本身就是可以被多种自然属性所实现的自然属性,所以,一旦某一套自然属性实现了某个道德属性,那么在同一个世界中那套属性总是会实现相同的道德属性;而像谢弗-兰道那样的非自然主义者也认为,虽然道德属性是自成一体的非自然属性,但道德属性在形而上学上完全由描述属性所构成,换言之,某个对象是因为它所拥有的描述成分才拥有道德属性的,因此,同样的描述属性总会实现相同的道德属性[1]。

布莱克本预期到了实在论者的这种回应,于是他把整个讨论都转移到了概念层面,而非形而上学层面[2]。他认为,随附关系是一个概念真理,换言之,只要你能正确地理解用以表述随附关系的相关词语的意

---

[1] 参见 Shafer-Landau R. Moral realism: a defense. Oxford: Oxford University Press, 2003: 72-78。

[2] 参见 Blackburn S. Spreading the word. Oxford: Oxford University Press, 1984: 182-187; Blackburn S. Supervenience revisited//Essays in quasi-realism. New York: Oxford University Press, 1993: 130-148。

思，你就能确认其为真，而不必进行任何形而上学的探究。但实在论者无法否认在概念层面的"缺乏蕴含关系主张"为真，因为即使是合格的语言使用者也可以想象，拥有某套相同描述特征的行为可以拥有两个不同的道德特征，毕竟，难以调和的道德分歧是真实存在的。因此，在概念层面，随附关系和"缺乏蕴含关系主张"仍是不相容的。

谢弗-兰道的进一步回应分为两个部分。第一部分说的是，道德属性与非道德属性（或者描述属性）之间存在的随附关系首先是一个形而上学真理，在概念上我们可以设想与随附性不相容的情况，这只能说明我们的概念能力有问题，说明我们没有充分意识到随附性所具有的形而上学必然性。换言之，即使在概念上我们确实可以想象混合世界的存在，但这种想象与世界的真相并不相符，这时我们应该修改我们的概念。即使难以调和的道德分歧真实存在，也只能说明我们在道德认知上的偏差或者局限，那些充满争议的道德议题事实上只有一个正确的答案①。

第二部分则重在考察，随附性如何可以是一个概念真理。谢弗-兰道指出，随附性可以有 S1 和 S2 两种表述：

> S1：一旦一系列描述属性实现或者构成了某个道德属性，那么（在那个世界）它们必然总是实现或者构成相同的道德属性。
>
> S2：一旦一系列描述属性实现或者构成了某个道德属性，那么（在那个世界）它们必然总是实现或者构成相同的道德属性，并且这种实现或者构成关系要以实在论的方式来理解，亦即这种关系独立于任何人关于它的信念。②

谢弗-兰道认为，S2 不是概念真理，因为哪些描述属性可以实现哪些道德属性是规范伦理学探究的话题，以实在论的方式理解随附关系，就等于认为规范伦理学所探究的是客观的道德事实，而这正是布莱克本

---

① 参见 Shafer-Landau R. Moral realism: a defense. Oxford: Oxford University Press, 2003: 215-221.
② Shafer-Landau R. Moral realism: a defense. Oxford: Oxford University Press, 2003: 87.

这样的反实在论者所否认的。即使反实在论者错了，也不是因为他们弄错了表述随附关系的语词的意思，相反，反实在论者当然可以正确地理解"随附性"这个概念，只是他们否认道德与非道德之间的随附关系是客观的。既然 S2 不是概念真理，那么概念层面上的"缺乏蕴含关系主张"就威胁不到它。至于 S1，如果 S1 也不是概念真理，那么同样，概念层面的"缺乏蕴含关系主张"也威胁不到 S1。假设 S1 是概念真理，那么布莱克本所指出的问题（即"缺乏蕴含关系主张"与随附关系无法相容的问题）在很多存在随附关系的领域（比如心灵与物理）都会出现，而其中至少有一些领域是适合实在论式的理解的。因为，如果 S1 是概念真理，那么"化学属性随附于微观原子属性"也是概念真理，而我们同样可以设想，拥有一组相同微观特征的原子表现出不同的化学属性。假如布莱克本是对的，那么关于化学属性的实在论也是错的，我们似乎也要对化学属性采取反实在论式的理解，比如认为化学属性只是我们主观态度的投射。但这恐怕很难让人接受。

进一步，谢弗-兰道指出，随附性确实可以表述为一个概念真理，前提是用构成关系来解释随附关系。亦即，如果你认为 M 被 N 充分地构成，那么，一旦一组 N 充分构成了某个 M，那么任何拥有那组 N 的对象一定拥有 S。这是一个基本的概念真理，因为它只是莱布尼茨法则（Leibniz's Law）的一个变种而已。莱布尼茨法则说的是，没有两个不同的东西可以在属性上完全没有差别，而如此表述的随附性说的是，没有两个被同一系列底层属性充分构成的东西可以在被那些底层属性实现的上层属性上有差别。这是一个相当基本的、适用于所有领域的形而上学原则，很难想象它来自另一个更加基础的原则或者预设。

因此，一旦布莱克本将问题置于概念的层面，我们就将不得不面临一个选择：要么否认他所说的实在论者所面临的解释难题，要么对所有存在随附关系的领域都持一种反实在论的理解。事实上，就连布莱克本自己也不会接受第二个选项，他的随附性论证针对的是伦理领域。因此，我们似乎必须认为他的随附性论证对道德实在论的挑战是不成功的,也就是说,实在论者可以解释道德属性与非道德属性或者描述属性之间的随附关系。

最后,谢弗-兰道向作为非认知主义者或者表达主义者的布莱克本提出了解释随附关系的挑战。作为非认知主义者,布莱克本不会认为存在真正的道德属性,道德话语中的道德属性归根到底只是人们的非认知态度,比如情感、命令、承诺、计划等。因此,随附现象就表现为,面对拥有同样描述属性的对象,我们必须表达相同的非认知态度。但为什么呢?我们为什么必须如此呢?布莱克本对此的回答大概是,保持态度上的前后一致会让我们生活得更好①。但这显然无法保证作为概念真理的随附关系,因为"前后一致能给我们带来好处"是一个偶然的事实。布莱克本可能转而采取另一种策略,他可能主张,根据定义,保持态度上的前后一致就是道德的要求。换言之,如果一个人面对拥有同样描述属性的对象却表达了不同的态度,那么,他必然在做不道德的事情。但这只是一种规定,而不是解释。非认知主义者必须提供实质性的理由来说明为什么道德必然要求态度上的前后一致。因此,如果这两种方案都不行,那么,布莱克本似乎也无法真正解释随附性。也就是说,他提出的问题对于他的理论来说也构成了反驳。

2. 第二个随附性挑战

除了布莱克本的论证之外,还存在另一个基于随附性而向道德非自然主义提出的挑战,这个挑战关注的是对于特定的道德属性随附于特定的描述属性的解释。并且,这个挑战是非还原主义遭遇的一般挑战,适用于各个领域的非还原主义②。具体来说,这个挑战说的是:既然道德非自然主义者否认道德属性等同于自然属性,这实际上便等于说道德属性并没有可还原的充分必要条件,而如果没有这样的条件,我们便无法

---

① 参见 Blackburn S. Supervenience revisited//Essays in quasi-realism. New York: Oxford University Press, 1993: 130-148。

② 参见 Searle J R. Minds, brains and science. Cambridge: Harvard University Press, 1984; David P. Philosophical naturalism. Cambridge, MA: Blackwell, 1993。

解释为什么特定的道德属性会随附于具体的描述属性之上①。根据谢弗-兰道的非自然主义版本，每一个道德属性都由一系列自然属性构成，只不过实现某个道德属性的自然属性可能有很多组。换言之，某个道德属性 M 可以由 N1、N2、N3……Nn 这些自然属性的集合多重实现。而第二个随附性挑战问的正是，非自然主义者如何解释为何偏偏是 N1、N2、N3……Nn 实现了 M？让我们假设只有六组自然属性可以实现邪恶这一道德属性②，这里的问题是，为什么只有这六组而不是其他自然属性实现了邪恶？

为了回应这个挑战，谢弗-兰道首先指出，道德非自然主义者事实上可以接受，对于道德属性来说，存在可还原为自然属性的充分必要条件。也就是说，非自然主义者可以接受，某个道德属性与一系列自然属性必然拥有相同的外延。比如，只要道德属性 M 被示例了，自然属性 N 也必然被示例，反之亦然。但为了与还原论的自然主义者区别开来，非自然主义者必须要坚持，即使道德属性与自然属性必然拥有相同的外延，这也不足以表明，两者是相同的属性。有一些例子可以表明这一点。比如，三角（triangularity）和三边（trilaterality）这两个属性必然拥有相同的外延，也就是说，每次三角的出现都会有三边出现，每次三边的出现也伴随着三角的出现，但三角和三边似乎明显不是相同的属性，就像角和边不是同一个属性一样。角是用来衡量两条相交的线之间的距离的，而边显然不是。然而，即使非自然主义者会接受自然属性可以作为道德属性的充要条件，他们也不会接受，存在某个单一的自然属性可以作为某个道德属性的充要条件。非自然主义者普遍接受道德属性是被自然属性多重实现的③，也就是说，特定的自然属性永远都不能唯

---

① 参见 Wedgwood R. The price of non-reductive moral realism. Ethical theory and moral practice, 1999, 2 (3): 199-215。
② 这个假设当然不符合事实，只是因为论证之故，我们姑且这么假设。
③ 这里说的"多重实现"是真正的多重实现，也就是说，不仅存在多个不同的自然事态可以实现同一个道德属性，并且那些看起来不同的自然事态也不可以被视为同一个自然属性（比如幸福最大化）的不同示例。

一地决定特定的道德属性。否则，非自然主义就与还原论的自然主义没有实质区别了。但即使如此，第二个随附性论证提出的问题是：非自然主义者如何解释为什么是这些自然属性而不是那些自然属性实现了某个道德属性？

谢弗-兰道对于这个问题的回应可以分为两个部分：第一个部分基本上采取了"寻找共犯"的策略，第二个部分则是指出最终解决问题的路径。我们先说第一个部分。在谢弗-兰道看来，道德自然主义者也同样面临着第二个随附性论证的挑战，不仅如此，自然主义者目前所能给出的最佳解决方案并不会比非自然主义者更好。自然主义者所给出的最佳方案来自弗兰克·杰克逊。杰克逊的思路大概是这样的：（1）对于任何一个道德概念，必然会有一系列纯粹描述的概念与之拥有相同的外延，以至于我们用道德概念所做的任何区分都可以用纯粹的描述概念做出；（2）这一系列纯粹描述的概念所指称的自然属性以析取的方式构成了一个自然属性集合，并且这个集合本身就是一个复杂的自然属性；（3）这个复杂的自然属性就是那个道德属性，而这解释了为什么那个道德属性是由那些自然属性所实现的[①]。在谢弗-兰道看来，非自然主义者原则上可以接受（1）和（2），但会否认（3）。并且，重要的是，这一分歧不足以对解决第二个随附性论证所提出的问题构成差别。因为要解决的问题是，为什么是这些自然属性而不是别的自然属性实现了某个道德属性？对应到杰克逊的方案，他需要解释，为什么那个复杂的自然属性析取集合中包含这些自然属性而不是其他的自然属性？即使自然主义者不采纳杰克逊的析取方案，转而认为道德属性可以被还原为某个非析取的自然属性，他们也需要解释，为什么偏偏是这个自然属性而不是别的自然属性实现了或者构成了道德属性？就这个问题来说，自然主义并不比非自然主义更有优势。

[①] 参见 Jackson F. From metaphysics to ethics: a defence of conceptual analysis. Oxford: Oxford University Press, 1998: 122-123.

在谢弗-兰道看来，第二个随附性论证所提出的问题必须依赖一阶道德理论，依赖规范伦理学的探究及其成果。这一点对于自然主义者和非自然主义者是一样的。这就转到了他回应的第二部分。如其所言：

> 为什么只是这些底层（描述）属性，而不是别的属性（实现了相关的道德属性）？（和自然主义者一样）非自然主义者必须最终参考规范伦理理论的成果来寻求支持。如果非自然主义者能把这事做成，他们将以唯一可能的方式来框定相关描述属性的范围，即通过表明，我们的其他理论承诺如何支持只是选择这些底层属性（来实现道德属性）。①

也就是说，非自然主义者为了辩护他们关于特定的描述属性实现了或者构成了某个道德属性的主张，他们必须进入一阶伦理理论的争论之中，并满足相关的理论标准。但对于第二个随附性论证，还存在一种不同的解读，那就是让非自然主义者解释，是什么使得"特定的描述属性实现了或者构成了某个道德属性"这一判断为真。如果采取这一种解读，那么，谢弗-兰道认为，无论是自然主义的道德实在论还是非自然主义的道德实在论对于这个问题都没有答案。因为无论是描述属性实现了或者构成了道德属性还是等同于道德属性，两者的关系都可以表达为基本的道德原则（比如"所有行为都因为使幸福总量最大而是对的"或者"把人仅仅当作工具是错的"），因此那个问题的实质是在问，是什么使得最基本的道德原则为真。对于道德实在论者来说，最基本的道德原则是客观事实，并不存在对于这一事实的进一步解释。预设存在进一步的事实可以解释最基本的道德原则，实际上就等于预设道德实在论是错的。

最后，谢弗-兰道指出，第二个随附性挑战之所以适用于各个领域的非还原主义，是因为它体现了在理论解释中追求精简的合理要求，而较之还原论，非还原论似乎不够精简。因此，第二个挑战要求非还原论

---

① Shafer-Landau R. Moral realism: a defense. Oxford: Oxford University Press, 2003: 96.

者解释,特定的底层属性为什么与特定的上层属性之间存在紧密的随附关系。但在谢弗-兰道看来,道德非自然主义者原则上可以是一个一元论者(monist),也可以认为只有唯一的描述属性可以实现某个道德属性,这样就可以和还原论者一样精简了。但如上所述,坚持实在论的还原论者和非还原论者一样,都无法进一步解释为什么只有唯一的描述属性可以实现某个道德属性。此外,即使大多数非自然主义者都拥抱多元论,但并不意味着他们就败给了还原论的自然主义者。因为,衡量理论成败的标准并不只有是否精简这一条。如谢弗-兰道所言,拥抱多元论的非自然主义到底"是形而上学的多此一举,还是对于复杂性的敏锐感知,这是只有通过大量的规范伦理探究才能确定的"[①]。讨论至此,我们似乎可以得出结论,随附性问题并不会对道德非自然主义造成额外的威胁。

四、迈向一种"现实世界的强硬实在论"

在本体论上承诺存在不可还原的道德属性和事实,通常便被视为道德非自然主义了。更进一步,非自然主义者普遍认为,道德属性和事实并不是我们更为熟悉的自然世界的一部分。那么问题来了:它们到底是什么?又存在在哪里呢?非自然主义者可能认为,不可还原的道德事实存在于不同于现实世界的另一个世界之中,像上帝或者柏拉图式的理念这样的超自然存在一样。但多数当代哲学家都不会接受这样的观点,因为它在形而上学上太不经济了。非自然主义者也可能加入寂静主义实在论阵营,认为道德事实不应该以形而上学的方式来理解,而只存在于某种非本体论的意义之上。但正如我在前面几章论证过的,这种观点也不能令人满意,尤其是它无法满足道德实在论者关于道德客观性的要求。

---

① Shafer-Landau R. Moral realism: a defense. Oxford: Oxford University Press, 2003: 98.

如果奴隶制事实上就是错的，并且这一事实提供给我们废除奴隶制的绝对理由，世界上如何可以没有任何真实存在的客观事实使得"奴隶制是错的"为真？奴隶制的各种自然特征所拥有的不可还原的规范意义如何可能仅仅是我们一阶规范推理的产物？

如此说来，我们是不是就无法进一步说明不可还原的道德事实所拥有的本体论特征了，以至于我们必须把它们视为某种虚构甚至幻象？如上所述，问题的根源在于，不可还原的客观道德事实无法容纳于科学所发现的自然世界。为什么呢？一个经典的回答来自麦基："如果存在客观价值，它们将是一种非常奇怪的实体、性质或者关系，完全不同于宇宙中的其他事物。"① 麦基所谓的"宇宙中的其他事物"，不仅包括物理属性和事实，还包括心理以及社会属性和事实，比如欲望、感受、社会传统和人际关系②，总之包括一切可以纳入科学探究对象的事物。在麦基看来，能够给理性行动者提供绝对理由的道德价值因为无法被纳入任何科学理论而不可能在宇宙中存在。很明显，麦基的想法预设了这样一个观点：自然科学终将揭示一切真实存在的事物，或者至少能揭示构成所有真实存在的基本元素。但为什么我们必须接受这个观点呢？宇宙中不可以有某个部分或者某个方面是科学探究所发现不了的吗？即使我们承认自然世界是唯一存在的真实世界，科学就一定可以揭示自然世界的一切真相吗？

毫无疑问，一切都取决于我们如何理解"自然世界"这个概念。如果"自然世界"被定义为"所有能被科学揭示的存在"，那么当然，无法被纳入科学探究的对象就不属于自然世界，因此是非自然的。但我们为什么要接受这样一个狭窄的"自然世界"概念呢？毕竟，科学只是一种探究或者理解客观世界的方式，尽管极其重要也极其富有成果，但它如何能够自动地决定世界上何物存在以及何物可以被认知，从而成为本

---

① Mackie J. Ethics: inventing right and wrong. Harmondsworth: Penguin, 1977: 38.
② 参见 Mackie J. Ethics: inventing right and wrong. Harmondsworth: Penguin, 1977: 41-43.

体论和认识论问题的裁决者呢？这种用学科来界定真实存在以及认知边界的做法似乎非常武断。这当然也是赤裸裸的科学至上主义（Scientism）：科学是一切真正的或者值得拥有的知识的来源。但即使是自然主义者也不会接受科学至上主义。比如，彼得·雷尔顿就认为，我们应该对科学方法论采取一种"实验的"（experimental）立场：

> 让我们看一看，在理解一个领域的判断和所谓知识时应用一种基于经验模型的探究方式能走多远，并且问一下，那些判断和知识，也就是这个领域的主张在哪里可以容纳进经验探究的计划之内。一个自然主义者在追求自己的诠释以及解释计划的时候并不会事先预设，他的成功或者失败将会决定一个话语领域的真实性……①

换句话说，即使是坚定的自然主义者也只是认为，经验科学可以提供给我们发现或者确认何物真实存在的可靠工具，并没有排除可能有些真实的存在需要通过其他的方式发现或者确认。即使经验科学无法解释或者确证不可还原的规范性，它仍然可能是世界的真实组成部分，可能通过其他方式发现，比如通过道德行动者第一人称的实践慎思。因此，即使我们承认自然世界是唯一真实存在的世界，接受不可还原的规范性的存在也不一定是非自然主义，因为"自然的"可以不等同于"科学的"。

不可还原的规范性属于自然世界，却无法被科学探究把握到。这个想法听起来似乎有些自相矛盾。但类似的想法也存在于心灵哲学中。假设我们想要忠于自己的心灵感受，从而把心灵状态的感受质（qualia）视为真实的存在。也就是说，处于某些心灵状态时我们的感觉是什么样的②，也是世界的真实构成部分。即使我们的感受质既无法被物理学把握，又无法还原为任何可以被物理学解释的存在，我们依然不愿意将感受质当作虚假的幻象，或者贬低为其他什么东西。相反，我们倾向于支

---

① Railton P. Naturalism and prescriptivity. Social philosophy and policy, 1989, 7 (1): 160.
② 参见 Nagel T. What is it like to be a bat?. The philosophical review, 1974, 83 (4): 435-450.

持某种非物理主义（Non-Physicalism），亦即认为感受质属于构成世界的非物理部分。很明显，这种看法可以类比为元伦理学中的非自然主义。然而，为了拯救感受质，我们不一定非要接受非物理主义，因为，直觉上我们更倾向于认为，意识是一种内在于物理世界的自然现象。在心灵哲学中，有一种被称为"罗素一元论"（Russellian Monism）的立场试图拥抱我们的这个直觉①。根据罗素一元论，即使物理学无法解释我们的感受质，意识现象仍然是物理现象。如盖伦·斯特劳森（Galen Strawson）所言：

> 可能存在物理学（以及物理学的任何非革命性延伸）都无法描述的物理现象，并且这些现象没有（物理）描述或者指称的印记。物理学是一件事，物理的则是另一件事。"物理的"是一个自然类术语……理智健全的人都不会认为物理学抓住了所有物理的基本属性。②

很明显，罗素一元论依赖一种超越了物理学及其成果的"物理"概念。这一概念是合理的，因为没有理由认为我们通过物理学已经确认到了物理世界的所有核心特征。尤其是，当代很多哲学家追随着罗素③的思路，试图论证，依赖抽象数学工具的物理理论只能向我们揭示物理对象外在的（extrinsic）、结构性的（structural）或者关系性的（relational）属性，而无法向我们揭示物理对象内在的（intrinsic）、非结构性的或者非关系性的属性④。如大卫·查尔莫斯（David Chalmers）所言：

---

① 关于罗素一元论的讨论，请参见 Alter T, Nagasawa Y. Consciousness in the physical world: perspectives on Russellian monism. New York: Oxford University Press, 2015。

② Strawson G. Real materialism//Alter T, Nagasawa Y, eds. Consciousness in the physical world: perspectives on Russellian monism. New York: Oxford University Press, 2015: 162.

③ 参见 Russel B. The analysis of matter. London: Kegan Paul, 1927。

④ 参见（比如）Armstrong D M. A materialist theory of the mind. London: Routledge, 1968; Chalmers D. The conscious mind. New York: Oxford University Press, 1996; Chalmers D. Consciousness and its place in nature//Chalmers D, ed. Philosophy of mind: classical and contemporary readings. New York: Oxford University Press, 2002: 247-272; Strawson G. Real materialism//Alter T, Nagasawa Y, eds. Consciousness in the physical world: perspectives on Russellian monism. New York: Oxford University Press, 2015; Chomsky N. What kind of creatures are we? New York: Columbia University Press, 2016。

"当今的物理学以抽象结构和关系的方式来刻画其根本属性(比如质量和电荷),而遗漏了其内在的性质。"① 例如,物理理论告诉我们电荷是如何活动的,比如同性电荷互相排斥,异性电荷互相吸引,但物理理论并没有告诉我们电荷本身是什么。我们从物理学中得知,当一个力施加于某物体时,该物体的质量越大越难以获得大的加速度,以及当重力变化时一个物体的质量保持不变,等等。但除了这些质量与其他物理属性的关系,我们并不知道质量本身是什么。与此类似的还有作用力。物理学似乎只提供给我们关于物理世界的抽象结构及各种属性的因果角色的信息,而对于那些属性的内在性质却缄口不言。

然而,随着物理学的进展,是不是所有的物理特征都可以最终被完美的物理学所揭示?首先,我们并不知道完美的物理学是什么样的,诉诸完美的物理学来解决任何问题都像是在开一张空头支票。在物理学趋于完美之前,我们并不知道那个问题的答案。退一步讲,假设物理学的最终形态可以揭示所有的物理特征,无论是内在特征还是外在特征,到那个时候,心灵状态的质性特征也很可能被纳入物理学的对象之中了。也就是说,完美的物理学很可能将感受质作为和其他物理对象一样的真实物理存在。无论如何,在现阶段,"我们没有好的理由认为,我们关于物理世界的知识已经给了我们任何理由去否认心灵现象也是物理现象"②。

与此类似,我们也没有理由仅仅因为无法还原的规范属性无法被纳入任何科学理论就断言规范属性不属于自然世界,因为不可还原的规范属性很可能是某些物理对象的内在的、非关系性的特征。如果我们忠于我们作为理性行动者的道德经验,拒绝将规范属性还原为任何非规范属性,同时将自然世界视为唯一真实存在的世界,那么我们也有理由相

---

① Chalmers D. Consciousness and its place in nature//Chalmers D, ed. Philosophy of mind: classical and contemporary readings. New York: Oxford University Press, 2002: 259.

② Strawson G. Real materialism//Alter T, Nagasawa Y, eds. Consciousness in the physical world: perspectives on Russellian monism. New York: Oxford University Press, 2015: 162-163.

信，自然世界包括了多于科学所能揭示的东西。也就是说，除了物理、化学、生物、心理以及社会事实与属性，自然世界还包括只能用评价或者规范概念才能把握、只能被处于道德视角的道德行动者知晓的规范事实与属性。这些事实与属性可能包括但不限于：痛苦是坏的，自由是好的，生命的尊严，真理值得追求，不应该欺骗，等等。尽管这些规范事实与属性无法在科学理论中扮演不可或缺的角色，但我们对于它们的体验如感受质一般真实，比如，一旦我们感受到疼痛，我们立即就知道疼痛是坏的①。那么，为什么不考虑所有这些可能性来拯救不可还原的规范性呢？

当代关于道德实在论的元伦理学争论很大程度上受到了麦基的"怪异性论证"的影响，而麦基的论证暗中预设了我们已经知道了自然世界的边界，而不可还原的规范属性无法被容纳进边界之内。因此，我们关于它的体验，要么（1）必须诉诸一个怪异的非自然世界来说明，要么（2）必须将之归结为主观态度的表达，或者某些被精心挑选的心理或社会事实的表征，抑或是一阶规范推理最佳成果的"影子"，要么（3）干脆就是应该被抛弃的幻觉。但心灵哲学中的罗素一元论向我们提示了另外一种选项，即（4）不可还原的规范事实与属性和感受质一样，是自然世界的真实部分或者方面。感受质是神经生理事实的主观质性特征，而不可还原的规范属性是关于其他自然事实所具有的规范意义的事实或者元事实。不可还原的规范属性和物理学、化学、生物学、心理学所能揭示的存在都很不相同，因为自然世界所包括的比科学所能揭示的更多。我们也许可以把这种采取选项（4）的元伦理学立场称为"现实世界的强硬实在论"（Worldly Robust Realism），因为一方面，它主张不可还原的规范事实与属性是客观世界的真实构成部分，其客观性与我们更为熟悉的自然属性相当；另一方面，它主张一种更为包容的关于自然世界的观念，拒绝自然世界与非自然世界之间的二元论。因此，现实世界的

---

① 甚至，即使我们的身体被改造为感受不到任何疼痛，也不妨碍疼痛是坏的。

强硬实在论可能为强硬的道德实在论提供一种具有吸引力的本体论图景，同时避免将道德实在论容纳进由自然对象的一个子集所定义的狭窄的自然世界之中。在这一方面，现实世界的强硬实在论区别于康奈尔实在论或者非还原的道德自然主义，因为后者仍然持有一个狭窄的自然世界的观念，而否认存在任何无法被经验科学把握的自然事实或者属性。康奈尔实在论者通常通过论证道德事实对于经验现象的解释效力来确证道德事实的真实性①，也就是说，道德事实只有在经验科学理论中扮演实质性的解释角色，才能合法地存在于自然世界。但根据现实世界的强硬实在论，为了成为自然世界的真实组成部分，道德事实无需通过这样的"解释测试"。因为解释测试只适用于外在的或者关系性的自然事实，也就是能够被科学发现的自然事实。即使我们接受自然主义的本体论，它也无法应用于道德事实来测试其真实性，因为科学探究的成果无法覆盖自然世界的所有性质。

　　有人可能会说，所谓现实世界的强硬实在论只是玩了一个语词上的把戏，只是通过重新定义"自然的"（或者"物理的"）来包括之前通常被视为非自然的（或者非物理的）对象。诚然，现实世界的强硬实在论确实涉及我们对自然世界的重新理解，但这一重新理解是因为我们意识到科学探究对于自然对象的内在的、非关系性的特征的认识局限，以及这一局限对于当代元伦理学争论的意义。如上文所述，对于道德实在论的形而上学挑战很大程度上起源于一个过度狭窄的自然概念，根据这一概念，自然世界就是经验科学所能发现的世界。而这一自然概念进一步又是基于独断的科学至上主义预设。为了回应形而上学的外部挑战，现实世界的强硬实在论主张拒斥那些科学至上主义预设。而这一拒斥又是基于罗素一元论的深刻洞见，亦即科学理论对于物理对象的内在的、非关系性的特征了解得是如此之少，以至于我们并不清楚如何划定自然世

---

① 参见（比如）Sturgeon N. Moral explanation//Essays on moral realism. Ithaca, NY: Cornell University Press, 1988: 229-255; Sturgeon N. Ethical naturalism//Copp D, ed. The Oxford handbook of ethical theory. Oxford: Oxford University Press, 2006: 91-121。

界或者物理世界的边界。并且，感受质与不可还原的规范属性完全有可能是物理世界或者自然世界的内在的、非结构性的特征。正是这一实质性的洞见驱使我们对自然世界重新理解，而不是相反。因此，现实世界的强硬实在论并不是语词上的把戏。

另一个可能的质疑是，如果现实世界的强硬实在论真的可行的话，我们需要提供一种对自然世界的精确刻画，这样我们才能知道为什么不可还原的规范事实与属性属于自然世界，而不属于非自然世界。否则，作为自然世界组成部分的不可还原的规范属性依旧会落入麦基"怪异性论证"的批评中。对于这个质疑，我的回应是，现实世界的强硬实在论这个提议的要点恰恰在于，我们应该在对自然世界的理解上保持一个开放的心灵，随着科学探究以及哲学探究的进展而准备修改我们关于自然的概念。因此，我并不相信存在一个所有自然属性都拥有，并且只有自然属性才拥有的统一特征，因为那个特征它们才被算作自然的①。我也不相信自然世界可以被一种独特的探究方式所完全决定。我们关于自然世界的理解一直在发生变化，这是一个历史事实，没有谁能保证我们对它的理解在未来不会再次改变。我接受罗素一元论的洞见，把自然世界理解为既有外在的关系性的部分，又有内在的非关系性的部分，前者由经验科学所揭示，而后者则显示给道德行动者的第一人称视角，以及拥有足够复杂大脑神经结构的生物体。这可能听起来有些特设的意味，但在我看来，这是坚持强硬的道德实在论需要付出的代价。但这幅形而上学图景并不怪异。因为，我们没有理由认为，没有客观价值的世界比拥有客观价值的世界更自然，就好像我们没有理由认为，没有感受质的世界比有感受质的世界更物理。对于自然世界的重新理解允许我们和自然主义者一样，也接受自然世界是唯一真实存在的世界，同时还允许我们坚持，自然世界拥有科学所无法把握的、不可还原的规范部分或

---

① 亦参见 Shafer-Landau R. Moral realism: a defense. Oxford: Oxford University Press, 2003: 58-59。

者方面。指责规范属性或者事实是怪异的,便是忽视了这样一种可能性,即某些自然属性所拥有的规范意义本身是自然世界的内在特征,就像某些物理结构拥有意识是物理世界的内在特征一样。

最后,我想指出,现实世界的强硬实在论完全可以吸收伊诺克的"慎思不可或缺论证",以及谢弗-兰道对于随附性挑战的回应来丰富其理论细节。也就是说,作为自然世界的内在特征,不可还原的规范事实对于慎思这项内在不可或缺的计划是工具不可或缺的,并且,自然对象的内在的规范属性由其外在的自然属性充分构成或者实现。但关于规范属性与描述属性之间的随附关系,我想最后补充几句。如上一章已经论证过的,一个行为的"对"并不取决于我们通常用来解释它为什么是对的时所列举的外在的自然属性,而在于它因为拥有了那些外在的自然属性而具有的相关规范意义。这就是像道德上的对这样的规范属性无法还原为外在的自然属性的原因。但这并不意味着规范属性可以独立于外在的自然属性,从而破坏两者之间的随附关系。在我看来,随附关系与规范属性的形而上学地位并没有那么紧密相关,关键的问题在于解释前面的那个"因为"。也就是说,即使一个行为的"错"并不等同于其拥有使其为错的自然属性 ABC,但那个行为之所以具有相关的规范意义也是因为 ABC,因为其中还涉及 ABC 的规范意义。如果我们关心的是在平常的意义上解释一个行为为什么是错的,那么,外在的自然属性确实就完全足够了,不需要其他属性。换言之,错这一道德属性事实上是被那些外在的自然属性锁定的。这就足以解释随附性了:鉴于某对象是否具有相关的规范意义只是因为其所拥有的外在自然属性,两个拥有不同规范意义的对象如何可能在外在自然属性方面没有差别?在一个更加包容的自然世界之中,自然存在的内在属性与其外在属性之间有紧密的关联并不会令人吃惊,毕竟,两者是同一现实的不同方面而已。现实的某些外在部分具有规范意义,因此表现出规范的属性,就好像某些外在的物理属性通过彼此的复杂联系表现出了生命个体的心灵现象。虽然我们目前对于自然存在的外在属性与内在属性之间关系的细节仍然知之甚少，但这一关系本身不会被扩展之后的自然世界概念破坏。

毫无疑问，我对于现实世界的强硬实在论的辩护是不充分的，但我希望，我已经指出了一条理解道德非自然主义的本体论承诺的方式。那就是将不可还原的规范属性视为无法被科学穷尽的自然世界的内在属性。我的原则是：忠实于我们的道德经验，避免为了让道德价值相容于某种预先设定的世界观而把它压缩成某种它不是的东西。

图书在版编目（CIP）数据

寂静主义实在论研究 / 魏犇群著 . -- 北京：中国人民大学出版社，2025.6. --（哲学新思论丛 / 臧峰宇主编）. -- ISBN 978-7-300-34023-4

Ⅰ. B82

中国国家版本馆 CIP 数据核字第 2025RU3892 号

哲学新思论丛
中国人民大学哲学院　编
臧峰宇　主编
寂静主义实在论研究
魏犇群　著
Jijing Zhuyi Shizailun Yanjiu

出版发行	中国人民大学出版社				
社　　址	北京中关村大街 31 号		邮政编码	100080	
电　　话	010 - 62511242（总编室）		010 - 62511770（质管部）		
	010 - 82501766（邮购部）		010 - 62514148（门市部）		
	010 - 62511173（发行公司）		010 - 62515275（盗版举报）		
网　　址	http://www.crup.com.cn				
经　　销	新华书店				
印　　刷	北京昌联印刷有限公司				
开　　本	720 mm×1000 mm　1/16		版　次	2025 年 6 月第 1 版	
印　　张	14 插页 2		印　次	2025 年 6 月第 1 次印刷	
字　　数	189 000		定　价	68.00 元	

版权所有　　侵权必究　　印装差错　　负责调换